本书系教育部全国高校思政精品项目（基于"青峰模式"的学生骨干人才培养）、中国科协全国学风传承行动项目（"智汇商大"科创学风涵养工作室 XFCC2022ZZ002-182）、浙江省教育科学规划课题年度规划项目（本科生科研参与对高校教育教学质量提升的影响 2020SCG216），以及浙江工商大学博士科研启动项目、青锐计划、思想政治工作质量提升工程培育项目的研究成果，由浙江工商大学公共管理学院资助出版。

张华 著

创新教育文库

主编／杨钋

研之有道

本科生科研中的师生互动

PATH OF
EXPLORATION:
TEACHER-STUDENT INTERACTION
IN UNDERGRADUATE RESEARCH

社会科学文献出版社
SOCIAL SCIENCES ACADEMIC PRESS (CHINA)

"创新教育文库"编委会

为了教育的创新

周虽旧邦，其命维新。

《诗经·大雅·文王》

　　创新是高质量教育发展的立足点和目标。党的二十大报告提出，必须坚持科技是第一生产力、人才是第一资源、创新是第一动力，深入实施科教兴国战略、人才强国战略、创新驱动发展战略。创新是社会发展的驱动力，教育领域的创新是全社会创新的新动能来源。

　　教育创新的社会价值高，形式多元。在我国当前的语境中，教育创新是教育供给侧改革的驱动力，可以不断开辟发展新领域新赛道，不断塑造发展新动能新优势。根据开放式创新理论，网络共生创新包含内部合作、消费者合作、价值网络合作、开放式合作和生态合作等五个层次，可以支持丰富、复杂和多元化的教育创新。教育创新的核心在于价值的创造。它既可以采用持续创新的方式，以教育领域已经得到业界人口的方式来创新服务供给方式；又可以采用颠覆创新的方式，引入新的教育产品或服务以创造出新的教育需求。

　　当前社会缺乏普遍认可的教育创新。过去数十年来，国际组织、政府和非政府组织积极支持教育领域创新，拉美国家的"新学校运动"、我国农村地区的"一村一幼"等获得了多项国际大奖。然而，为何具有巨大社会和公共价值的教育创新并不多见？这可能与教育创新的理念、策略和支持方式有关，这三者分别对应颠覆式创新理论缔造者克里斯坦森提出的创新三要素——价值观、流程和资源。

首先，教育创新的价值观需要获得社会认可。国家公共教育体系的目标是满足社会的基本教育公共服务需求。20 世纪以来，学校教育承载了越来越多的社会职能，从提供公共教育，到提高地区和国家的竞争力，再到消除贫困、促进社会公平和实现可持续发展。能够帮助学校和其他教育组织有效地承担新社会职能的创新，才有机会获得社会层面的认知合法性。

其次，教育创新需要符合公认的、具有规制合法性的教育流程。与其他组织不同，公共教育体系内部存在行业垄断，新的供给和消费模式很难在较高的行业壁垒下出现。在教育领域中，创新可以在产业链的各个环节以及在学校、教育系统和社会等层面出现。但多数创新出现在公共教育供给尚未全面覆盖的群体、地区和服务领域之中。

再次，教育创新需要资源的支持。创新需要新的观点、新的客户、新的供给者和新资源的支持。除了采用新的观点来思考公共教育服务需要解决的问题，教育创新还需要获得用于解决问题的资源，包括教师、设备设施、经费等有形资源，也包括课程、信息、声誉等无形资源。成功的创新能够充分动员政府与社会资源。

更多教育创新的出现需要学术研究的支持。近年来，创新理论被广泛应用于指导教育领域的创新以及对教育创新的研究。教育经济学、教育管理学、教育学原理、教育技术等领域的博士研究生，已经对我国丰富的教育创新实践进行了大量研究。《创新教育文库》所收录的优秀博士论文，敏锐地识别出教育领域的创新性组织、创新性学习方式和教育组织的创新性功能，并综合应用组织学、管理学、经济学和教育学等多学科理论，对教育创新的价值观、流程和资源进行了分析。这些研究虽然来自教育研究领域，它们不约而同地与开放式创新理论进行了对话，凸显了通过实践共同体进行创新的重要性和巨大潜力，打开了教育创新研究的新方向。

教育创新研究的推进离不开学术共同体的发展，具有集合影响力的文库可以有效促进学术共同体的形成。我国不同历史时期出版了不少具有创新性的教育文库，如民国时期的《新中学文库》和《国民教育文库》。这些文库激发了社会对教育历史和实践中创新的关注，形成了有价值的系列研究成果。《创新教育文库》旨在继承和发扬文库在知识创新和知识共享方面的优势，以发掘和推荐对教育领域的创新性组织、创新性学习方式和教育组织的创新性功能的研究为己任，致力于支持我国的教育创新研究和教育事业的高质量创新发展。

编委会倾力谋划，经学界通人擘画，终以此文库呈现于读者面前。文库草创，难免有不成熟之处，诚盼专家学者和广大读者共襄助之。

北京大学教育学院教育经济与管理系主任

杨 钋

2023 年 6 月于燕园

序

  本科生科研中的师生互动是我国高等教育高质量发展中的重要问题。在我国持续深化高等教育高质量发展、加快建设教育强国的背景下，围绕本科生科研中的师生互动进行研究，具有重要的理论价值和实践意义。得知张华博士的论文即将出版，受邀为她作序，我作为导师感到十分高兴。

  张华于 2018 年进入北京大学教育学院博士项目学习，曾获得"中国青年五四奖章提名奖"和"中国青年志愿者先进个人"等国家、省市级荣誉。她在校期间勤奋努力，刻苦钻研。作为一名长期在高校从事管理、科研和教学工作的优秀青年人才，她认真好学、思维敏捷，是研究本科生科研中的师生互动的合适人选。在完成博士学业之后，她仍继续钻研，根据个人最新的实践观察、阅读思考修改论文，及时推动出版工作。

  《研之有道：本科生科研中的师生互动》一书具有全面性、深刻性与时代性。这本专著是张华在博士学位论文基础上进一步探究完成的成果，她在研究中围绕师生互动进行了深入的调查和系统的分析。地方高校是我国高等教育系统的重要组成部分，承担了重要的科研和育人工作。张华在研究中以这类高校为研究对象，从师生互动的有效性出发，聚焦师生互动的情景、模式和有效师生互动的建构。这本专著的深刻性集中体现在研究问题与分析上。师生互动是高等教育研究中的一个经典问题，但是国内相关的系统深入研究成果还比较欠缺。作者选择这一问题开展研究，回应了我国高等教育教学和科研实践中的重要关切，体现了研究者对我国地方高校发展的深刻观察。在加快建设教育强国的背景下，这项研究深刻地回应了国家战略、地方需求和学界关切。此外，这本专著还具有鲜明的时代性。伴随我国高等教育实践与研究活动的发展，相关研究活动不断走向深入，学术视野越来越开放。该书的选题、设计与论证，不但回应了我国高等教育发展的时代需求，而且关注到国际高等教育发展的最新形势。该研究所用文献、论证逻辑与表述，都充分展现了作者的国际视野与扎实的专业基础。

该专著主要有以下几个方面的贡献。其一，作者解析了本科生科研中的不同师生互动模式并分析其有效性。作者在书中指出，师生互动模式包含低聚焦－弱情感的完成任务型、低聚焦－强情感的锦上添花型、高聚焦－弱情感的就事论事型和高聚焦－强情感的共创发现型。这些立足具体实践所形成的分析结论，为相关研究提供了有益的参考，并且不落俗套、具有新意。其二，该书的研究结论具有典型性，可以应用到同类型的地方高校。研究者结合地方高校教育实践工作实际，分析本科生科研活动中有效师生互动的基本特征，探究影响有效师生互动的因素。地方高校是我国高等教育系统中具有规模优势，是加快建设高等教育强国中不可或缺的力量。这项研究可以服务于地方高校的人才培养、科研创新和特色化发展等方面，对地方高校的高质量发展具有重要的参考价值。其三，该书作者立足师生互动的有效性，探究其中的影响因素与提升策略，提出了契合实际的发展建议。现有研究已经关注到本科生科研的重要性，但是具体研究成果或缺少实证调查和分析，或系统性和深刻性不足。这本专著兼顾了对上述问题的探讨，分析有理有据，论证周密，得出了有力的结论。

相信这本专著的出版不但是张华博士在学术生涯中的一个重要转

折点，而且是我国本科生科研研究领域的一个重要亮点。祝愿张华的
研究能够结出更多的科研果实，为我国地方院校的发展做出更大
贡献。

是为序。

蒋　凯

长江学者特聘教授

北京大学教育学院教授、国际高等教育研究中心主任

2023 年 6 月

摘　要

近年来，地方高校大力推行本科生科研，对培养本科生科学思维和创新意识、提升其科研能力和社会性能力发挥了积极作用，有助于培养地方经济社会发展所需的创新型人才。教师在科研活动中与本科生的互动逐渐成为影响本科生科研质量的关键环节。地方高校实施本科生科研，提升了本科生科研参与度，同时也出现了师生关系疏远、互动不充分等问题，本科生科研质量难以令人满意。因此，提高本科生科研学习效能，需要关注师生互动的有效性，这构成了本书的现实观照。

本书从如何提升师生互动有效性这一问题出发，选取我国东部某省一所地方高校的教师和本科生为研究对象，采用案例研究方法，通过对 14 位教师和 39 名本科生进行深度访谈、参与式观察收集资料，研究本科生科研中有效师生互动模式的建构过程。本书分析了案例院校本科生科研的师生互动情境，探讨了师生互动的构成要素，根据师生对科研项目的共同聚焦程度和情感共享程度分析了不同的师生互动模式，并从学生发展和教师发展两个维度探讨了不同师生互动模式的有效性。在此基础上，结合分析有效师生互动的基本特征与影响因素，本书尝试建构地方高校本科生科研中的有效师生互动。

通过研究，本书得出以下结论。

第一，地方高校本科生科研的实施措施有效提升了师生参与度，为师生互动创设了有利的科研学习环境。在本科生科研活动中，师生共同在场参与确定科研活动目标，采取差异化的互动方式，从而实现本科生科研中师生互动情境的创设。

第二，在互动情境中，师生受到共同的项目聚焦程度和情感共享程度影响，师生互动模式包含低聚焦－弱情感的完成任务型、低聚焦－强情感的锦上添花型、高聚焦－弱情感的就事论事型和高聚焦－强情感的共创发现型。共同的项目聚焦程度和情感共享程度越高，提升的情感能量越多，师生互动的有效性越强，本科生的科研质量越高。

第三，本科生科研中有效师生互动体现出主体间性、能动性、协商性、情感性和意义性的基本特征。影响师生互动有效性的因素主要体现在学习层面和教学层面，影响师生角色认同感、身份权能感和互动效能感的获得。从建立良好的师生关系出发，当师生获得的互动效能感表征为科研参与意义感时，就实现了有效师生互动的建构。

第四，相比资深教师，地方高校有博士学位的青年教师与本科生互动更容易获得角色认同感、身份权能感和互动效能感，师生科研参与意义感更强，互动效果更好。地方高校实施本科生科研在一定程度上缓和了研究生规模不足的矛盾，有利于教师在教育实践中践行教学学术理念，促进科研育人。

本书的贡献在于通过解析本科生科研中的不同师生互动模式并分析其有效性，结合地方高校教育实践工作实际，分析本科生科研活动中有效师生互动的基本特征，探究影响有效师生互动的因素，探寻建构有效师生互动模式，有利于促进地方高校完善优化本科生科研的运行机制，为发挥高校科研育人功能、提升本科生科研质量、促进高校培养创新型人才提供思路。

目　录

第一章　绪论

本科生科研是 21 世纪以来的一个研究热点，也是我国教育部、省级教育部门及高校在推动教学改革、提升本科教育质量过程中的政策焦点。本章基于我国地方高校实施本科生科研的现实，介绍选题背景，进行文献综述，在此基础上提出本书研究的问题，并说明本研究的理论意义和实践意义。

第一节　选题背景

一　本科生科研是高校培养创新型人才的一项有效措施

高校回归本科教育，全面提升本科教育质量，已经成为国际高等教育界的共识。[①] 正如美国康奈尔大学前校长弗兰克·罗德斯（Frank H. Rhodes）所说，"公众是通过本科教育来直接认识大学"。[②] 本科教育作为高等教育的重要组成部分，提供高质量的本科教育有助于培养一大批创新型人才，对国家和社会的发展起到重要作用。对世界上最佳学习系统的研究表明，学校普遍认同教师队伍的质量

---

① 〔美〕德雷克·博克：《回归大学之道：对美国大学本科教育的反思与展望》，侯定凯、梁爽、陈琼琼译，华东师范大学出版社，2012，第 1 页。
② 贺国庆：《美国研究型大学本科教育的百年变迁与省思》，《教育研究》2016 年第 9 期，第 111 页。

影响教育系统的质量，改善教学结果的唯一方法就是改进教学。20世纪80年代初期，美国教育界主张从教育观念变革和教学方法改革入手推动本科教育改革。斯坦福大学等研究型大学陆续启动本科教学改革，大学培养目标由原来提倡培养全面发展的人才向培养创新型人才转变，科研训练作为创新型人才培养的有效措施受到普遍重视。①

20世纪90年代以来，美国研究型大学普遍开展本科生科研活动，以研究为本与课程体系的创新相结合，逐步成为本科教育改革的核心内容之一。② 2003年，美国国家科学基金会举行了一个关于本科生科研的研讨会，重点探讨了如何破解本科生科研只是在研究型大学实施的问题，将其推广至没有组织本科生科研活动历史的其他四年制大学甚至两年制学院。2005年，全国本科生科研大会（National Conference on Undergraduate Research，NCUR）和本科生科研理事会（Council on Undergraduate Research，CUR）管理董事会发布的《支持本科生科研、学术和创造性活动的原则的联合声明》（Joint Statement of Principles in Support of Undergraduate Research，Scholarship，and Creative Activities）提出，本科生科研是21世纪的教学法。伊根（Eagan）等人的一项实证研究发现，本科生通过参与科研活动可以更好地掌握和积累学术信息和学术资源，其他大学活动并不具备这种价值。③ 本科生科研逐渐成为美国高校本科教育的一个重要组成部分，开展本科生科研的机构包括研究型大学、以本科教育为主的公私立学院和部分两年制社

① 刘宝存：《美国研究型大学本科生科研的基本类型与模式》，《教育发展研究》2004年第11期，第93页。

② 吴立保：《论本科教育从"教学范式"向"学习范式"的整体性变革——以知识范式转换为视角》，《中国高教研究》2019年第6期，第65~67页。

③ Eagan, M. K., Hurtado, S., Chang, M. J., Garcia, G. A., Herrera, F. A., Garibay, J. C. Making a difference in science education: The impact of undergraduate research programs. *American Educational Research Journal*, 2013, 50 (4): 706.

区学院。① 最新的一系列比较研究也证实本科生科研对学生学习以及在学术领域培养多样化的学生所起到的作用是举足轻重的。

美国高校本科教学改革的成功范例为我国高等教育提供了宝贵经验，成为我国早期研究型大学开展本科生科研活动的主要参考来源。例如，清华大学参考斯坦福大学推行大学生研究训练计划（Students Research Training，SRT），北京大学参考加州大学伯克利分校增设"教师指导下的小组研究"和"教师指导下的独立研究"课程。2007年以来，在教育部和地方政府的相关政策支持下，我国一些地方高校也开始探索推行本科生科研，基本形成了"以科研基金和学科竞赛为主体的大学生科研训练和创新活动平台"。本科生科研作为创新人才培养有效举措的价值也得到了广泛认可。② 学者普遍认为，本科生科研对于提高学生的综合素质、培养学生的创新精神与实践能力有十分重要的作用。③ 有学者也指出，"缺失了科学研究、社会实践等培养模式的积极参与，学生之创新能力和动手解决问题能力的培养及提高几乎是不可能的"。④

为应对现实和未来世界的变化和需要，需要注重通过创新人才培养模式，改进高校教学方法。当前，更多本科层次高校通过各种途径为本科生提供科研参与机会，为本科生提供接触科研、感受科研文化的氛围，有利于提高其认知能力、沟通能力、批判性思维和写作能力⑤，

---

① 高众、刘继安、陈健坤：《卓越本科生科研训练体系构成要素及运行机制——基于美国高校实践的分析》，《比较教育研究》2018 年第 4 期，第 56 页。

② 郭卉：《本科生科研与创新人才培养》，中国社会科学出版社，2018，第 42 页。

③ 邱学青、李正：《加强本科生科研 培养拔尖创新人才》，《中国高等教育》2010 年第 6 期，第 36~37 页。

④ 眭依凡：《一流本科教育改革的重点与方向选择——基于人才培养的视角》，《现代教育管理》2019 年第 6 期，第 4 页。

⑤ Bowman, N. A., Holmes, J. M. Getting off to a good start? First-year undergraduate research experiences and student outcomes. *Higher Education*, 2018, 76 (1): 30.

推动了科研与教学的有机结合。此外，持续坚持参与科研活动的本科生相比中途退出科研活动的本科生具有更强的攻读更高学位的意愿。① 有研究还发现，有科研活动参与经历的理工科专业和人文社会科学专业本科生在研究生教育阶段更倾向于选择学术型硕士②，间接降低了继续研究生教育的学生专业选择的盲目性。本科生科研的诸多益处成为本科教学改革中持续关注的重要内容。

二 地方高校推行本科生科研有利于人才培养质量的提升

党的十八大以来，我国大力实施创新驱动发展战略和人才强国战略。2020 年党的十九届五中全会通过的《中共中央关于制定国民经济和社会发展第十四个五年规划和二○三五年远景目标的建议》，要求深入实施科教兴国战略、人才强国战略、创新驱动发展战略，完善国家创新体系，加快建设科技强国。③ 我国建设创新型国家的发展战略对高校提供高质量的本科教育提出了更高要求。同时，科技创新是地方经济社会发展的动力源泉。科技创新的关键是高校创新型人才的培养。地方高校作为全国高等教育的主要阵地，为了更好地服务地方经济社会发展，需要培养大量创新型人才，促进更多科技创新成果在地方的转化。

2006 年以来，地方教育部门联合科技、团委以及财政等部门，陆续启动了大学生创新创业训练计划。例如，2006 年，浙江省首次

---

① Eagan, M. K., Hurtado, S., Chang, M. J., Garcia, G. A., Herrera, F. A., Garibay, J. C. Making a difference in science education: The impact of undergraduate research programs. *American Educational Research Journal*, 2013, 50 (4): 704.

② 范皑皑、王晶心、张东明：《本科期间科研参与情况对研究生类型选择的影响》，《中国高教研究》2017 年第 7 期，第 68 页。

③ 《中共中央关于制定国民经济和社会发展第十四个五年规划和二○三五年远景目标的建议》，2020 年 11 月 3 日，http://www.gov.cn/zhengce/2020-11/03/content_5556991.htm。

启动实施大学生科技创新活动计划（新苗人才计划）；2007 年，江苏省启动实施大学生实践创新训练计划，后更名为大学生创新训练计划；同年，上海市启动大学生创新活动计划；2012 年，广东省实施大学生创新创业训练计划项目。多个省份实施大学生创新训练计划，致力于培养大学生的实践能力和创新能力。以浙江省新苗人才计划项目为例，省内本科高校在政策、经费上给予一比一配套保障措施，本科生和教师热情高涨，许多高校获批项目和结题项目逐年递增。已有研究显示，科研创新是知识经济社会实现创新的重要内容，地方高校实施本科生科研，培养本科生的创新意识和科学精神，有助于创新型人才培养目标的实现。[1] 近年来，地方高校探索实施校级创新创业训练计划，现已基本形成了"国家、省、高校"三级创新创业训练计划体系。

创新对于提升国家综合实力和核心竞争力的价值不言而喻，建设创新型国家已经提升至国家发展战略层面。地方高校实施本科生科研，为大学生提供了走进社会、观察社会、体悟社会和理解社会的机会，使其围绕地方经济社会发展和科学技术进步探索发现问题、分析问题、解决问题。促进问题解决的支撑点是实现理论指导实践，本科生在社会实践中自主选题或在教师的指导下选题、设计研究方案、开展分析、得出结论，对本科生创新意识和科学精神的培养有重要价值。一些地方高校认识到这一点，做出"提升本科生科研参与度"的决策，整合校内外资源，创设本科生科研参与机会，降低本科生申报选题的条件，使得一些地方高校本科生科研活动参与度赶上甚至超过研究型大学成为现实。

以 Z 省为例，一些本科高校积极加强政策引导，完善"国家、

---

[1] 蔡华健：《地方院校开展本科生科研创新训练的实践与思考》，《教育探索》2012 年第 8 期，第 76~78 页。

省、高校"三级创新创业训练计划项目实施体系①，结合特色学科专业以及教师研究课题情况，引入产学研合作，创设更多本科生科研参与机会，探索全员全过程全方位参与和管理科研活动。由此可见，本科生科研逐渐成为地方高校培养创新型人才、促进地方经济社会发展和科学技术创新的重要举措，也使一些本科生在科研活动经历中确立科研志趣，提升科研身份意识，"像科学家一样"思考、学习和工作成为现实。根据一所实施本科生科研的地方高校的网络公开数据，2021 年应届本科生升学率达到 29.87%，其中有 44.36% 被国内"双一流"建设高校录取，个别学院升学率超过 50%。② 此外，根据该校公开发布的"双一流"建设高校录取名单，这些被录取的本科生在校期间至少拥有一次有效科研活动经历。

本科生科研学习收获的增加促进了本科生实现多元化发展，在一定程度上提升了地方高校的影响力。越来越多的地方高校本科生与研究型大学本科生"同台竞技"，其学术报告在"挑战杯"等竞赛和大学生创新创业年会获奖，科研成果被高层次核心期刊录用发表、获得发明专利授权，检验和证实了本科生科研的学习收获和教学成效，间接体现了地方高校培养创新型人才的质量。有的地方高校本科生通过推免或应试被研究型大学研究生院录取，有利于地方高校在改善生源质量、争取更多社会资源、提升教学评价等方面获得更大影响力和更多话语权。本科生在科研活动中的科研学习收获是促使本科生积极参与科研活动的重要原因。

作为教育普及化时代高等教育的主体力量，地方高校与研究型大学天然存在环境、生源、资源、平台以及管理体制等方面的差异。③

---

① 吴爱华、侯永峰、吴昭、刘晓宁：《深入实施"国创计划"促进大学生创新创业》，《中国大学教学》2015 年第 3 期，第 14~16 页。

② 案例院校 2021 届升学质量报告。

③ 潘懋元、车如山：《做强地方本科院校——地方本科院校的定位与特征研究》，《中国高教研究》2009 年第 12 期，第 15 页。

面向地方经济社会发展的人才培养目标，地方高校实施本科生科研的主体诉求和过程更加多元、复杂。仍以上述地方高校为例，2020年本科毕业生就业专业相关度为 70.18%，有 91.94% 的毕业生集中在长江经济带就业，其中省内就业人数占比为 80.46%（入学时本省生源为 59.79%）。① 各方面数据显示，该校办学成效与市场需求契合度高，这就表明地方高校实施本科生科研，应当且有必要坚持促进地方经济社会发展的方向，区别于研究型大学实施本科生科研的培养目标。

三　师生互动的有效性影响本科生科研质量

乔治·库（George D. Kuh）的研究解释了本科生科研是一项"高影响力实践"，并认为参与这种实践活动可以促进学生在大学的成功。② 费尔德曼（Feldman）等人认为，本科生科研强调了学生主动探究的学习过程和多元的学习机会及体验，就像是一场外围参与者通过科研小组学习"合法化"（legitimate peripheral participants）行动，进入研究小组，经历了从跟着高年级学习的新手研究员，到可以自行操作的熟练技术人员，再到知识生产者的角色变化，最后离开研究小组。③ 基于社会建构主义学习视角，本科生科研主要包含了发现和确定选题、组成实践共同体、与教师等人互动三个过程。其中，教师在本科生科研中承担教育功能和引导功能，指导学生设计项目，并引导项目有效实施。有学者认为，本科生科研是师生互动探究的教学

---

① 案例院校 2020 届毕业生就业质量年度报告。

② Kuh, G. D. *High-impact educational practices*：*What they are, who has access to them, and why they matter.* Washington, DC：Association of American Colleges and Universities, 2008：14, 17, 20.

③ Feldman, A., Divoll, K. A., Rogan-Klyve, A. Becoming researchers：The participation of undergraduate and graduate students in scientific research groups. *Science Education*, 2013, 92（2）：218.

过程，既为学生积累学术经验、锻炼科研技能提供了平台，也深受教师的欢迎，实现了教师和学生科研合作中的平衡。[①]

在地方高校本科生科研的学习情境中，教师和本科生不断地协作、交流与探讨，有助于促进师生在教与学的过程中实现共同发展[②]，也是实现科教融合的有益探索。有研究发现，一方面，融洽的师生关系可以增强教师对学生在科研知识指导和能力提升方面的帮助；另一方面，在科研活动中建立科研合作关系，可以促使师生实现平等对话，并提高科研活动效率。[③] 因此，有效师生互动促进了本科生科研学习效能的提升，进而实现学生发展和教师发展。为此，许多地方高校探索实施本科生导师制，鼓励学生参与教师课题，或通过读书会、课题组会等方式实现师生互动学习。如此一来，导师制为本科生创设了师生之间教与学互动、本科生和研究生之间学与学互动的"交叉往复"学习环境，成为第一课堂的有效补充。[④] 有更多机会和教师进行互动，也是本科生科研受到学生欢迎的重要原因。

教师是教学活动中的教育者、促进者、合作者。树立师生互动观念，建立良好的师生关系，提升互动有效性，是提高教学质量的重要途径。本科生科研中的师生互动过程是帮助本科生培养科学思维和创新意识的过程，师生互动也是本科生科研技能和研究能力提升的途径。然而，高校创设有利于师生互动的教学环境，并未呈现令人满意的结果，反而直接影响了本科生科研质量。以我国研究型大学本科生科研为例，有接近

① 贺国庆：《美国研究型大学本科教育的百年变迁与省思》，《教育研究》2016年第9期，第114页。
② 蔡华健：《地方院校开展本科生科研创新训练的实践与思考》，《教育探索》2012年第8期，第77页。
③ 杨秀平、李二超：《基于教师科研项目的本科生科研训练计划研究》，《实验技术与管理》2017年第9期，第19页。
④ 陈高扬：《本科生导师制是培养创新人才的有效模式》，《中国高等教育》2001年第21期，第43页。

60%的本科生从不或偶尔与教师互动，只有 7.3%的本科生科研活动显示其师生互动频繁。[①] 此外，我国大学本科毕业学分要求较高，繁重的课程安排在一定程度上减少了学生和教师互动时间，有的学生为了参与教师课题的社会调研活动，出现了旷课、逃学等问题。这些问题的存在，并非实施本科生科研的初衷。本书为研究者进入本科生科研的学习情境、探究师生互动过程、建构有效师生互动提供了现实可能。

第二节 文献综述

一 本科生科研的含义和特点

（一）本科生科研的含义

学术界关于本科生科研的定义的讨论考虑了要素、特征、过程、目的等因素。比较认可的一种说法是，美国本科生科研理事会将本科生科研定义为"一种以本科生为主体进行的可以对学科形成原创性或创造性贡献的探究与调查活动"。[②] 这一定义强调了科研参与的本科生主体性和本科生科研的原创性，但没有限制本科生科研的模式，认为既可以是师生合作科研，也可以是生生合作科研，允许不同学科之间的灵活差异性。相比之下，许多学者关注到了教师指导在本科生科研中的价值，认为本科生科研的特征既有原创性，也应该具有指导性。李正和林凤认为，本科生科研的要素主要包含本科生、指导教师和学校。[③] 高水平教师指导可以激发本科生科研兴趣、培养本科生科

---

① 郭卉：《研究型大学本科生科研实践的问题与对策》，《重庆高教研究》2019 年第 4 期，第 92 页。

② What Is CUR's Definition of Undergraduate Research，https：//www.cur.org/who/organization/mission/.

③ 李正、林凤：《论本科生科研的若干理论问题》，《清华大学教育研究》2009 年第 4 期，第 114 页。

研能力，教师指导质量是本科生科研活动中学习收获最重要的影响因素，同时对教师科研发展有促进作用。[①] 此外，也有学者从本科生科研的功能角度进行定义，认为其是"创新活动的雏形，是大学生积累和运用知识、解决问题的过程，是培养大学生创新能力的平台"。[②]

（二）本科生科研的特点

大多数研究者认为本科生科研具有原创性，李正和林凤在此基础上提出本科生科研具有原创性、指导性和传播性的特点。[③] 卡尔达什（Kardash）的研究将本科生科研的特征描述为教师指导、原创性、可接受性和传播性，反映了本科生科研四个方面的假设，即本科生科研是一种专注于学生学习的师生互动过程，期望本科生对所研究项目可以做出有意义的贡献，本科生在科研活动中通过学以致用的专业实践，最终形成供该学科其他成员评论的有形产品。[④]

学术界从教学目标以及学习方法、模式、过程、目标等方面对本科生科研的本质展开讨论，可以概括为教学改革措施观、本科生导师制，自主学习方法观和认知学徒制。教学改革措施观是一种自上而下的宏观理解，蕴含在其他本质属性之中又发挥引领学生发展的作用。张瑛认为，本科生科研在教学层面是以科研参与为导向的教学机制，将学生参与科研活动适当融入教学过程，教师引导学生学会学习、观察和创造，帮助学生树立和培养远大理想和良好品质，提升其科研能

---

① 邱学青、李正：《加强本科生科研 培养拔尖创新人才》，《中国高等教育》2010
　年第 6 期，第 36~37 页。

② 张瑛：《本科生科研能力培养和提高方法研究》，中央民族大学出版社，2011，
　第 4 页。

③ 李正、林凤：《论本科生科研的若干理论问题》，《清华大学教育研究》2009 年
　第 4 期，第 113 页。

④ Kardash, C. Evaluation of an undergraduate research experience: Perceptions of
　undergraduate interns and their faculty mentors. *Journal of Educational Psychology*,
　2000, 92（1）: 191.

力，有助于提升人才培养质量。本科生科研在学习层面是以学生为主体的自主学习，指的是本科生在教师指导下，基于"自身的学习基础和学习特点，选择适合自身发展要求的学习内容、学习方式、学习场所以及学习所需要的资料等，以实现自觉主动学习的学习理论和学习模式"。自主学习具有学习过程独立性和选择性、学习方法探究性、学校氛围民主性、学生个体自控性和自我批判、学习环境的资源丰富性以及差异化学生的学习方式多元化等八个特点，有助于提升学生的创新能力和学习质量。① 本科生科研是一种自主学习，也是一种探究式学习，旨在提升学生提出问题、解决问题的能力，培养学生的批判性思维。有学者将本科生科研视为认知学徒制教学模式的缩影。费尔德曼等人认为，当学生成为认知学徒时，其会在方法论和智力方面有所收获。教师在情境或行动中给学生传递有用的、可靠的知识，指导学生处理问题，特别是那些定义不清、复杂的情况。随着熟练程度的提升，其角色从新手研究员转变为熟练技术人员，再转变为知识生产者。② 亨特（Hunter）等人指出，认知学徒制有助于学生处理模糊和不确定的内容（可能与科研相关），教会学生在实践中进行令人满意的思考和行动。③ 学术界认同，认知学徒制教学模式促进了本科生获得科学家身份意识，"像科学家一样"思考和工作，而科学家作为榜样帮助学生在可能失败的科研经历中提升抗压能力，并进行反思性行动。

① 张瑛：《本科生科研能力培养和提高方法研究》，中央民族大学出版社，2011，第 233、264~268 页。
② Feldman, A., Divoll, K.A., Rogan-Klyve, A. Becoming researchers: The participation of undergraduate and graduate students in scientific research groups. *Science Education*, 2013, 97 (2): 234.
③ Hunter, A.B., Laursen, S.L., Seymour, E. Becoming a scientist: The role of undergraduate research in students' cognitive, personal, and professional development. *Science Education*, 2007, 91 (1): 38.

二 本科生科研的成效

美国大学一般会给本科生提供 UREs 和 CUREs 两种科研参与机会。UREs（Undergraduate Research Experiences）指的是导师与本科生一对一的实验室指导，对学生要求高，可容纳学生数量少，且一般来说学生有志于持续开展科学研究。CUREs（Course-based Undergraduate Research Experiences）指的是一种基于课程的研究机会，对校园里大多数学生开放，由导师进行一对多的课程指导，没有明确的研究目的。这两种科研参与经历对于本科生来说都有积极意义，但林恩（Linn）等人发现，本科生参与 UREs 不仅提升了专业保持率和攻读更高学位意愿度，持续参与（三个及以上学期）的本科生还可以建立科学家身份，提升自信心，促进科学家职业选择。①

费尔德曼等人认为，本科生科研分为两种形式，一种是社区学习，另一种是研究小组。在社区学习中，成员由科学家、学生和其他人员构成。师生关注共同感兴趣的领域，组建实践共同体进行讨论、帮助、分享，即他们在共享的资源中进行共同的实践。社区成员的共同特征是就领域问题达成共识、有应对问题的共同信念以及遵循共同的规范和原则。研究小组在认知学徒制教学模式下互动，每个小组由一名首席研究员和一组学生、博士后研究员以及一些技术人员组成，组内所有成员不一定从事同一研究。首席研究员通常是研究型大学的教授，当教授鼓励学生独立解决问题时，学生就会产生对知识的探索。②

在我国，本科生科研活动的实施主要依托学科赛事、学习课

---

① Linn, M.C., Palmer, E., Baranger, A., Gerard, E., Stone, E. Undergraduate research experiences: Impacts and opportunities. *Science*, 2015, 347 (6222): 630-631.

② Feldman, A., Divoll, K.A., Rogan-Klyve, A. Becoming researchers: The participation of undergraduate and graduate students in scientific research groups. *Science Education*, 2013, 97 (2): 225, 228.

程、实验室项目、教师课题等不同路径，教师在其中发挥不同的作用。郭卉将国内大学本科生科研活动形式分为"参与科技竞赛活动（学科竞赛）后来发展为参与科技创新团队项目，以及自主申请科研项目和参与教师科研项目"。[①]其中，参与科技创新团队项目包含了参加学科竞赛和参与教师科研项目两类，这是许多高校培养创新型人才的重要措施；自主申请科研项目要求本科生以个人或团队的形式自主选题，在教师指导下自主开展科研和实践活动，并在指定时间内完成，项目申请过程基本等同于教师科研项目程序；参与教师科研项目是学有余力的本科生和教学热情高涨的教师双方组建的实验室科研实践共同体，主要存在于理工科专业，本科生通过完成教师"安排"的任务参与科研，其过程与UREs相似。

杨秀平和李二超重点关注了依托教师课题的本科生科研活动，他们认为，这种模式的科研活动非常重视学生主体性和过程体验性，教师可以申请个人已经立项的课题转化为本科生科研训练计划项目，并通过教务部门开放为本科生选修课，教师和学生通过双向选择和分散教学的方式开展依托于教师科研项目的本科生科研训练，并通过跟踪评价确保训练质量，师生双选和开展训练拥有进入与退出机制。[②]这三种制度化的参与途径在高校自主探索、国家政策推动以及业界大力支持下得到了快速发展，参与科技创新团队项目较其他两类数量略多，教师与学生的互动关系成为本科生科研活动的必要条件，但关系不完全等同于认知学徒制，教师指导程度受到教师学科背景、教学理念、参与形式和程度等因素影响。

本科生科研经验有助于发展其原创性、创造力、好奇心和独立

---

① 郭卉：《本科生科研与创新人才培养》，中国社会科学出版社，2018，第42~60页。

② 杨秀平、李二超：《基于教师科研项目的本科生科研训练计划研究》，《实验技术与管理》2017年第9期，第18页。

性。亨特等人的研究发现，学生们认为本科生科研是一种学习科学的理想方式，提供了良好的学习环境，为个人专业成长和自我知识建构提供了机会，并称之为"自我创作"的过程。本科生在科研活动中实现了自我"增值"，在研究生申请中列出研究经历对学生来说有实际好处，他们将本科生科研看作一种强大的情感、行为和个人发展的体验，对身份意识、职业选择、智力和专业发展具有深远意义。[①] 本科生科研经验有助于培养其学术兴趣，通过提升对本专业的认知与理解降低转专业率和退学率。鲍曼（Bowman）和霍姆斯（Holmes）的一项研究聚焦本科一年级学生，发现科研参与与本科四年级学生平均绩点呈显著正相关，还可以促进更频繁的师生互动，提升本科生对大学的归属感和满意度。[②]

三 本科生科研对师生发展的价值

提升本科生科研能力。学术界总是同时提及研究能力和科研技能，具体包含"发现问题的能力、文献检索能力、研究计划能力、调研能力、数据处理能力、问题分析能力、理论写作能力与创新能力"，统称为科研能力。科研能力的提升需要培养学术兴趣，科研参与促进了学术兴趣的培养和科研技能的提升，也促进了学生在科学研究领域深造的选择。[③] 本科生参与科研活动收获最多的能力是收集数

① Hunter, A. B., Laursen, S. L., Seymour, E. E. Becoming a Scientist：The role of undergraduate research in students' cognitive, personal, and professional development. *Science Education*, 2007, 91（1）：62, 69, 72.

② Bowman, N. A., Holmes, J. M. Getting off to a good start? First-year undergraduate research experiences and student outcomes. *Higher Education*, 2018, 76（1）：17, 29.

③ Eagan, M. K., Hurtado, S., Chang, M. J., Garcia, G. A., Herrera, F. A., Garibay, J. C. Making a difference in science education：The impact of undergraduate research programs. *American Educational Research Journal*, 2013, 50（4）：683 - 713.

据的能力、将研究结果与学科领域的知识相关联的能力，以及对学科
知识概念的理解能力，即科研技能；其次才是识别具体的研究问题，
并将问题转化为研究假设等的能力，即研究能力。在科研活动中，教
师分享科学思维逻辑和观点以帮助学生解决问题，也鼓励学生在合作
科研时采取同样的思维方式。在理想情况下，科研项目只要与本科生
"水平"匹配，就可以在"最近发展区"培养批判性思维，提升科研
能力。豪斯（Houser）等人发现，学生们普遍认同参与本科生科研活
动帮助他们提升了科研技能和解决问题的能力。[1]

确定研究问题、收集数据、开展分析的过程推动学生学习运用科
学理论和发展科学思维，不断寻求证据验证研究问题的假设，获得研
究能力。刘宝存认为，本科生正是通过"接触到科学家、受到科研
文化熏陶、掌握科研方法、提升科研能力和探索精神、增强对课题学
习的理解、顺利进入研究生阶段的学习、陶冶情感和人格以及培养合
作精神和技巧"实现了对新知识的"发现"。[2] 研究能力和科研技能
有本质的差别。学生需要通过反思性互动和自我知识的建构，概念化
真正的科学问题，设计实验，掌握收集数据、开展分析和得出结论所
必需的技能，学会超越结果看问题所在的更宏观的背景，熟练参与科
研的本科生具备了科学家"真正"的工作能力，这种可以"像科学
家一样"工作的学习收获就是研究能力。科研技能比研究能力更为
基础、更易获得，所有学生都有能力发展和科学理解与解决问题相关
的技能。[3]

---

[1] Houser, C., Lemmons, K., Cahill, A. Role of the faculty mentor in an undergraduate research experience. *Journal of Geoscience Education*, 2013, 61 (3): 298.

[2] 刘宝存：《美国大学的创新人才培养与本科生科研》，《外国教育研究》2005 年第 12 期，第 39~43 页。

[3] Kardash, C. Evaluation of an undergraduate research experience: Perceptions of undergraduate interns and their faculty mentors. *Journal of Educational Psychology*, 2000, 92 (1): 199.

提升本科生的社会性能力。随着科研能力被应用到科学的专业实践的增加，学生科研自信与能力同步发展，在态度、行为和气质方面获得了个人成长。亨特等人认为，本科生从与教师互动中获得了自信，表现为对自己"做科研"的能力有自信，即对自己专业能力提升的认同。① 李湘萍认为，学生参与科研活动对其社会性能力的发展有积极影响，学生在参与科研活动的过程中，最能感受到自己的思维和语言能力方面的发展，其次才是元认知能力、自我认识能力的发展。② 本科生通过积累科研参与经验获得科研技能，促进个人和专业成长。随着认知、个人和专业能力方面的成长，学生从实践边缘走到实践中心，就会成为社区或研究小组的核心成员，也因此会提升他们的专业认知和实践能力。③

亨特等人还发现，教师和学生一起工作的益处是增进友谊和信心。学生认为教师是最好的资源和支持力量，并且越来越相信并意识到自己的工作可以为该领域做出有用的贡献。学生对自己能够取得成就的信心不仅是作为年轻科学家的收获，也是自我发现和个人成长的收获。教师认为本科生科研是一个发现学生独立性和创造性并带来工作信心的机会，可培养学生的职业认同感，让学生觉得自己是一个研究小组的"同事"，会共同努力工作，并发现持续参与科研活动的重要性。④

---

① Hunter, A. B., Laursen, S. L., Seymour, E. Becoming a scientist: The role of undergraduate research in students' cognitive, personal, and professional development. *Science Education*, 2007, 91 (1): 64.

② 李湘萍：《大学生科研参与与学生发展——来自中国案例高校的实证研究》，《北京大学教育评论》2015 年第 1 期，第 144 页。

③ Hunter, A. B., Laursen, S. L., Seymour, E. Becoming a scientist: The role of undergraduate research in students' cognitive, personal, and professional development. *Science Education*, 2007, 91 (1): 66.

④ Hunter, A. B., Laursen, S. L., Seymour, E. Becoming a scientist: The role of undergraduate research in students' cognitive, personal, and professional development. *Science Education*, 2007, 91 (1): 56, 58.

提升本科生科学身份意识。本科生在科研活动中培养了初步的科研能力，掌握了科学研究的基本程序与规范，可以在教师的指导下以小组的形式合作开展小型研究课题。① 费尔德曼等人认为，教师让学生看到科学家在学术界之外是如何工作的对本科生来说有额外价值。他们还提出，参加会议可以帮助学生了解科学的未来，鼓励学生将自己视为科学研究领域的一员，吸引学生加入科学社区。② 可以说，以"培养科学家"为目标的本科生科研活动，就像是在认知学徒制教学模式下的学生科学身份逐渐实现内化收获的过程。科学身份意识在促进知识增长、提供在社会上展示科学知识和实践的机会以及建立自己作为"科学人"的机会特别是获得他人的认可三个方面得到加强。③

当学生感受到教师致力于促进他们的进步，并对他们的专业发展感兴趣时，他们就认为自己受益了④，学生的自我效能感就会得到提升。有学者认为，本科生科研丰富了理科生的教育经验，吸引并留住了有才华的学生从事科学职业。⑤ 其他本科生科研教育实践也证实，科学家式研究虽然并不是本科生科研的终极目的，但本科生在与教师

---

① 闫屹、谷冠鹏:《论本科生初步科研能力的内涵、结构要素、技能要求及其培养》,《国家教育行政学院学报》2011 年第 4 期，第 62 页。

② Feldman, A., Divoll, K. A., Rogan-Klyve, A. Becoming researchers: The participation of undergraduate and graduate students in scientific research groups. *Science Education*, 2013, 97 (2): 225.

③ Lee, J., Durksen, T. L. Dimensions of academic interest among undergraduate students: Passion, confidence, aspiration and self-expression. *Educational Psychology*, 2018, 38 (2): 120-138.

④ Thiry, H., Laursen, S. L. The role of student-advisor interactions in apprenticing undergraduate researchers into a scientific community of practice. *Journal of Science Education and Technology*, 2011, 20 (6): 781.

⑤ Lopatto, D. Survey of undergraduate research experiences (SURE): First findings. *Cell Biology Education*, 2004, 3 (4): 270.

互动的科研过程中培养了学术兴趣，逐步将知识生产者作为职业发展方向而努力，追求学科领域的创新成果自然也成为这类本科生持续科研参与的重要目标。此外，科研参与过程中的复杂性和不确定性，加深了学生对科研过程的理解和把握，鼓励他们进一步深造和从事相关职业，也有助于他们选择适合自己的事业发展途径。①

亨特等人认为，期望在科学领域获得发展的学生认为，本科生科研的好处短期在于经验积累，长期在于职业发展。持续"像科学家一样工作"能帮助他们实现对知识和实践的理解，学会如何做科学研究，获得包括但不限于批判性思维和解决问题的能力，了解科学知识的本质以及更深层次的概念，理解科学与不同学科之间的联系②，最终成为科学家。总的来说，本科生科研被看作一个进行科学研究的智力-经验过程③，教师为学生提供了实践学习的机会，在某种程度上发展为更高阶的技能。当然，事实也已经证明，并非所有拥有科研参与经历的学生都会选择在科学领域深造和就业。

学术界从情境学习理论、社会化模型、学生成功理论、社会认知职业理论等理论视角关注作为学习和专业社会化的本科生科研活动，大多数研究对于"教师"的提及体现在本科生科研活动中教师角色的"重要性""作用机制"等方面，极少有研究专门关注教师发展。在有限的研究中，奥斯本（Osborn）认为，本科生科研打破了教师和

---

① 王国红：《美国本科生科研的实施措施和对师生的影响》，《高等工程教育研究》2010 年第 3 期，第 122~125 页。

② Hunter, A. B., Laursen, S. L., Seymour, E. Becoming a scientist：The role of undergraduate research in students' cognitive, personal, and professional development. *Science Education*, 2007, 91（1）：45.

③ Hunter, A. B., Laursen, S. L., Seymour, E. Becoming a scientist：The role of undergraduate research in students' cognitive, personal, and professional development. *Science Education*, 2007, 91（1）：71.

学生的界限，有助于提高教师教学水平。[①] 邱学青和李正认为，教师面对本科生在科研活动中的各种诉求，需要掌握学科发展及其前沿动态，针对学生提出的问题不断反思和创新。同时，教师往往会受到学生新观点、新思维、新角度的启发，进而不断提升自身的科研素质和水平。另外，学生科研工作也为教师研究奠定基础，成为教师科研的重要组成部分。[②] 也有学者认为，本科生科研活动并不能为教师带来和学生一样的收益。[③]

四 影响本科生科研质量的因素

美国大学通过设立专门组织、专项基金、专项项目、资助评价等方式开展了形式多样的本科生科研计划，为本科生提供丰富多彩的科研机会，校内外"多种来源和方式的资助"共同构成了美国本科生科研成熟而有效的管理体制，呈现注重学生科研成果展示、注重培育本科生科研文化、实施教师与学生双向评估机制、设立本科生科研主管部门的制度化特征。[④] 高众和刘继安在美国经验的基础上将我国本科生科研体系的管理模式称为"行政管控"模式，在这种管理模式下的本科生科研主要由教育主管部门下达行政指令，指定试点高校开展活动。本科生科研工作交由学校职能部门制定规划、配置资源和督查评估，基层院系负责项目申报、推进实施和宣传展示。他们认为，国内大学本科生科研应该从"行政管控"模式向"协同治理"模式

---

① Osborn, M. J. The power of under graduate research, http://www.okhighered.org/grant-opps/ppt/power-undergraduate-research.ppt.

② 邱学青、李正：《加强本科生科研 培养拔尖创新人才》，《中国高等教育》2010年第6期，第36~37页。

③ 王国红：《美国本科生科研的实施措施和对师生的影响》，《高等工程教育研究》2010年第3期，第125页。

④ 李正、林凤、卢开聪：《美国本科生科研及对我国的启示》，《高等工程教育研究》2009年第3期，第81页。

转变，与以往"行政管控"模式不同，"协同治理"模式更追求效率。在这种模式下，教育主管部门减少了对高校的干预，高校自主结合实际规划本科生科研训练体系，学校职能部门坚持育人导向协同合作，校院两级协同治理激发基层院系发展动力，评估与激励结合提升师生创新能力。①

本科生从事科研活动的认知挑战影响本科生研究能力的提升。朱红从科研挑战和科研支持两个方面进行了论述。科研挑战即在科研活动中，学生或教师尚不具备需要发展的能力和素养，包含理想、兴趣、适度性、做真实的项目、良好的学习动机、自我效能感、关注深度学习、教师合理期待等方面；科研支持则包含建立兴趣驱动机制、自主探索的空间和时间、接纳学生、帮助学生设定目标、注重鼓励、注重早体验和梯队式学习共同体建设、提供整合性的科研活动信息、提供基本学术训练、让学生获得科研成就感以及经济基础。②

西里（Thiry）和劳尔森（Laursen）认为，教师会在职业社会化、智力支持和情感支持三个方面支持本科生科研，他们在师生互动过程中帮助本科生了解科学规范、价值观、科学语言、研究工具，针对研究项目和专业行为设定期望和指导方针，对本科生的专业领域进行学科锚定，为其解释学科中重要的概念或理论观点；介绍数据资料收集和分析技术，塑造科学行为和规范，推进项目进度；促进学生融入科学实践社区，引导学生独立和负责；帮助学生接受挫折和失败、承担起作为一名科学家发展和成长所必须面对的风险，提升他们的科

---

① 高众、刘继安：《从行政管控到协同治理：本科生科研训练管理模式转型》，《中国高校科技》2019 年第 6 期，第 52~54 页。

② 朱红：《建构一流本科生科研参与的大学环境——基于挑战与支持视角的质性研究》，《国家教育行政学院学报》2019 年第 4 期，第 48~50 页。

学身份意识，并实现专业实践示范。①

亨特等人认为，教师帮助学生理解知识主张的建构，让学生从自己的角度参与知识建构，促进学生成为知者并进行情境化学习，并通过社会化了解科学家，参与学科的集体知识创造工作，生成建构意义。② 张佳提出，在本科生科研中，教师促进学生独立思考，提高其研究创新能力，对学生进行系统的科研训练，包括进行科学研究方法的指导、科学研究技术的指导、论文写作的指导和项目申报实施的指导等，并根据不同年级分层次培养。③

有的研究从主体性角度关注师生角色，主要有互为主体说、以学生为主体的"去权威"说，以及"以学生为主体、以教师为主导"说，其将学生角色定义为主体角色，本科生科研目标指向学生发展，将教师角色描述为倡导者、顾问、教练、支持者和朋友。④ 帕森（Pawson）认为，有的教师与学生建立友谊，将自己的角色定位于学生的朋友，通过情感体验实现对学生的指导；有的教师是在学生遇到困难的时候提供认知资源；也有的教师"将手放在学生的肩膀上"，鼓励、推动和引导学生获得技能；还有一类教师则是"抓住学生的手"，将其带入相关领域，为其提供机会、资金等。当学生

---

① Thiry, H., Laursen, S. L. The role of student-advisor interactions in apprenticing undergraduate researchers into a scientific community of practice. *Journal of Science Education and Technology*, 2011, 20 (6): 776-780.

② Hunter, A. B., Laursen, S. L., Seymour, E. Becoming a scientist: The role of undergraduate research in students' cognitive, personal, and professional development. *Science Education*, 2007, 91 (1): 41.

③ 张佳：《建构主义学习理论视野下的本科生科研能力的培养》，《华中师范大学学报》（人文社会科学版）2013 年第 S1 期，第 248 页。

④ Thiry, H., Laursen, S. L. The role of student-advisor interactions in apprenticing undergraduate researchers into a scientific community of practice. *Journal of Science Education and Technology*, 2011, 20 (6): 776.

有意愿接受教师指导时，以上四种师生关系则开始发挥作用。① 很多教师扮演着以上四种类型的组合角色。

有学者认为，本科生的学科背景影响学习过程和教师的指导方式，人文社科专业的本科生科研效能受到个人背景、投入时间和教师指导质量的影响，其中教师指导质量包含教师的意愿、时间、精力以及指导风格。② 对于本科生来说，教师指导代表了一种重要的社会网络，有助于其做出关于毕业后学习的选择，更高层次的支持则有助于学生教育目标和期望的实现。③ 调查发现，得到教师支持的学生可能去读研究生，与教师频繁互动的学生会提升对科学实践或追求研究事业的信心。如果缺乏教师指导，无法为研究项目找到方向的本科生可能会改变职业计划，甚至远离科学。④

豪斯等人的研究将教师指导分为独裁型、民主型和放任型三种风格。⑤ 教师的指导风格不仅决定了科研生产力，也影响学生对未来是否继续读研或研究的决定。教师的指导风格影响效率和成效，独裁型教师愿意花更多时间和学生在一起，以牺牲学生发展和自身研究自由为代价，但是研究效率更高；民主型教师注重通过与学生的协商来建构知识；放任型教师给学生提供较少指导，但给予学生更多自由。从指导结果来看，并非哪一种风格优于其他风格，适当的指导风格取决

---

① Pawson, R. D. Mentoring relationships: An explanatory review. ESRC UK Centre for Evidence Based Policy and Practice: Working Paper 21, 2004: 7.

② 蔡红红、姚利民：《人文社科本科生科研效能的现状及影响因素研究》，《大学教育科学》2020 年第 3 期，第 75 页。

③ Lee, J., Durksen, T. L. Dimensions of academic interest among undergraduate students: Passion, confidence, aspiration and self-expression. *Educational Psychology*, 2018, 38 (2): 120-138.

④ Linn, M. C., Palmer, E., Baranger, A., Gerard, E., Stone, E.. Undergraduate research experiences: Impacts and opportunities. *Science*, 2015, 347 (6222): 629.

⑤ Houser, C., Lemmons, K., Cahill, A. Role of the faculty mentor in an undergraduate research experience. *Journal of Geoscience Education*, 2013, 61 (3): 297-305.

于学生前期的研究经验，也取决于研究的性质，比如人文社科专业的研究更倾向于后两种指导风格。也有研究认为，教师的指导分为情感、认知、能力和位置四个支持类型，成功与否取决于学员的忠诚度。成功的教师指导必须提供适当的范围、顺序和实现变化机制的平衡，以配合学生学业立场和思维的预期转变；不成功的教师指导则缘于不恰当、不充分或不合时宜的机制。①

五　关于本科生科研中的师生互动研究

师生互动是一种人际互动，既属于学习行为，也属于社会行为。经过几十年的教育实践，师生互动（Faculty-Student Interaction）已经成为高等教育领域的一项重要议题，也是本书的核心概念之一。对于师生互动的内涵，不同学者给出了不同角度的界定。一般认为，师生互动在课堂教学中进行，服务于某种教学目标。成功的教师可以实现促进学生加深科学理解和引导他们发展科学身份的双重目标。在很多研究小组中，本科生和教授、研究生、博士后以及小组内其他人员构成了互动关系，教授在科研活动中鼓励本科生树立科学家形象，研究生和博士后指导本科生进行科学实践和研究。②

很多学生认为，与教师建立亲密关系是一种万能的资源。帕森针对师生进行了一项研究，学生在群体中的角色呈现为对抗、默认、渴望。对抗层面的学生是典型的局外人，拒绝教师的建议和指导；默认层面的学生处于脱离竞争的保持现状的状态；只有渴望层面的学生看到了与教师建立从属关系的好处，愿意在学习过程中听从教师的建议并积极改变。教师在群体中的角色对应呈现为提倡、自主（自由选

① Pawson, R. D. Mentoring relationships: An explanatory review. ESRC UK Centre for Evidence Based Policy and Practice: Working Paper 21, 2004: 7.

② Linn, M. C., Palmer, E., Baranger, A., Gerard, E., Stone, E. Undergraduate research experiences: Impacts and opportunities. *Science*, 2015, 347 (6222): 629-630.

择）、反感（阻止进入），教师的地位和参照群体身份将限制其为师生关系带来的资源，从而限制其在学生中的影响力。①

一些教师将与本科生的互动描述为合作。他们强调了与本科生做科研的持续性，在一段密集的时间内，他们每天与学生一起工作，建立了个人关系，并在大学期间和离开大学后支持学生。教师的角色是学习的促进者和在共同项目中与学生一起工作的合作者，为研究新手提供了一个认知学徒期，通过学徒和师傅之间双向的分享机会，鼓励学生思考对专业实践的理解。② 事实上，林恩等人的研究发现，教授和本科生的互动较少，相比之下，教授和研究生、博士后人员的互动更多。③ 因为师生合作科研可能具有挑战性，且对教师来说没有对本科生那么有益。④ 关于哪些教授愿意和本科生建立认知师徒关系，伊根等人研究发现，在职业生涯中发表更多期刊文章、获得基金会资助以及在研究方面更积极的教师更有可能吸引本科生加入研究项目，讲授课程多、出版更多专著的教师让本科生参与研究的可能性较低。此外，教师与本科生相处时间越多，让本科生参与科研的可能性就越大。⑤

① Pawson, R. D. Mentoring relationships: An explanatory review. ESRC UK Centre for Evidence Based Policy and Practice: Working Paper 21, 2004: 13.

② Hunter, A. B., Laursen, S. L., Seymour, E. Becoming a scientist: The role of undergraduate research in students' cognitive, personal, and professional development. *Science Education*, 2007, 91 (1): 66.

③ Linn, M. C., Palmer, E., Baranger, A., Gerard, E., Stone, E. Undergraduate research experiences: Impacts and opportunities. *Science*, 2015, 347 (6222): 629.

④ Harvey, L., Thompson, K. Approaches to undergraduate research and their practical impact on faculty productivity in the natural sciences. *Journal of College Science Teaching*, 2009, 38: 12-13.

⑤ Eagan, M. K., Sharkness, J., Hurtado, S., Mosqueda, C. M., Chang, M. J. Engaging undergraduates in science research: Not just about faculty willingness. *Research in Higher Education*, 2011, 52 (2): 169.

师生关系研究是一种静态的、思辨的研究，教师角色和教师指导研究是一种动态的、单向度的研究，师生互动研究则是一种动态的、实践的、双向的研究。西里和劳尔森发现，不同的师生关系将会影响和改变学生在学习过程中的人际策略，与不同指导者之间不同的互动程度也会对其产生不同的科研影响。① 教师被视为榜样，为学生带来了社会认同。党建强认为，师生互动包含了认知、情感、价值和行为四个方面的互动内容，师生在一种平等的对话中形成互动，实现双方的共同成长。② 师生互动是一种存在于师生之间，可以产生交互作用和相互影响的人际互动。③

国内外许多学者基于不同划分标准，对师生互动的类型进行了探索，大多是对课堂教学中的师生互动进行分类④，本书在此不赘述。学术界对不同情境中师生互动类型的讨论没有脱离师生关系，这一点成为本书的文献基础。考克斯（Cox）等人将课外教学中的师生互动分为"脱离（课外不联系）、偶尔接触（非目的性的偶遇）、功能性互动（与学术有关）、私人互动和指导（职业、情感和榜样塑造）"。⑤ 根据这种分类，学生在课后向教师咨询问题就属于偶尔接触，代表了一部分本科生科研互动中的教师指导情况，但他们认为"教师指导"是最高形式的师生互动，强调了教师在师生互动过程中主动发挥作用的角色定位并呈现亦师亦友的状态，更加关注学生成就

① Thiry, H., Laursen, S. L. The role of student-advisor interactions in apprenticing undergraduate researchers into a scientific community of practice. *Journal of Science Education and Technology*, 2011, 20（6）: 773.

② 党建强：《师生互动理论的多学科视野》，《当代教育科学》2005 年第 11 期，第 14~15 页。

③ 叶子、庞丽娟：《师生互动的本质与特征》，《教育研究》2001 年第 4 期，第 30 页。

④ 傅维利、张恬恬：《关于师生互动类型划分的研究》，《教育理论与实践》2007 年第 5 期，第 31 页。

⑤ 唐旭亭：《生师互动质量对大学生认知能力增值的影响路径研究——基于"2016 全国本科生能力测评"调查》，华中科技大学，硕士学位论文，2019，第 8 页。

感。潘金林认为，师生互动是提高高等教育质量的"支撑点"，他将科研与创新活动中的师生互动看作一种"巅峰体验"。[①]

师生互动的双向性特征呈现为主体间性状态的不同，不同形式的师生研究小组互动表现出松散或严密组织的"松耦合"状态。"松耦合"是指相互联系但保持自身身份和物理或逻辑独立性的实践。在严密的研究小组中，所有人在实验室一起工作，实验室是行动的中心，师生定期会面、汇报进展、分享知识和技能。在松散的研究小组中，首席研究员（通常是教授）是行动的中心，学生独立开展研究工作，首席研究员将与学生单独会面，讨论他们的进步并提供指导，而不是组织小组会议。组织严密的认知学徒制教学模式中建模、搭建、反思的学生比松散研究小组的学生多，严密研究小组比松散研究小组里的学生互动更多，但松散研究小组的学生接受了更多科研训练。[②] 相比之下，理工科师生更多选择严密研究小组进行互动，人文社科师生互动的小组则更多为松散研究小组。

国内外的大量研究表明，师生互动对学生发展有重要意义。奇克林（Chickering）和盖门森（Gamson）在 1987 年提出提高本科教学质量的七条意见，其中"鼓励学生和老师交往"被看作首要原则。美国在 2000 年进行的"全国大学生学习性投入调查"（National Survey of Student Engagement，NSSE）中，"师生互动"是五大指标之一。除了学业成就，师生互动对学生情感、个性、个人抱负、辍学率、学校满意度等都有积极影响。[③] 有学者认为，背景、观念、特质

---

① 潘金林：《聚焦生师互动：提高本科教育质量的"支撑点"》，《中国高教研究》2016 年第 12 期，第 19~22 页。

② Feldman, A., Divoll, K. A., Rogan-Klyve, A. Becoming researchers：The participation of undergraduate and graduate students in scientific research groups. *Science Education*, 2013, 97（2）：225.

③ Astin, A. W. What matters in college？. *Liberal Education*, 1993, 79（4）：4–15.

和任务四个因素分别通过学生的心理及行为、教师的教学态度及方法、教师心理及行为以及课堂知识教学过程对课堂教学的师生互动产生了不同程度的影响。

在现有师生比例下，教师在学校是稀缺资源，经常与教师互动可以提升本科生获得学位的意愿。林恩等人发现，师生互动成果与本科生进行科学实践或追求研究生教育的信心有关系，那些缺乏与教师的互动、无法为研究项目找到方向的学生很可能会改变职业计划。① 事实上，现实中的师生互动并不紧密。对于教师来说，繁重的工作、激励机制不完善、资金有限，以及指导本科生需要大量时间，都是阻碍其参与指导的因素。即使教师有意愿参与指导，但是由于缺乏环境支持也很难参与，还有教师担心本科生加入科研项目可能会阻碍他们生产力的提升。②

六　文献评述

（一）已有研究梳理

经过半个多世纪的探索与实践，本科生科研的内涵不断丰富，逐步实现了从个体自发参与到有制度、有经费、有组织保障，从研究型大学推动到全部本科院校运行，从只有自然科学领域应用到覆盖人文社会科学领域，从单一学科内创新研究到鼓励跨学科融合研究的新发展。已有研究证实，本科生科研是培养创新型人才的有效方式，是一项有益的教学措施。有学者认为，忽视本科生科研创新能力的培养对于其后续的研究生培养是一种潜在的伤害。③ 大量已有研究针对本科

① Linn, M.C., Palmer, E., Baranger, A., Gerard, E., Stone, E.Undergraduate research experiences: Impacts and opportunities. *Science*, 2015, 347 (6222): 630.

② Harvey, L., Thompson, K.Approaches to undergraduate research and their practical impact on faculty productivity in the natural sciences. *Journal of College Science Teaching*, 2009, 38: 12-13.

③ 眭依凡：《一流本科教育改革的重点与方向选择——基于人才培养的视角》，《现代教育管理》2019 年第 6 期，第 5 页。

生科研质量的影响因素、科研参与对本科生学业发展作用两个方面展开分析。研究理论包括但不限于学生成功理论、社会化模型、社会认知职业理论、情境学习理论。研究结论证实本科生科研对研究能力、学术技能、身份认同、沟通能力、专业社会化、继续研究生教育意愿、职业选择等有显著意义。[①] 研究对象主要为研究型大学，尤其是理工科专业本科生，通过对研究型大学本科生科研的相关研究展现学生进行科学学习和实践的循环。[②]

已有的研究范式覆盖了比较研究、思辨研究、质性研究、量化研究和混合研究。本科生科研参与是学术界广泛关注的热门话题，学术界越来越重视本科生科研参与的具体经历、影响因素以及教师在本科生科研过程中的作用。本科生科研是一个长期的过程，早期研究主要采用思辨研究介绍相关经验，采用质性研究评估本科生科研项目的实施效果。通过对项目的评估结果与科研项目目标的比较研究，关注对学业保持率、升学率等的提升作用。质性研究的使用促进了对本科生科研参与经历的理解。近年来，本科生在认知、科研领域的量化研究逐渐增多，并通过开发量表、建立模型等关注本科生科研学习效能。此外，郭卉和韩婷开展了一项混合研究，通过质性研究归纳出学生科研学习收获的理论，并在此基础上开发设计本科生科研学习收获量表，后通过量化研究进行验证性评价。[③] 影响本科生科研学习效能的因素包括外部环境、学生背景、资源获取、研

---

① Bauer, K. W., Bennett, J. S. Alumni perceptions used to assess undergraduate research experiences. *The Journal of Higher Education*, 2003, 74（2）：210.

② Thiry, H., Laursen, S. L. The role of student-advisor interactions in apprenticing undergraduate researchers into a scientific community of practice. *Journal of Science Education and Technology*, 2011, 20（6）：776.

③ 郭卉、韩婷：《大学生科研学习投入对学习收获影响的实证研究》，《教育研究》2018年第6期，第67页。

究经历以及师生互动等。①

（二）已有研究的贡献和不足

结合以上阐述，研究者认为已有研究对本书的贡献和不足可归结为三点。

第一，已有研究证实了本科生科研是一项有效的教学措施，吸引了诸多师生参与，有助于培养创新型人才。但由于个体具有独特性、科研学习情境具有流动性，已有研究将本科生科研作为高校培养创新型人才的一项有效教学策略的应有内涵的阐释有待充实。本科生科研的有效性源于对本科生科研学习的内在动力和学术兴趣的激发。地方高校提供的多元科研机会和激励措施促进了本科生科研参与度的逐步提升，但已有研究鲜有对地方高校本科生科研学习情况展开深入讨论。在地方高校对本科生科研活动环境创设和激励措施的促进下，如何提升学生对科研的认知水平、塑造学生的科学思维和创新能力，是地方高校推行本科生科研面临的问题，也为本书提供了研究场域。

第二，已有研究证实了本科生科研对提升学生科研能力、社会性能力等具有重要价值，教师指导决定了本科生科研质量，影响本科生的继续研究生教育或职业选择。但在本科生科研活动的学习情境中，如何形成有效的师生互动模式，有待开展深入研究。

教师和学生在特定的本科生科研活动情境中，产生了行动意识的强度和焦点，具体表现为在教学过程中的能动性。与教师经常互动与学生对学校满意度的关系比其他形式的活动更加密切。② 然而，地方

---

① Daniels, H., Grineski, S. E., Collins, T. W., et al. Factor influencing student gains from undergraduate research experiences at a hispanic-serving institution. *CBE-Life Sciences Education*, 2016, 15（3）: 30.

② 吕达、周满生：《投身学习：发挥美国高等教育的潜力》，载《当代外国教育改革著名文献：美国卷（第一册）》，人民教育出版社，2004，第32页。

高校师生互动情况并不乐观。作为主体，教师对本科生科研的认知在一定程度上决定了其指导本科生参与科研的意愿、投入度和结果。教育实践结果显示，许多高级职称教师并未在本科生科研中取得理想的互动成效。因此，深入本科生科研的学习情境，理解教师和学生对师生互动要素的建构，阐释本科生科研中的师生互动模式，是值得本书深入探讨的问题。只有理解师生互动的启动、过程和结果，了解教师和学生如何在科研活动中获得科研参与意义感，才能更有效地吸引教师和本科生参与科研活动。

第三，已有研究显示，有效师生互动对提升本科生科研成效具有重要意义，教师可以实现教学与科研的统一，学生可以实现学业成功。但现有研究仅对师生互动进行了学科意义的分类，并未就如何构建有效师生互动、提升本科生科研质量进行深入研究。教师是学校教育的核心力量，对于学生发展来说至关重要。洪堡提出，"高校等学术教育机构中的师生关系与中学迥然有异，教师不是为学生而设，两者都为学术而共处。教师的工作有赖于学生的参加，否则难以顺利进行。学生即使没有主动求教于教师，教师也会去寻找学生；教师虽训练有素，但也因此易失之偏颇和缺少活力，而学生固然不甚成熟，但较少有成见，勇于探索。两者的结合，有利于教师实现目标"。①

由此可见，教师的工作不是闭门造车，教学也不是单向的传递过程，学生在学习中与教师互动对于科研与教学相统一有促进功能。洪堡认为，"合作不仅能取一人之长补他人之短，而且在合作中，一人的成功会鼓舞他人，并激发出一种普遍的、潜伏的力量，它平时在个人身上仅仅是零星地、被动地表现出来"。② 根据卡内基教学促进基

① 〔德〕威廉·冯·洪堡：《论柏林高等学术机构的内部和外部组织》，陈洪捷译，《高等教育论坛》1987 年第 1 期，第 93 页。

② 〔德〕威廉·冯·洪堡：《论柏林高等学术机构的内部和外部组织》，陈洪捷译，《高等教育论坛》1987 年第 1 期，第 93 页。

金会 1984 年对本科生的调查报告，"大学本科教育是否成功与校园生活的质量有关系，与学生在校园内度过的光阴和他们所参加的活动的质量有关系"。阿斯汀（Alexander Astin）也认为，参加本科生科研课题计划等活动，成为影响学生坚持修完学业的显著因素。[1] 由此得出结论：本科生科研不是通过模仿和复制他人的作品进行的，也不是在教师单向教学中通过传递程序性知识完成的，而是学生、同伴和教师组成学习共同体共同推进的。

第三节 研究问题及研究意义

以地方高校实施本科生科研的教育实践经验和国内外相关文献背景为参照，发现影响本科生科研质量的因素包含开展有价值的研究、师生互动、本科生与同伴组建学习共同体等多元因素。[2] 研究表明，教师指导情况直接影响本科生科研的学习收获。[3] 因此，本书将本科生科研活动作为研究对象，探究师生互动的启动、推进、结果及其有效性，尝试建构有效师生互动。已有文献显示，研究型大学推行本科生科研活动，有助于学生科研能力和科学身份意识的提升，也能激发教师研究创意，充实和促进更多科研成果产出。然而，地方高校实施本科生科研的直接目标并非培养科学家，而在于培养地方经济社会发展所需的创新型人才，分析和理解地方高校本科生科研的实施情况是

---

[1] 吕达、周满生：《学院——美国本科生教育的经验》，载《当代外国教育改革著名文献：美国卷（第一册）》，人民教育出版社，2004，第 185 页。

[2] Ryder, J., Leach, J. University science students' experiences of investigative project work and their images of science. *International Journal of Science Education*, 1999, 15 (9): 945, 954–956.

[3] Weston, T. J., Lauesen, S. T. The undergraduate research student self-assessment (URSSA): Validation for use in program evaluation. *CBE-Life Science Education*, 2015, 14 (3): 30.

本书的首要问题。

已有文献将乔治·库团队的"学生成功"理论①作为研究本科生科研学习收获的理论视角，包括学业成绩，教学活动中的积极参与、满意度，对于所需知识技能、能力、学历的习得，教育目标的实现以及毕业后的表现。学术界在宏观层面全面讨论本科生科研对学习收获的影响和价值。尽管学术界在不同程度上提到了学生发挥主体性及教师指导在本科生科研活动中的重要作用，但对师生互动在提升本科生科研活动质量上的作用机制如何实现鲜有论述。此外，大量来自高校的教育实践显示，本科生科研中的师生互动情况不尽如人意。因此，有必要深入本科生科研的学习情境，在师生互动过程中理解学生的学习收获和教师的发展，探析和建构有效师生互动。

一　研究问题

本书深入一所地方高校本科生科研的学习情境，围绕"如何提升师生互动有效性"这一中心问题展开案例研究，这是对地方高校创新型人才培养过程中本科生如何进行自主性探究式深度学习的一项研究，也是对教师如何缓解教学和科研的矛盾、践行教学学术理念的一次省思。因此，在地方高校实施本科生科研过程中，师生究竟是如何建立互动关系？怎样启动和推进互动过程？实现了什么样的互动结果？这些具体的情境构成了本书的研究场域。

围绕本书的中心问题，可以具体化为以下四个方面的问题。

第一，地方高校如何在本科生科研中创设师生互动情境？

第二，教师和本科生如何在科研活动中进行互动？成效如何？

---

① 鲍威：《未完成的转型：高等教育影响力与学生发展》，教育科学出版社，2014，第34~35页。

第三，如何在地方高校的本科生科研中建构有效的师生互动？

第四，地方高校推行本科生科研的现实价值是什么？

二　研究意义

（一）理论意义

本书致力于推进本科生科研中的师生互动过程研究，阐释和理解师生互动在本科生科研活动中如何发挥促进作用，分析有效师生互动的基本特征、影响因素，并尝试建构有效的师生互动。

首先，教育部门推广"国家、省、高校"三级创新创业训练计划项目实施体系，鼓励所有本科层次高校探索实施本科生导师制，为地方高校本科生参与科研活动提供了平台和机会。在情境学习理论的指导下，本书尝试将地方高校推行本科生科研的外部环境、实施措施和师生进入科研活动中采取的互动方式作为情境分析起点，为本书以本科生科研为研究场域创设了师生互动的具体情境。

其次，本书致力于阐述本科生科研中的师生互动过程。在已有国内外文献中，对本科生科研中的师生互动研究主要集中于讨论教师对本科生科研学习收获的影响。作为本科生科研中的主体因素，教师和本科生建立师生互动关系，教师指导是主要特征之一，师生互动的过程和结果影响本科生科研质量。由于师生互动情境的流动性和个体特质的复杂性，师生互动过程显得异常复杂，并生成了不同的师生互动模式。有的师生互动模式有效，有的师生互动模式无效，本书尝试从学生发展和教师发展两个维度探讨不同师生互动模式的有效性。

最后，本书尝试建构地方高校本科生科研中有效师生互动的分析框架，补充了国内外文献资料中对本科生科研学习收获的经验研究，充实了师生互动在本科生科研活动中的作用机制等研究成果。分析师生对科研中互动目标的认知，讨论如何建立良好的师生关系、生成有效师生互动模式，促进师生持续有效互动，提升本科生科研质量，是从微观场域对本科生科研成果的丰富。

（二）实践意义

本书探讨本科生科研活动中的师生互动过程，对高校师生参与本科生科研活动和地方高校推行本科生科研具有实践意义。首先，通过对本科生科研的相关文献进行梳理发现，教师指导对于提升本科生科研质量具有积极作用。失败的师生互动模式可能造成师生在结束互动后，无法启动新的师生互动模式，降低科研活动参与度，失去科研参与意义感，减少科研学习收获。本书致力于阐述地方高校本科生科研中的师生互动过程，探索建构有效的师生互动，对指导地方高校师生建立良好的互动关系、引导师生更加积极和理性地参与本科生科研活动、建立实践共同体和专业学习共同体、实现长期持续的有效师生互动，都具有现实指导意义。其次，本书分析探讨师生互动在本科生科研中如何发挥作用，详细阐述高校师生参与科研活动的内在动力以及师生谋求发展的现实诉求，对地方高校优化和完善本科生科研管理模式、推进科研育人具有参考价值。最后，本书对本科生开展具有适度挑战性的科研学习、教师实现科研与教学统一，以及学校推动本科教学改革、提升本科生教育质量具有借鉴价值。

第四节　研究设计

本科生科研活动发生在学生和教师作为具体行动者的学习情境中。本书聚焦研究的中心问题，通过深度访谈和参与式观察，采用案例研究策略详细阐述地方高校本科生科研中的师生互动过程及有效师生互动模式的建构。本节主要对四个核心概念进行界定，介绍对本书有重要价值的三个理论视角，全面呈现抽样过程、资料收集和资料分析过程，并交代研究框架和章节安排。

一 概念界定

（一）地方高校

地方高校是相对于研究型大学的概念，一般指的是归属于地方政府的高等学校，是我国高等教育的主体部分，以服务地方经济社会发展为目标，着力为地方培养高素质人才。它"不同于传统的学术型大学，也有别于职业技术院校，它实现了高等教育学术性与职业性的结合"[①]，但又与研究型大学一样承载着教学、科研和社会服务三个方面的职能。地方高校是我国本科教育的重要组成部分。有学者甚至认为，地方高校的发展水平在很大程度上决定了全国高等教育质量。由于地方高校是一个较为宏大的研究范畴，本书在教育部关于"研究型-应用型"分类结构框架下[②]，参照浙江省本科高校有关研究为主型、教学研究型、教学为主型的评价体系[③]，将高校实施"本科生科研"作为研究的外部环境。为此，本书关注正在实施本科生科研的地方本科层次的高校，聚焦推行科研育人、强化教学学术研究与实践的教学研究型地方本科高校。在环境条件方面，这一类地方高校为本科生科研的实施创设了有利的外部环境条件；在教师发展方面，提倡"教学学术"实践；在学生发展方面，认同学习需要知识专家与学习者之间高质量的互动。[④]

---

① 潘懋元、车如山：《做强地方本科院校——地方本科院校的定位与特征研究》，《中国高教研究》2009 年第 12 期，第 15 页。

② 宋旭红：《学术型-应用型：我国普通本科高校分类之论》，《山东师范大学学报》（人文社会科学版）2019 年第 5 期，第 96 页。

③ 《浙江省教育厅关于印发〈浙江省普通本科高校分类评价管理改革办法（试行）〉的通知》（浙教高教〔2016〕107 号），2016 年 8 月 9 日，http：//jyt.zj.gov.cn/art/2016/8/9/art_ 1229106823_ 615062.html。

④ 〔加〕安东尼·威廉·贝茨：《自动化还是赋权：在线学习路在何方?》，肖俊洪译，《中国远程教育》2016 年第 4 期，第 10 页。

（二）本科生科研

本书中的本科生（Undergraduate），主要是指在地方高校拥有学籍的全日制在读本科生，这类学生尚未拿到学士学位。科研，即科学研究。我国教育部对科研的定义是："科学研究是指为了增进知识包括关于人类文化和社会的知识以及利用这些知识去发明新的技术而进行的系统的创造性工作。"科学研究的问题来源于经验和概念两类问题，可以分为基础研究、应用研究和发展研究，目的是对研究问题进行探究、描述和解释。本科生科研（Undergraduate Research）本质上也是一种科研形式，但科研过程和成果主要来源于本科生的活动，既可以是理论研究也可以是应用研究。

本书将本科生科研的概念界定为：本科生在教师指导下，以本科生个人或团队的形式，积极投入参与本学科或跨学科领域的科学研究、社会调查或创新活动。本科生科研活动包含本科生创新项目、本科生学科竞赛、本科生论文发表、本科生申请专利授权以及本科生参与教师科研项目等，是由本科生发挥主体作用的科研成果产出过程。其中，"活动"通常是指"由特定制度、文化或某一社会认可的群体规范的一系列行动，和把这些行动排列或组合起来的方式"。[①] 因此，研究者使用"本科生科研"作为本书的主题以及作为地方高校一项教学实施措施进行讨论，具体分析时使用"本科生科研活动"，目的是呈现本科生科研的情境性、目的性和意义性。

实施本科生科研作为教学方法改革中的重要一环，在一定程度上决定了地方高校学生在就业市场中的核心竞争力。地方高校应致力于实现促进大学生习得专业知识、提升专业技能，培养大学生创新能力和实践能力，"为地方经济建设和社会发展创造财富或为用人单位创

---

① 〔美〕詹姆斯·保罗·吉：《话语分析：实用工具及练习指导》，何清顺译，重庆大学出版社，2020，第 130 页。

造价值并带来超额利润"的目标。①

（三）师生互动

互动，意为相互作用或相互影响，既是一个心理学词语，同时也是一个社会学词语，最早出现在米德（Mead）关于"符号互动"理论的阐述中。教育界一般认为，师生互动在课堂教学中进行，服务于某种教学目标。师生互动的本质为一种存在于师生之间、可以产生交互作用和相互影响的人际互动。② 有学者将师生互动定义为"在教育、教学过程中教师和学生之间的一切交互作用和影响"。③ 师生互动既可以发生在课堂内的教学活动中，也可以发生在课堂外的非正式教学活动中。本书关注的师生互动指的是本科生与教师在科研学习情境中的互动。这种师生互动依附于教育，并作为一种教育实践包含了师生之间各种形式的相互作用和影响，是教师课堂教学的附属产品。本科生科研活动中的师生互动表现为一个发生在师生之间具体、复杂的相互作用和影响的动态教育过程。本书将"师生互动"定义为：教师和学生在本科生科研活动中通过互动交际所产生的相互作用和影响。

（四）有效性

任何教学活动都离不开教师与学生的交往。师生的交往关系是教育中一种最基本、最日常的关系。④ 在本书中，本科生科研中师生互动的有效性影响本科生科研的质量。在地方高校本科生科研活动中，有些师生互动是有效的，有些师生互动是无效的。从本科生科研活动

① 王德广、罗筱端：《地方高校大学生核心竞争力内涵、特征、功能及其内容构建》，《高教探索》2012 年第 4 期，第 33~34 页。

② 叶子、庞丽娟：《师生互动的本质与特征》，《教育研究》2001 年第 4 期，第 30 页。

③ 傅维利、张恬恬：《关于师生互动类型划分的研究》，《教育理论与实践》2007年第 5 期，第 29~32 页。

④ 李阳杰：《改革开放 40 年我国师生交往研究的回顾与展望》，《教师教育研究》2019 年第 1 期，第 101 页。

的情境出发，本书将师生互动的有效性界定为：在实施本科生科研的地方高校中，师生之间地位平等地参与科研活动，通过协商对话对科研活动进行阐释、评价和讨论，在科研活动中实现共享个体情感和科研目标，师生主体在主体间性的规范立场中，通过真实、真诚的师生互动，实现本科生科研的目标。

二　理论视角

（一）情境学习理论

不同的历史条件、不同的时代特征孕育产生了不同的学习观。莱夫和温格提出了在社会情境下的学习①，即学习依赖于其所处的学习环境。他们认为，学习不应该只是被作为个人习得知识的过程，更应该被理解为个人的社会参与过程，新手在情境中通过学习成为专家。作为一种社会实践理论，情境学习理论强调主动行动者与世界、活动、意义、认知、学习和知识之间相互依赖的关系，也被看作一种理解学习过程的观点。在情境学习理论中，知识具有情境性和工具性的双重属性，学习者基于情境习得知识，并通过运用将其外化为自身的知识进而丰富个体经验②，学习的实质就表现为在实践共同体中"合法的边缘性参与"（Legitimate Peripheral Participation）向核心参与转变的过程。也就是说，对于新手来说，在情境中"合法的边缘性参与"为他们提供的不仅是一个用于"观察"的瞭望台，关键是它包含了"参与"，把参与作为学习（包括吸收与被吸收进）"实践文化"的一种方式。在本书中，本科生科研活动作为一种学习策略，指的是知识社会中强调意义层面的学习，是理解的学习，是一

---

① 〔美〕琼·莱夫、〔美〕艾蒂纳·温格：《情境学习：合法的边缘性参与》，王文静译，华东师范大学出版社，2004，第1页。

② 崔允漷、王中男：《学习如何发生：情境学习理论的诠释》，《教育科学研究》2012年第7期，第28~29页。

种深度学习。① 在情境学习理论中，"合法的边缘性参与""认知学徒制""实践共同体" 概念为本科生科研活动的科研知识学习情境、教学实践过程和师生指导关系等提供了理论分析视角。

传统工业社会的学习强调"程序性知识的记忆和重复"，"合法的边缘性参与"关注知识的默会性，生成了一种社会系统中的行动模式，学习者通过参与某位专家的实际工作而成为某个实践共同体成员的过程。在这种观点中，参与社会实践才是学习的基本形式，"合法的边缘性参与"既涉及知识渊博的专家身份的发展，又涉及实践共同体的再生产和转化。事实上，通过"合法的边缘性参与"，人们获得的不仅是知识和技能，更多的还有在实践共同体中团体文化的构建和身份的认同。随着近代学校教育的诞生，传统意义上的学徒制（一种具体的师徒关系）逐渐被教师和学生的现代师生关系（也被称为认知学徒制）取代。在这种师生关系下的学习，并不是为了获得某种具体的技能，其重点关注的是教学过程中的认知技能和认知过程，学生由此获得的技能通常可以在不同的情境中应用。认知学徒制实现了知识、认知和学习的联结，本科生科研活动的有效性就指向建立这样一种相互依赖的关系，具体包括六种教学方法，即示范、辅导、脚手架、表达、探究式教学、反思和探索。②

实践共同体为通过学徒制开展的学习提供有利的环境，学徒、带徒弟的年轻师傅以及自己的一些徒弟也已变成师傅的师傅构成"认知学徒制"中的学习者，在本科生科研活动中分别可以对应本科生、新手教师和已习得科研能力的高年级本科生或研究生。这一概念帮助

① 〔美〕詹姆斯·A.贝兰卡：《深度学习：超越21世纪技能》，赵健译，华东师范大学出版社，2020，第19页。

② 〔美〕琼·莱夫、〔美〕艾蒂纳·温格：《情境学习：合法的边缘性参与》，王文静译，华东师范大学出版社，2004，第21页。

我们阐明了本科生科研活动中习得专业知识的过程和有效师生互动关系所关注的内容。然而，在认知学徒制概念中，知识的获取、学习的发生主要是在情境中通过学习的方式实现的，并非一定要通过言语传授的方式实现。本书聚焦的师生互动在更多时候需要通过师生对话完成，这也是情境学习理论并不足以作为本书的主理论视角的原因，本书将引入更多关注言语行动和对话行为的交往行动理论和互动仪式链理论作为补充和扩展。

本科生科研包含科研知识的习得和应用，指向"一个持续的进程，在此进程中教育者们通力合作，通过循环往复的集体探究和行动研究，使学生取得更好成绩"。① 莱夫和温格的核心观点是，学习不仅是获得知识，还需要学习者改变身份，而这需要通过参与实践共同体来实现。实践共同体将知识和学习植入实践的过程，指的是关心某一指定知识领域的一群人共同参与这个领域的活动的过程，其常常是一种非正式的共同体。实践共同体又时常描述了知识的生成、应用和再生产等过程。因此，实践共同体的联结度很高，依赖知识情境，即知识是由一群人在一段时间内共享实践产生的，而非个体学习者大脑中的认知残留。本科生科研活动常常被看作一种专业知识的实践过程。

在本科生科研的学习情境中，师生互动的前提是建立了实践共同体。教师与学生的学习过程在日常聚集的情境中开展，教师和学生的实践共同体通过整合可利用的物质资源和自身的行动能力构成本科生科研活动过程，并在某种特定的学习情境中通过实践意识对学习进度进行反思性监控。本书通过情境学习理论，了解到本科生科研活动应该是一种真实的、实践的和文化的情境，

---

① 〔美〕詹姆斯·A. 贝兰卡：《深度学习：超越 21 世纪技能》，赵健译，华东师范大学出版社，2020，第 19 页。

学习呈现为学习者的参与过程，并实现对知识的理解、建构、迁移和生成的学习方式。①

（二）交往行动理论

哈贝马斯（Habermas）和阿多诺（Adorno）都是法兰克福学派第二代中坚力量，阿多诺强调主体性，而哈贝马斯极力批判主体性，并提出和论证了主体间性（Intersubjectivity）。基于主体间性，哈贝马斯以言语使用为切入点建构一种"带有实践意向的社会力量"，建立了交往行动理论，认为交往行动是人类最基本的活动，本质是要达到互相理解的目的。哈贝马斯的交往行动理论是一种先验性和经验性相结合的社会理论，交往行动更具全面性和合理性。其中，生活世界是交往得以达成的基础，使交往活动具有先验性，交往行动中的个体经验对生活世界的先验性进行了理解、协调和确证。因此，哈贝马斯提出了生活世界、普遍语用学和商谈伦理学，分别对交往行动中的理论开始、交往过程和交往结果发挥作用，实现先验性、经验性双重属性的融合和统一。②

行动者在有目的的行动中可能达到预期效果，也可能达不到预期效果，哈贝马斯提出可以使用"真实性"和"有效性"的标准进行判断。事实上，行动的成功取决于行动者在自我利益中与他人的合作，即"解释成就表现为行动合作化机制"。③ 在交往行动理论中，主体的生成、维持取决于现实的生活世界，取决于具有主体间关系的交往行动网络。交往理性是哈贝马斯交往行动理论的核心，

---

① 崔允漷、王中男：《学习如何发生：情境学习理论的诠释》，《教育科学研究》2012 年第 7 期，第 31~32 页。

② 刘伟：《先验性与经验性的融合：哈贝马斯交往行为理论的实质》，《理论探索》2016 年第 5 期，第 32~33 页。

③ 〔德〕哈贝马斯：《交往行动理论（第一卷）》，洪佩郁、蔺菁译，重庆出版社，1994，第 143 页。

"是隐含在人们的日常话语结构之中的、互动参与者共享的理性"①，突出了"主体-主体"之间的互动和相互理解，"把目的理性行为和价值理性行为结合，形成了新的行为类型"，是交往行动的前提。交往理性的重要特征是交互主体性，即"主体-主体"之间是一种主体间性关系，"我"作为主体与"他人"在社会关系网络中才有意义。

主体间性实现了人们在共享的世界中的交往。哈贝马斯的主体间性核心在于人们在理解世界的过程中，需要主体之间的沟通、理解、协调甚至妥协②，表征为"主体-主体"之间的依赖关系，实现主体间性促进了一种和谐的交往共同体的构建③。基于交往理性概念，人们发挥自我主体性，通过理性主导交往，并就客体达成主体间性，成为交往的基础。有效性条件发挥交往理性的调节作用，包含了真实性、规范性和真诚性。④ 交往主体以语言为媒介，主体间性尊重不同交往主体的个性差异，交往者通过理性对话实现相互理解，并通过主体间的相互认可，以理解为最终目标的主体交往活动才是有效的。⑤

在雅斯贝尔斯（Jaspers）有关教育意义的论述中，教学活动主要包含三个层次，即学习知识、进行哲学式的思考以及将哲学层面的思考转化为引导个人精神前行的生活。⑥ 在本书中，本科生科研活动

① 王益珑、谭希培：《从主体理性向交往理性的跨越——现代西方哲学的一个进化取向及意义》，《理论探索》2016 年第 3 期，第 23 页。

② 赵永峰：《法兰克福学派论争：从阿多诺主体性到哈贝马斯主体间性——以哈贝马斯普遍语用学为例》，《重庆社会科学》2020 年第 7 期，第 125 页。

③ 王益珑、谭希培：《从主体理性向交往理性的跨越——现代西方哲学的一个进化取向及意义》，《理论探索》2016 年第 3 期，第 25 页。

④ 王彦龙、杜世洪：《论言语行为中有效性主张的经验向度》，《内蒙古社会科学》2021 年第 2 期，第 53 页。

⑤ 杜建军：《论新型师生关系的构建——基于哈贝马斯交往行为理论的研究》，《河南大学学报》（社会科学版）2018 年第 4 期，第 130 页。

⑥ 唐勇：《论教学交往的有效性》，《中国教育学刊》2003 年第 6 期，第 37 页。

在不同程度、阶段体现了三个层次的教学，师生的有效交往活动则成为实现三个层次教学的重要手段。也可以说，任何教学活动都离不开教师与学生的交往，因为师生的交往关系是教育中一种最基本、最日常的关系。[①] 站在交往行动理论视角，师生交往主体在对话中通过共同参与、合作、投入并创造交往活动，形成真正意义上的沟通，生成教学交往。[②] 衡量师生交往有效性的主要指标不再是师生交往的频繁程度，而是在教学交往中学生获得的精神震撼力度及其持久性、创新能力以及对生活的认知态度。[③] 因此，研究者根据本科生科研活动中师生交往的主体、内容和形式衡量师生互动的有效性。

师生交往在教学中并非一种教学策略，而是教学活动本身。有效的教学活动需要实现"同一性"和"差异性"的统一，"同一性"即师生主体共同的交往符号、环境、规范和角色等，"差异性"即师生在教学活动中对沟通和交流的不同需求。有效的教学活动需要交往双方相互承认和理解，并达成共识。[④] 进一步说，学习情境中的交往是一个"相互对话、相互沟通、相互承认和相互理解的过程"[⑤]，这为本书讨论师生关系的建立、探讨不同的师生互动模式及其有效性提供了理论视角。

在教师和学生交往的过程中，师生互动属于主体间的交往行为，体现在言语行动中的聚焦、分享、对话和理解。教师角色随着情境和

---

① 李阳杰：《改革开放 40 年我国师生交往研究的回顾与展望》，《教师教育研究》2019 年第 1 期，第 101 页。

② 和学新、陈晖：《论有效教学交往的实现机制》，《教育科学研究》2011 年第 5 期，第 29 页。

③ 和学新、陈晖：《论有效教学交往的实现机制》，《教育科学研究》2011 年第 5 期，第 31 页。

④ 和学新、陈晖：《论有效教学交往的实现机制》，《教育科学研究》2011 年第 5 期，第 27 页。

⑤ 徐今雅：《交往：教师专业发展的重要路径——哈贝马斯批判理论对教师专业发展的启示》，《教师教育研究》2008 年第 1 期，第 13~14 页。

学生的不同而变化，可能表现为教育者、传授者、促进者、协调者等多元角色，且在资源配置中发挥主导作用。根据"有效性条件"概念，研究者认为本科生科研中的师生互动有效性表现为互动关系友好、互动内容真实、互动过程规范，以及互动结果有益。哈贝马斯指出，有效性的要求一般是作为主体间背景性的共识存在，通过正常的言语行动实现。也就是说，当师生主体通过言语行动实现了对彼此背景经验的理解，并在互动过程中形成了积极的情感体验，双方的言语就具备了真实性、规范性和真诚性，有效性也得到了证实，师生互动实现了赋权增能。当然，也无法排除一种可能，即当师生主体实施了以言取效的行动，互动中可能生成"理性共识"或"虚性共识"，此时有效性就会受到质疑。

（三）互动仪式链理论

美国社会学家兰德尔·柯林斯（Randall Collins）提出了互动仪式链理论，即"无数发生于特定际遇中的互动仪式联结而成的链状结构"。① 互动仪式链理论是一种关于情境的理论，其基础和核心是互动仪式。"互动仪式"这一概念主要来自戈夫曼（Golfman），定义是"代表了一种个体必须守卫和设计的其行动的符号意义的方式，同时直接呈现对其有特别价值的对象"②，是一种意义性的程序化活动，这种仪式对群体性的生活有重要价值③，这种价值正如涂尔干（Durkheim）认为宗教具有整合的作用。涂尔干认为，"仪式是行为规则，这些规则规定了一个人在那些神圣的对象面前应该如何表现自

① 邓昕：《被遮蔽的情感之维：兰德尔·柯林斯互动仪式链理论诠释》，《新闻界》2020 年第 8 期，第 41 页。
② 〔美〕兰德尔·柯林斯：《互动仪式链》，林聚任、王鹏、宋丽君译，商务印书馆，2019，第 38 页。
③ 〔美〕兰德尔·柯林斯：《互动仪式链》，林聚任、王鹏、宋丽君译，商务印书馆，2019，第 iv~v 页。

己"①，这一定义具有一定的功能主义价值。柯林斯进一步发展了互动仪式理论，就是因为涂尔干、戈夫曼等人的研究主要停留在其概念和社会功能层面，并没有深入阐述仪式作用机制。柯林斯认为，互动仪式主要经由在具体情境中的个体之间不断接触形成互动结构，整个社会被看作一个长的互动仪式链（Interaction Ritual Chains）。② 互动仪式链给出了一个分析社会实践活动的模型，成为分析师生互动启动、推进和结果的理论视角。

柯林斯认为，普通的会话过程就是一种互动仪式。在会话中，人们聚集在一起，拥有可以相互交流的共同话题，并创造了一种会话实在，具有共同情感，让成功的会话成为一个有节奏的连续过程。因此，互动仪式包含了四个方面的要素：两个及以上的人聚集在同一个场所，对外人设定了可以参与的界限，人们的注意力集中在共同的对象或活动上并会相互传达关注点，人们分享共同的情绪或情感体验。③ 在本书的分析视角下，这四个方面分别对应"共同在场参与""排除了局外人的师生关系""共同的项目聚焦""情感共享"。这四个方面之间形成了反馈作用，"共同的项目聚焦"和"情感共享"可以实现相互强化作用。

具体来说，"共同在场"就是实施互动仪式的"触发行为"，即行动者共同在场的"共有行动"或"共同事件"，以及行动者对彼此已有的独特文化、经验等背景因素的了解和理解，即行动者将自己和对方的经验融为一体后排除"局外人"，形成实践共同体。前两个方

---

① 〔美〕兰德尔·柯林斯：《互动仪式链》，林聚任、王鹏、宋丽君译，商务印书馆，2019，第 38 页。

② 〔美〕兰德尔·柯林斯：《互动仪式链》，林聚任、王鹏、宋丽君译，商务印书馆，2019，第 iv 页。

③ 〔美〕兰德尔·柯林斯：《互动仪式链》，林聚任、王鹏、宋丽君译，商务印书馆，2019，第 79 页。

面是形成互动仪式的前提性要素，后两个方面是形成互动仪式的过程性要素。确保互动仪式得以推进、彼此作用和影响，有助于形成行动者之间的良性反馈，促进生成成功的互动仪式。

互动仪式可能成功，也可能失败。行动者在互动仪式中积极或消极的情感体验是个体进入或出离"节奏连带"的关键因素，即个体的"情感能量"成为"共同关注"和"节奏连带"的驱动力。柯林斯在涂尔干等人对互动仪式研究的基础上阐述了互动仪式的作用机制，研究对象是情境结构及其动力学。互动仪式作为一切社会的基点，其情境结构并非个人行动，而是由整体人类构成的社会关联网络。互动仪式是一种"小范围的、即时即地发生的面对面互动"，是社会行动情境和行动者的基点①，是一种仪式性交往②。柯林斯认为，互动仪式理论的核心机制是：具体情境中的个体之间不断接触形成互动的结构，高度的相互关注和高度的情感连带结合在一起，形成与认知符号相关联的身份认同感，同时为参与者带来情感能量，让他们有信心、有热情、有意愿做道德允许的事情，形成群体团结感。③

"情感能量"是一个连续变量，大致可以区分为积极正向的高端点、平淡无奇的中端点以及缺乏主动性、消极负向的低端点。个体的"情感能量"在个体经验和互动仪式的积累中形塑，并呈现出比较稳定的性质。判断某行动是否成为互动仪式的标准在于，"看其规范化的仪轨表象下，是否涌动着更深一层的动态的'加能'过程"。④ 当

---

① 〔美〕兰德尔·柯林斯：《互动仪式链》，林聚任、王鹏、宋丽君译，商务印书馆，2019，第3页。

② 邓昕：《被遮蔽的情感之维：兰德尔·柯林斯互动仪式链理论诠释》，《新闻界》2020年第8期，第41页。

③ 〔美〕兰德尔·柯林斯：《互动仪式链》，林聚任、王鹏、宋丽君译，商务印书馆，2019，第71页。

④ 邓昕：《被遮蔽的情感之维：兰德尔·柯林斯互动仪式链理论诠释》，《新闻界》2020年第8期，第42页。

行动者在互动过程中对行动形成共同关注，对彼此的意识更加了解，他们就会产生语言、情感的"节奏连带"，并在不断"加能"中实现主体间性和生成情感能量，形成群体身份感，促进群体团结。

互动仪式可能产生一系列结果：群体团结，个体的情感能量，代表情感的符号以及道德感。[①] 在对情境学习理论的论述中，我们对情境在学习中的作用和价值达成共识，即有效的学习是在情境中通过参与过程完成的。互动仪式理论同样关注情境，本科生科研的学习情境能否产生对师生的吸引力就取决于互动仪式的结果能否产生情感能量、形成新的际遇。柯林斯认为互动的"加能"过程和互动关系紧密相关，是产生和形成"情感能量"的局部结构。这是因为个体情感能量的强度虽然可能会随着时间减小，但会持续较长时间，促成之后的际遇，形成互动仪式的结果链。事实上，互动仪式中的"群体团结"可能是临时的，这就需要个体关系中形成的"际遇链"延展，让个体在际遇中产生积极的情感体验，并储备和传导至之后的互动仪式中。"情感能量"既是互动仪式的驱动力，也是互动仪式的结果，互动参与者在成功且持续进行的互动仪式中获得并留存情感能量，否则这种驱动力就会衰减。

无数互动仪式结成了互动仪式链，"链"式互动仪式较为全面立体地展示了个体的交往模式。[②] 根据互动仪式链理论，互动仪式之所以产生一种积极向上的情感能量，是因为互动仪式中的人掌握的符号资本和情感能量发挥了重要的作用。因此，在本科生科研活动中，我们希望看到学生和教师的情感能量对师生互动结果产生积极向上的作用，并推动这种互动关系持续形成互动仪式链。因此，柯林斯

---

① 〔美〕兰德尔·柯林斯：《互动仪式链》，林聚任、王鹏、宋丽君译，商务印书馆，2019，第 79 页。

② 邓昕：《被遮蔽的情感之维：兰德尔·柯林斯互动仪式链理论诠释》，《新闻界》2020 年第 8 期，第 46 页。

的理论中还有一个重要的概念——互动仪式市场，这一概念解释了在互动仪式中如何吸引教师和学生参与，突出了情感这一非理性因素在日常交往行动中的重要意义。通常情况下，人们会受到市场机制的影响，选择收益最大化的互动仪式。柯林斯的互动仪式链理论为研究者提供了本科生科研活动中师生遇到何种际遇、与谁建立互动关系、采取何种互动行动、如何维持互动关系以及成功的互动仪式如何激发附加价值产生的理论分析视角，有助于本书更好地进行师生互动过程分析。

三　研究方法

（一）质性研究方法

研究方法的选择由研究问题和研究目的决定。对本科生科研活动的研究，既可以采用质性研究，也可以采用量化研究。质性研究方法"以研究者本人为研究工具，在自然情境下采用多种资料收集方法对社会现象进行整体性探究，使用归纳法分析资料和形成理论，通过与研究对象互动对其行为和意义建构获得解释性理解的一种活动"。[①]由此可以看出，质性研究相比量化研究"更为注重情感和价值，研究过程也强调价值涉入和道德意向；教育对具体情境的依赖、对个体价值和主体关系的关注，也与质性研究对情境性的强调、对个体和研究者参与影响的关注高度契合"。[②]

本科生科研活动既是教育实践，也是教育实践得以实施的具体情境，选择质性研究方法可以将研究置于特定情境中，使研究者作为研究工具进入研究情境，更加"客观地"观察在这种特定情境下的教师和学生的主体间性状态和言语行为。在本书中，研究者并没有止步

---

① 陈向明：《质的研究方法与社会科学研究》，教育科学出版社，2000，第30页。
② 王富伟：《理解质性研究——基于历史和比较的视角》，《民族教育研究》2016年第4期，第32页。

于本科生科研活动情境，而是将研究问题聚焦活动中的师生互动。师生互动的触发启动、推进和结果必然意味着一个建构的过程，表现出更加错综的复杂性，非常适合在意义层面探讨"怎样""为什么""如何"等问题。总体来说，本书选取了质性研究方法，关注在本科生科研的学习情境中教师和学生如何参与科研活动，生成了哪些不同互动模式以及成效如何，契合质性研究所致力于研究的"解释"范畴。

学术界很多研究者认同，"质性研究就像一把大伞"，"或者就像一棵参天大树，下面掩荫着各色各样的方法分支"。[①] 由于质性研究是一种研究社会现象的宽泛的研究取向，通常会采用多种研究方法，教育领域为实践领域的研究提供了无限素材和机会，其中案例研究（Case Study）总是特别关注对某一个具体的研究现象或研究单元进行"深度""全面""整体"的解读和分析，案例研究也因此成为质性研究在教育研究领域中应用非常广泛的一种取径，案例研究目标是开展分析性的概括。当然，案例研究的目的并非陈述性描述，这与格尔茨（Geertz）提出的"深描"表现出一致的指向。渠敬东认为，"事件化"是案例研究的一个突出特征，表现为围绕"事件"出现，但呈现出一种发生或生成过程，"由具体的社会机制作用而呈现出来"。[②] 在案例研究中，过程可以作为"相对独立的解释源泉或解释变项"，这就为本书采取案例研究分析师生互动过程提供了支持，表现为师生在"事件化"过程中通过互动进行持续不断的知识和文化建构的过程。在本书中，案例研究策略需要考虑在"事件化"过程的"深描"中朝着"机制分析"的逻辑扩展，即研究者不会止步于对师生互动过程的分析，而是深入情境探究有效师生

① 陈向明：《质的研究方法与社会科学研究》，教育科学出版社，2000，第5页。
② 渠敬东：《迈向社会全体的个案研究》，《社会》2019年第1期，第20页。

互动的生成逻辑。

本书使用案例研究策略具有契合性。在教育领域中，案例研究试图理解教育现实的背景，关注过程而不是结果，研究对象可以是学生、事件、课程、政策等。本书研究师生互动过程及有效师生互动的建构，使用案例研究策略有利于研究者深入研究的情境中，探究不同的师生互动模式，并阐释其有效性。此外，由于案例研究的组成部分是一个自成一体的系统，必然面临"如何走出个案"的问题。布洛维（Burawoy）指出，个案研究在提供有趣研究结果的同时，总是无法说明个案的普遍性，容易呈现微观性和反历史性，忽略宏观因素的影响和价值。① 渠敬东也认为，个别的真相如果无法把全体纳入，就会丧失"客观有效性"。② 为此，布洛维提出了拓展个案法，包含了对宏观和微观两方面因素的考察，实现了对研究问题的理解。"分析性概括从方法论高度证明了个案研究法的生命力，拓展个案法是这一结论下具体方法的体现。"案例研究的魅力就在于辅助"理论建构的力量"③，理论可以将程序性知识构造成社会过程，并将社会过程置于更广阔的背景中。拓展个案的过程自始至终贯穿着理论角色的扮演，使案例跳出本身，走向更加宏观的场景中。

（二）抽样过程

当研究者选择使用案例研究时，"与其说是方法论的选择，不如说是在选择研究什么"。④ 案例研究的抽样并非由概率抽样得出，而是需要理论视角在分析过程中发挥重要作用。因此，案例的选择并不

---

① Burawoy, M. *The extended case method*, *ethnography unbound*. Berkeley：University of California Press，1991：4.
② 渠敬东：《迈向社会全体的个案研究》，《社会》2019 年第 1 期，第 2 页。
③ 卢晖临、李雪：《如何走出个案——从个案研究到扩展个案研究》，《中国社会科学》2007 年第 1 期，第 130 页。
④ 〔美〕诺曼·K. 邓津、〔美〕伊冯娜·S. 林肯：《质性研究手册：研究策略与艺术》，朱志勇、韩倩、邓猛等译，重庆大学出版社，2018，第 450 页。

一定具有独特性，但需要在理论层面呈现出其特有的意义和价值，即抽样具有理论指向。① 王宁对案例研究中抽样的"代表性"和"典型性"进行了区分，认为代表性受到总体的限制需要符合抽样的最低要求，但典型性则要尽可能地反映个性的形态，最大限度地体现社会现象的共同属性②，以此说明典型性的分析无法通过统计实现，呈现面向现象本身的现象学取向特征。

本书的研究场域是地方高校的本科生科研活动，研究对象是场域中的教师和本科生，研究聚焦的中心问题是"如何提升本科生科研中的师生互动有效性"。这就充分说明，研究者已经事先预设了研究情境，并选择了现象学方法作为本书的哲学取向，关注经验中意识的"本质还原"。③"本科生科研"本是一个教学策略意义上的经验概念，具有意识性，在 20 世纪 90 年代被引入我国研究型大学，我国教育界当下已有大量关于"本科生科研"的实证研究，研究对象多来自研究型大学，且集中在理工科专业。事实上，在我国全面开启建设创新型国家战略之时，"本科生科研"概念已经走出"实验室科研"概念，被更广范围的地方本科层次高校、更多专业的师生重视、参与并推广，成为受到师生欢迎的深度教学和深度学习策略，这就为本书提供了一种前验性意识。前文已经提及，为了更灵活地展开研究，研究者引入了詹姆斯在话语分析中的"活动"概念④，在本书中结合具体情境使用"本科生科研"和"本科生科研活动"，尤其是在进入研

① 卢晖临、李雪：《如何走出个案——从个案研究到扩展个案研究》，《中国社会科学》2007 年第 1 期，第 126 页。
② 王宁：《代表性还是典型性？——个案的属性与个案研究方法的逻辑基础》，《社会学研究》2002 年第 5 期，第 123~124 页。
③〔德〕埃德蒙德·胡塞尔：《现象学的方法》，倪梁康译，上海译文出版社，1994，第 20 页。
④〔美〕詹姆斯·保罗·吉：《话语分析导论：理论与方法》，杨炳钧译，重庆大学出版社，2011，第 132 页。

究场景时，"本科生科研"更多呈现为师生在建构本科生科研互动模式时的"本科生科研活动"，"活动"概念则反映了本科生科研背后的文化、制度、规范和价值等。

在确定研究场域后，研究者需要立即着手确定研究对象。王宁认为，个案并非一定要有代表性，而是要进行深入、详细和全面的典型意义上的分析，即案例研究应该是一个"解剖麻雀"的过程，逻辑是要实现分析性的扩大化推理。① 研究者非常认同这种典型性特征的认知，并以此为逻辑起点选择了一所积极推行"本科生科研"的地方省属重点高校作为研究场景，并在之后的论述中称之为"案例院校"。案例虽然通过个性表现出一定特征，但"个性"所体现的其实是"共性"，所以要弄清楚案例的共性是什么以及包含哪些特征，通过"列举""去除""保留"等步骤后，从中选取最能体现所有共性特征的一所地方高校作为研究案例。在案例院校的本科生科研学习情境中，研究者结合研究问题选择了个案典型性的突出性标准，从案例院校选择那些有科研活动参与经历的本科生和有指导本科生参与科研活动经历的教师作为本书的研究对象，因为没有这方面经历的师生自然也就不存在本书所说的互动。

在案例研究中，研究者需要提供案例信息，包含案例特征、历史背景和情境的关系等。为了保持本书结构的完整性，研究者对案例院校实施本科生科研的详细研究将在后续章节中完成，这里针对研究对象的选取进行简要论述。案例院校在 1979 年获批升格成为本科层次大学，坚持走特色办学之路，以经济学、管理学学科为主，法学、工科等多科协调发展，致力于培养具有国际视野、人文情怀、专业素养的应用型、复合型、创新型人才。

---

① 王宁：《代表性还是典型性？——个案的属性与个案研究方法的逻辑基础》，《社会学研究》2002 年第 5 期，第 123~125 页。

一直以来，案例院校非常重视开展本科生科研活动，将"创新学分"纳入本科生人才培养方案，构建了"一院一赛"学科竞赛机制①，实施全员、全过程科技导师制度，探索推广"本科生导师制"。近年来，案例院校以本科生为主体参与的创新项目、学科竞赛和科研成果在国内同系列高校中位居前列。根据学校教务部门的统计，案例院校在 2019 年和 2020 年分别有 74％和 83％的本科生在上年中至少参与 1 项科研活动，这些本科生就成为本书研究个体选择的对象。在促进本科生科研活动的实施和推广方面，案例院校的相关部门和学院在管理模式、项目创设、激励政策、软硬件支持等方面做出多元尝试，鼓励在读本科生通过不同途径参与科研活动。

研究者为保持研究设计的开放性、活力，采取了目的性抽样方法。研究者从学校教务部门查阅了学校公开发布的学科竞赛和创新项目名录，选取了部分有科研活动参与经历的本科生和有指导本科生参与科研活动经历的专业教师纳入访谈对象备用名册。访谈者在访谈过程中的合理"位置"是访谈有序开展的必要条件，研究者需要了解受访者陈述的事实，对受访者提供的信息进行过滤、加工和组织。在抽样过程中，研究者充分利用滚雪球抽样法，与本科生访谈结束后，研究者收到受访学生 S-20 的一封感谢信。

在我的书桌前，放了一张 Z 老师的名片，那是 2020 年 11 月老师带我参加 Z 省社会科学界学术年会时留下的。非常感谢 H 老师给我机会（参加这次访谈），让我分享和导师的故事。Z 老师是我学术的引路人，更是我铭记并感谢的贵人。他或许并没有和学生打成一片，但并不高冷，他就像传统私塾里的先生，天生

---

① "一院一赛"学科竞赛机制由案例院校学科竞赛委员会发起，日常工作由教务处具体负责，鼓励所有学科性学院至少发起和常态化组织 1 项学科竞赛。

与我们有一些距离，但时时为我们着想，谆谆教导我们。他给我们实习实践的机会，让我们接触最真实的社会生活和基层工作；他带我们做社会调研，还会给我们生活补贴，他说自己还是学生的时候，做社会调查的条件很艰苦，现在自己成为老师了，不想让自己的学生再受苦；他还给我们提供了很多社会资源，研究团队的学长学姐让我们看到了自己以后可能的发展方向，政府的工作人员帮助我们展开更深入的调研。

这位同学对其指导教师的评价引起了研究者的好奇，研究者便立即联系了这位老师，邀请他接受访谈，并获得他的同意。由于质性研究方法对抽样样本量并没有硬性要求，研究者结合研究问题进行抽样，通过滚雪球抽样法锁定了 39 名拥有科研活动经历的学生和 14 位指导过本科生科研活动的教师作为访谈对象，直到理论饱和时便停止抽样。此外，在访谈过程中，研究者观察和记录受访者的个人特点和在访谈中的神情、语音语调和身体姿势等；在补充在线访谈资料的过程中，研究者关注受访者回答每一个问题前"对方正在输入……"的时间持续情况。

（三）资料收集

1. 深度访谈过程

访谈随处可见，是质性研究方法中收集资料的首要方法[①]，可以看作访谈者和受访者共同建构的互动形式。访谈的过程是了解受访者"故事"的过程，分为个人访谈（Individual Interviewing）、焦点小组访谈（Focus Group Interviewing）和在线访谈（Online Interviewing）三类。[②] 本

---

① 〔美〕玛里琳·里奇曼：《方法的逻辑：教育科学中的质性研究》，张园译，北京师范大学出版社，2017，第 263 页。

② 〔美〕玛里琳·里奇曼：《方法的逻辑：教育科学中的质性研究》，张园译，北京师范大学出版社，2017，第 264 页。

书主要采用了个人访谈方法，并在必要时使用在线访谈方法作为补充。为了确保访谈的有序开展，需要创设访谈情境，即如何让受访者就某一个话题轻松自在地分享他们的故事，研究者为此充分考虑了访谈时间、场地、环境布置以及与受访者共情等因素。

为了创造出合适的"访谈者和受访者"访谈氛围，并尽可能减少对受访者造成的学习和工作干扰，研究者结合不同受访者的需求选择了学校大学生科创基地、学校教职工办公场所的访客区以及各种对受访者而言身心舒适的环境作为访谈地点。需要说明的是，所有访谈地点都是学校无偿提供给师生开展小型科技创新研讨会的场所，也就确保了访谈的情境足够"自然""舒适"。在确定访谈地点后，研究者对场地进行了卫生清洁，将桌椅摆放成了适合 2~3 人近距离交谈的角度，在访谈者与受访者之间摆放了一张桌子，便于记录访谈内容，也为彼此制造合适的距离。访谈结束后，研究者将访谈录音和文档逐一反馈给受访者，请他们核对。最后，研究者对访谈资料进行数据分析。

针对面向不同受访者的访谈目标，研究者制定了半结构式访谈提纲，即研究者针对所有受访者设计了相同的问题提纲和问题句式，但在访谈情境中研究者会根据访谈需要及时改变访谈题目，研究问题主要覆盖了"个人化问题""具体问题""感觉问题"三个层面。本书中访谈流程的设计参照了玛里琳·里奇曼（Marilyn Lichtman）的方法。[①] 一是选取具有研究情境特征的受访者，这是需要访谈者前设完成的。二是受访者的选取通常采用目的性抽样法，研究者通过学校教务部门的数据库建立符合本书情境特征的潜在访谈对象名单，并逐一进行联系。三是研究个体的选择综合考虑了学生所在专业、年级、与

---

① 〔美〕玛里琳·里奇曼：《方法的逻辑：教育科学中的质性研究》，张园译，北京师范大学出版社，2017，第 268~272 页。

研究者亲密程度等因素，通过联系几位与研究者认识的教师和本科生顺利建立研究关系。和谐的访谈关系，有助于获得有意义和有价值的研究资料。研究者在预约访谈或访谈正式开始之前，花费 5~10 分钟解释相关研究现状以及本书研究目的，营造轻松的氛围，并为受访者创设有利于"故事"分享的情境。在访谈过程中，在理解"本科生如何投入科研活动""教师为什么指导本科生开展科研活动"等过程性问题时，研究者以"听故事"的方式尽可能地让学生和教师"畅所欲言"。

第一轮访谈和预研究。在初步确定研究主题后，研究者选择了至少拥有一次完整科研活动经历的 10 名本科生进行预研究，主题为"本科生如何投入科研活动"。这 10 名本科生来自不同专业，科研活动经历覆盖了创新项目、学科竞赛、论文发表和申请专利授权。针对研究目标，研究者撰写了半结构式访谈提纲，填写了接触摘要单，在每一次访谈后转录内容并撰写访谈备忘录，并将 10 名本科生的访谈信息按照"访谈对象类型 - 编号"进行命名，方便资料分析，如 S-01，S 为英文单词"Student"的首字母，表示学生，01 代表匿名处理后的第一位受访者。在受访者对投入科研的陈述性访谈资料中进一步聚焦研究问题。

第二轮访谈和预研究。根据第一轮预研究的结论，本科生科研对其学业成就、创新素养提升等方面都有重要价值，但这些结论早已在中外学术界的量化研究中反复呈现。本书如果停留在学生主体层面理解本科生科研活动，只会陷入对已有研究结论的重复证明，这将会导致本书选题毫无理论价值和实践意义。事实上，研究者发现教师虽然被证实在本科生科研活动中具有重要的主体作用，但现有相关研究主要集中在作为本科生科研存在的问题中被呈现，鲜有学者对教师如何参与指导本科生科研活动展开深入、详细的研究。事实上，教师指导对本科生科研活动成效具有重要的过程意义。因此，研究者将教师作为研究对象进行了第二轮访谈。通过在访谈对象备用名册中寻找熟人以及工作便利联系等目的性抽样方式获得了 8 位教师的访谈支持。访谈流程同第一轮预研究一致，访谈围绕"教师为什么指导本科生开展科研活动"展开，每次的访谈时间为 40~60 分钟。

研究者撰写了半结构式访谈提纲，填写了接触摘要单，每一次访谈结束后转录访谈内容并撰写访谈备忘录，研究者将 8 位专业教师的访谈信息按照"访谈对象类型-编号"进行命名，如 T-01，T 为英文单词"Teacher"的首字母，表示教师，01 代表匿名处理后的第一位受访者。通过对访谈资料进行分析发现，教师指导本科生的科研活动具有更多元的动机和目标，教师和本科生一样都是科研活动的主体，即研究者认同本科生科研活动具有双主体，师生关系呈现为主体间性状态。至此，研究者可以完成对本书研究个体的确定，即本科生科研活动中的受访教师和学生，研究过程关注师生互动，研究问题指向不同师生互动模式的有效性。

第三轮访谈。结合本书的研究问题，研究者完善了关于本科生科研中师生互动的半结构式访谈提纲，并分为教师版和学生版。研究者在访谈对象备用名册中选择了 6 位教师、29 名本科生开展了第三轮访谈，并在必要时再次选择了 3 位前两轮访谈中的受访者进行了第二次访谈，并使用了新的编号。在第三轮访谈中，尽可能考虑了来自全校所有学院的本科生，尽可能覆盖了所有年级、选择了更多不同专业；受访教师的选择主要考虑了教师指导经历、持续指导情况和面对访谈的态度等因素。

需要说明的是，有 13 名学生因访谈期间不在校，研究者采用了书面问答和网络媒介追问的方式完成访谈，即受访者在了解研究目的后自主完成包含若干开放问题的访谈问卷填写。当研究者整理访谈资料时遇到受访者针对问题回应信息不足的情况，研究者通过网络媒介追问和交流的方式进行了二次资料收集，直到资料饱和。与前两轮访谈流程一样，研究者与其他 8 位教师和 17 名本科生完成了 40~60 分钟的一对一深度访谈。研究者将受访教师和学生的访谈信息继续按照"访谈对象类型-编号"进行命名，如受访教师 T-11，受访学生 S-11。

根据这三轮访谈，研究者完成了本书全部受访者的选择（如表 1-1 和表 1-2 所示），并结束了访谈。至此，本书的抽样已经实现了理论饱和。

表 1-1 受访教师信息

编号	性别	年龄（岁）	学位	职称	学科门类	担任导师情况	是否有博士后经历
T-01	男	32	博士	副研究员	工学	硕士生导师	有
T-02	女	44	博士	教授	金融学	硕士生导师	无
T-03	男	38	博士	讲师	理学	无	有
T-04	男	40	博士	教授	管理学	硕士生导师	无
T-05	男	43	博士	教授	管理学	硕士生导师	无
T-06	男	36	博士	讲师	管理学	无	有
T-07	男	36	博士	讲师	经济学	无	无
T-08	女	39	博士	教授	工学	硕士生导师	无
T-09	男	29	博士	讲师	管理学	无	无
T-10	男	43	博士	教授	管理学	博士生导师	有
T-11	男	38	硕士	实验员	工学	无	无
T-12	女	37	博士	副教授	工学	硕士生导师	无
T-13	男	46	博士	副教授	工学	硕士生导师	无
T-14	男	36	博士	讲师	经济学	无	无

表 1-2 受访学生信息

编号	性别	本科年级	所学专业	编号	性别	本科年级	所学专业
S-01	女	三	会计学	S-05	男	三	法语
S-02	女	二	统计学	S-06	男	二	工商管理
S-03	男	三	金融学	S-07	女	二	城乡规划
S-04	男	二	金融学	S-08	女	三	金融学

编号	性别	本科年级	所学专业	编号	性别	本科年级	所学专业
S-09	男	二	金融学	S-25	男	二	电子商务
S-10	女	三	工商管理	S-26	男	二	产品设计
S-11	男	四	行政管理	S-27	男	三	历史学
S-12	女	二	信息技术	S-28	男	二	经济学
S-13	男	二	通信工程	S-29	男	三	信息安全
S-14	男	二	法学	S-30	女	四	资源管理
S-15	男	二	普惠金融	S-31	女	三	金融学
S-16	女	三	应用统计学	S-32	男	三	经济学
S-17	男	二	经济学	S-33	女	三	统计学
S-18	女	三	城乡规划	S-34	女	二	行政管理
S-19	女	四	行政管理	S-35	女	四	给排水
S-20	女	二	行政管理	S-36	女	二	金融学
S-21	女	三	会计学	S-37	男	二	英语
S-22	女	四	通信工程	S-38	男	三	金融工程
S-23	女	二	日语	S-39	男	四	食品科学与工程
S-24	女	二	环境工程	/	/	/	/

在访谈过程中，研究者充分使用了共情策略，在主动自我表露中拉近与受访者的关系，让受访者有充分理由相信研究者在此时只是"一名研究者"，而非上级派来"打探"消息的人，有助于受访者在访谈中放松心态。同时，研究者之所以采取半结构式访谈，是因为随着对研究话题理解的深入，研究者更加关注结合访谈提纲在现场对受访者的及时追问。事实上，在每一次访谈结束后转录和阅读访谈内容时，研究者对研究问题的把握程度和敏锐性也在不断提升，有助于在后续访谈过程中对值得追问问题的捕捉。根据质性研究方法的使用策略，研究者在访谈过程中注重陈述性问题和探究性问题相结合，不仅需要收集教师和学生是如何参与本科生科研活动的信息，还需要了解参与动机、现实过程等全方位信息，即既要了解事实也要探究意义。此外，研究者通过追问策略明确了师生的习

惯、性情以及所坚守的发展观等教学背后的个体特征和环境特征，并作为资料辅助理解。

2. 参与式观察

除了访谈，研究者还进行了参与式观察。参与式观察是一种现象学取向的分析取径，以现实生活中的情境和场景的此时此地为研究基础，"阐释和理解人类生活的理论形式和建构"①，有助于进行描述性研究和探索性研究，非常适合理解人与人之间的互动，探究发现互动过程中的情感作用，具有实用性的理论意义。在本书中，师生互动的发生源自地方高校实施本科生科研的一系列措施，参与式观察可以帮助研究者关注影响师生互动有效性的各个方面，包含学习、生活、习惯等。通过运用参与式观察进行案例研究，力求依据所研究的问题对某一现象进行全面、详尽的描述。② 在参与式观察中，要求研究者作为研究中的成员直接参与其中，成为局内人可接触到的研究对象，所以它被看作一种特殊的研究策略。

在本科生科研活动的学习情境中，研究者通过局内人角色观察、感受和体验师生互动过程。由于参与式观察中的角色不限于局内的具有成员身份的角色，研究者还可以作为边缘性的角色展开研究。事实上，研究者作为本科生科研的管理工作者，完全有实现局内人角色、参与最真实的师生互动过程的现实条件，并且可以较为方便且持续地保持与研究对象的关系，确保研究者可以收集到可靠信息，成为通过访谈获取言语资料的检验和补充。参与式观察是一种高度有效的方法，是因为其实现了本研究定义的核心概念在此时此地的意义和实施情况。尽管参与式观察的信度时常遭遇质疑，因

① 〔美〕丹尼·L. 乔金森：《参与观察法》，龙筱红、张小山译，重庆大学出版社，2009，第3页。

② 〔美〕丹尼·L. 乔金森：《参与观察法》，龙筱红、张小山译，重庆大学出版社，2009，第9页。

为这种方法仅仅被用于特定情境和问题，无法实现反复应用性验证，但在理论上参与式观察会产生独立且可靠的、值得信赖的研究结果。

3. 话语分析

话语分析是一种社会语言学取向的分析取径，主要关注人类中的沟通行为，通过记录自然情境中的文本（text）或讲述（talk）内容展开分析，理解人们通过言语行动构建的现实世界。珀拉克亚拉曾指出，"面对面的社会互动（或者其他通过对话或技术衔接进行的现实互动）是最直接和最精彩背景里的社会现实"。[①] 由于人们言说的任何事情都会指向行动，言说者即使保留了一些内容不说出来，我们也可以假定听者能根据会话发生的语境和知识来理解。[②]

本书使用现象学中"言语行动"概念，作为一种与话语和语言密切相关的行为。[③] 之所以采取话语分析，是与以"言语行为"为主要媒介的师生互动过程息息相关的。师生之间的互动交往过程就像冰山一样，只有一小块浮现在水面上，那些没有通过言语说出来的信息可以从语境中获得或推理出来，形成言语行动。话语分析也必然适用于研究者在进行案例分析时对自上而下实施和推广的本科生科研政策文本内容的分析。因此，本书中话语分析工具的使用，需要研究者结合文献检索、深度访谈、参与式观察等质性研究资料收集方法。

（四）资料分析

质性研究强调在自然情境下开展研究，这就决定了此类研究多采用

---

① 〔美〕凯瑟琳·马歇尔、〔美〕格雷琴·B. 罗斯曼：《设计质性研究：有效研究计划的全程指导（第五版）》，何江穗译，重庆大学出版社，2015，第27页。

② 〔美〕詹姆斯·保罗·吉：《话语分析：实用工具及练习指导》，何清顺译，重庆大学出版社，2020，第14~15页。

③ 〔美〕詹姆斯·保罗·吉：《话语分析：实用工具及练习指导》，何清顺译，重庆大学出版社，2020，第64页。

分析归纳的方式，对社会现象背后的意义进行深层次的理解、解释或理论建构。本书的资料分析与资料收集同步开始、交织进行，直至研究结束。有学者认为，"修正的分析归纳法（Revised Analytic Induction，简称'分析归纳法'）和连续比较法（Constant Comparative Method）是质性研究中处理多元资料现场的系统路径"。① 分析归纳法最早由兹纳尼茨基（Florian W. Znaniecki）提出，是一种"严格、系统地从经验资料中提炼理论命题的方法"，追求理论与经验资料的匹配。研究过程可以简单概括为"发展定义—解释个案—修正解释—重新定义"等步骤，这也成为本书遵循的资料分析路径。

在确定研究问题前，研究者基于自身多年的教育实践和经验观察，将"本科生科研"确定为研究旨趣。为此，研究者围绕这一主题检索了相关文献和已有结论，在完成两轮预研究后确定了本书的问题焦点为"如何提升本科生科研中的师生互动有效性"。遵循案例研究对研究对象的要求，分析归纳法要求研究个体具有典型性，以最大目的抽样实现理论模型的构建。伴随资料分析的抽样过程，研究者结合人际互动规律中"亲和度"和"控制力"两个维度②，收集符合本书主题的典型性特征个案，表现为在师生互动过程中，主体间在对话内容、方式和程度上对会话的控制情况，并进行归类（见图1-1）。其中，"疏远-逃避"与"对抗-顺从"状态、"友好-独立"与"友好-顺从"状态是师生关系最具人际吸引力的互补状态；"疏远-逃避"与"友好-顺从"状态、"友好-独立"和"对抗-顺从"状态是非互补的人际反应，呈现师生互动受到来自科研政策和激励措施的奖励效应。

---

① 林小英：《分析归纳法和连续比较法：质性研究的路径探析》，《北京大学教育评论》2015年第1期，第17页。

② Wubbels, T., Levy, J., Brekelmans, M. Paying attention to relationships. *Educational Leadership*, 1997, 54 (4): 82.

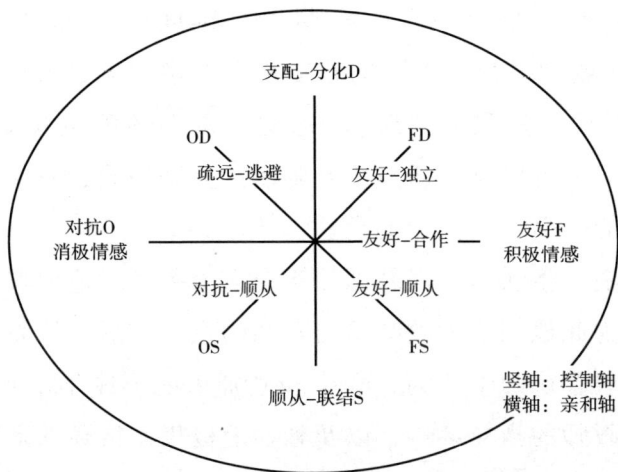

图 1-1 受访师生关系的四象限图

　　研究者离开本书的典型性研究场域，选择了 2 名研究型大学教师和学生、2 名地方高校未参与本科生科研活动的教师和学生进行了一次访谈，对本书的研究内容和初步结论进行了三角验证，证实了本书选取案例的典型性。此外，本书在已有人际关系四象限图中，发展"友好-合作"状态，呈现为师生建立友好关系时，不再由一方控制互动过程，表现为平等对话的状态。因此，研究者利用师生关系四象限图，在目的性抽样的基础上，又通过理论性抽样补充了在四象限中较少的受访师生。

　　至此，本书中的师生互动关系主要呈现出"对抗-顺从"取向、"疏远-逃避"取向、"友好-独立"取向、"友好-顺从"取向和"友好-合作"取向的基本特征。具体来说，在"对抗-顺从"取向的师生互动关系中，一些学生虽然在心理层面不认同来自教师"灌输"或"修正"的指导意见，但出于对教师权威的认知选择服从教师，师生互动的双向主体在这种师生关系取向中并没有生成作用机制。在"疏远-逃避"取向的师生互动关系中，师生关系维持受到师生关系

"亲密度"影响。当教师在"控制力"维度表现为"过度严厉"、"被动解答"或"敷衍了事"时，学生会在学习中选择"自我消化"或"另辟蹊径"，呈现出"疏远－逃避"取向的师生互动关系特征，这也成为本科生导师制与研究生导师制的显著差异，一些本科生在科研活动中拥有多名教师指导的经验。

有的受访学生认为，当教师忙于个人事务时，他无暇与学生进行频繁互动，为此他们认为教师参与互动的意愿不高，从而减少互动频率。还有一些受访师生认为，学生和教师未能形成学术观点的统一，学生不认同教师的指导策略，以及教师消极投入指导都是造成师生关系疏远的主要原因。在"友好－独立"取向的师生互动关系中，教师认为和学生一起工作的益处主要是可获得友谊和信心，对科研活动的推进持"支配"态度，学生出于推进项目的需要寻求与教师的互动，不存在任何夹杂了私人关系的交流。受访学生 S-25 认为，"在这个（科研活动的推进）过程中，主要还是发挥学生的主动作用，我们主要是在需要的时候去找老师"。也有教师认为，本科生不可能对教师的科研有贡献，也不可能建立专业学习共同体，但现代大学反而让教师和学生之间的关系疏远、互动过程功利化。

教师指导本科生参与科研活动，更多的原因是为履行教师角色本身所赋予的教育责任，与学生建立友好关系。例如，受访教师 T-12 指导学生参加学科竞赛并获得了省级或国家级多项荣誉，她始终认为与本科生进行科研互动的价值不在于获得的科研成果，而在于建立和维持友好的师生关系。

> 我从内心深处认为我带学生参加比赛不是因为能拿奖，得多少考核分或奖金。我没想过那些，我最开心的是和他们建立了真正的友谊。我还记得，有一个非我们学院的学生，都已经毕业 1 年多了还特意回来看我的宝宝，我觉得很开心。

"友好-顺从"取向的师生互动关系，与文献资料中豪斯等人提出的"独裁型"的教师指导模式类似，但更强调师生关系的亲密度。在这种师生关系取向的教育实践中，教师处于绝对控制地位，其与学生建立实践共同体，为本科生制定科研学习的详细流程和目标，确保每一个环节的成效都符合其预期。事实充分证明，这种取向有利于规避本科生的习惯、认知等差异，显著提升了科研学习的效率和成效。在"友好-合作"取向的师生互动关系中，"控制力"得到悬置，以"合作"取而代之，置于第一象限和第四象限中间，呈现亲密度的"友好"状态。在这种降低了"控制力"的关系的状态下，师生互动的作用机制形成，教师和学生需要更多的"协商"以解决问题。

四　分析框架

本书重点深入"我们如何开始互动""我们如何进行互动""我们如何更好地互动"三个层面依次展开阐释与分析。理解师生关系是开展师生互动研究的基础。整个分析归纳过程像是一个漏斗。有学者指出，"质性研究者不是在拼一幅早已经清晰的图像，而是在建构一幅图像，它是随着研究的逐步开展，在一部分一部分地收集、检核、分析之后逐渐成形"。[①] 根据对两次预研究的分析，不同取向的师生关系不同程度地存在于师生互动过程中，表面上以互动频次、互动时长等区分，但实质上在科研活动中生成了不同的师生互动模式。在对本书案例院校的教育实践活动完成初步分析后，研究者结合已有文献，确定了以"地方高校实施本科生科研"为研究场域，将共同在场参与作为师生互动发生的前提条件，探究"本科生科研活动中师生互动模式"黑箱的生成过程及其有效性，并探寻如何建构有效

---

① 林小英：《分析归纳法和连续比较法：质性研究的路径探析》，《北京大学教育评论》2015 年第 1 期，第 37 页。

师生互动。最后，得到研究结论和政策建议。根据对受访师生开展的两轮预研究，本书的分析框架逐渐清晰，详见图 1-2。

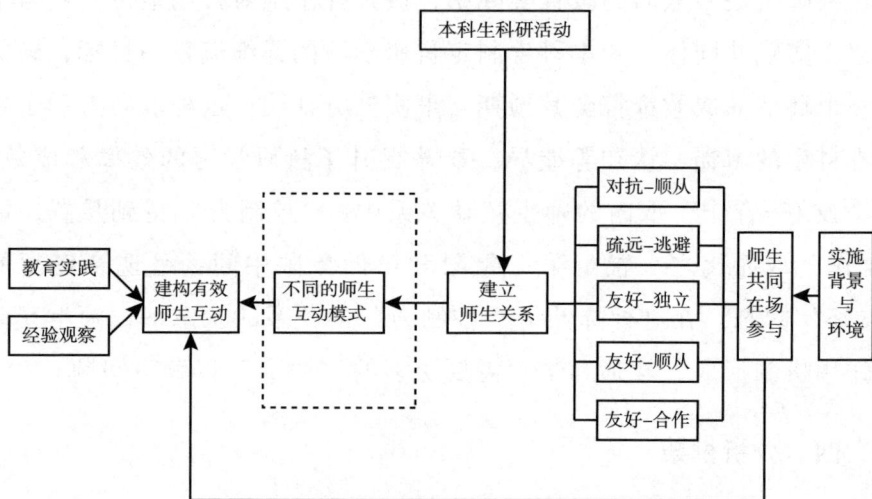

图 1-2　本书分析框架

如图 1-2 所示，本书主要围绕本科生科研中"师生互动情境""不同师生互动模式的有效性""建构有效师生互动"三个层面依次展开分析。在本科生科研活动的学习情境中，研究者对不同师生互动模式及其有效性展开意义阐释，分析有效师生互动的基本特征、影响因素并尝试建构有效师生互动。

第一章是绪论。首先，对本书的研究背景进行论述。其次，对国内外相关研究成果进行文献述评。再次，结合教育实践和文献背景提出研究问题，并阐述理论意义和实践意义。最后，对核心概念进行阐述，简要介绍指导本书开展深入研究的理论视角，阐述与研究问题适切的研究方法，全面呈现抽样过程、资料收集和资料分析过程。

第二章阐述本书案例院校本科生科研中师生互动的具体情境。首先，梳理案例院校实施本科生科研的环境背景、具体措施及成效。其次，分析案例院校本科生科研中的师生参与情况。最后，阐述师生在共同在场参与的本科生科研活动中具体采取了怎样的行动策略，表现为怎样的互动方式，呈现本书的具体研究情境。

第三章分析本科生科研活动中的师生互动模式。进入本科生科研活动中，首先，分析了师生互动前提性要素、过程性要素和目标性要素，呈现师生参与本科生科研活动的内在动力；其次，从共同的项目聚焦和情感共享程度阐述交织在本科生科研中的四种不同师生互动模式；最后，从学生发展和教师发展维度分析不同师生互动模式的有效性，同时探析有效师生互动的基本特征。

第四章建构地方高校本科生科研中的有效师生互动。首先，结合对不同师生互动模式的有效性分析，阐释本科生科研中有效师生互动的基本特征。其次，从学习层面和教学层面阐述影响师生互动有效性的因素。最后，从建立良好的师生关系着手，建构本科生科研中的有效师生互动。

第五章是结论与反思。首先，总结研究结论。其次，提出针对地方高校实施本科生科研的政策建议。最后，阐述研究贡献、信效度、局限及对未来研究进行展望。

第二章 地方高校本科生科研中的
师生互动情境

本章结合提升地方高校培养创新型人才的现实诉求，阐述案例院校实施本科生科研的环境背景、实施措施及管理模式，介绍案例院校本科生科研中的师生互动参与现状，阐述师生进入本科生科研活动时选择的互动方式，为本书创设师生互动的具体情境。

第一节 实施本科生科研的环境背景

一 快速发展的外部环境

在高等教育发展的过程中，研究型大学追求一流本科教育，表征为提供高质量本科教育。也有学者认为，所有的本科教育都应该具备高质量的特征①，建设一流本科教育应该是研究型大学和地方本科高校共同的职责。高等教育普及化时代，全国高校本科生规模迅速扩大，本科生作为高素质专门人才的最大群体，对其创新能力的培养直接关系到未来国家创新人才的产出。地方高校作为本科教育的重要阵

---

① 卢晓东：《一流本科教育的创造性元素》，《重庆高教研究》2019 年第 4 期，第 87 页。

地和主体力量①，人才培养质量在一定程度上反映了我国本科教育整体水平。本科教育质量就成为影响我国一流本科教育水平的关键。②因此，做强地方高校对建设教育强国有重要的战略意义。

地方高校肩负着为国家和地方经济社会发展培养创新型人才的重任。在本书中，地方高校生源以当地为主，学生毕业后多数留在本地就业，服务于地方特定行业。根据教育部 2019 年 6 月公布的中国大学名单，全国共有 118 所高校为中央部属大学，且暂不扩大规模。③截至 2021 年 9 月 30 日，全国共有本科院校 1270 所（未包含港澳台地区高等学校）④，即全国超过 90% 的本科院校是地方本科高校，培养了超过 90% 的本科生。地方高校服务地方经济社会发展的使命要求强调教学职能的实现，并表现在为社会发展培养创新型人才。回归教学本体、改革教学方法、优化人才培养方案，是地方高校创新型人才培养的战略举措⑤，不断提升地方高校在高等教育质量评估中所展现的院校影响力。以我国东部浙江省为例，浙江省在 2014 年启动了省重点高校建设计划。⑥ 该计划面向省、市属普通高校申报，一般来说需具有博士学位授予权，个别特色鲜明、基础较好、发展

① 潘懋元、车如山：《做强地方本科院校——地方本科院校的定位与特征研究》，《中国高教研究》2009 年第 12 期，第 15 页。
② 杨光钦：《地方高校一流本科教育改革的重心》，《重庆高教研究》2019 年第 4 期，第 93 页。
③ 《关于政协十三届全国委员会第二次会议第 0364 号（教育类 032 号）提案答复的函》，2019 年 9 月 25 日，http：//www. moe. gov. cn/jyb_ xxgk/xxgk_ jyta/jyta_ ghs/201912/t20191206_ 411142. html。
④ 《全国高等学校名单》，2021 年 10 月 25 日，http：//www. moe. gov. cn/jyb_ xxgk/s5743/s5744/A03/202110/t20211025_ 574874. html。
⑤ 丁三青：《改革教学方法：创新型人才培养的战略举措》，《中国高等教育》2006 年第 Z3 期，第 20~22 页。
⑥ 《浙江省人民政府关于实施省重点高校建设计划的意见》，2014 年 11 月 13 日，http：//jyt. zj. gov. cn/art/2014/11/13/art_ 1532994_ 2748387 9. html。

强劲的高校可放宽至硕士学位授予权，对于入选省重点建设计划的高校将加大财政投入，由省财政设立专项资金，扩大重点建设高校在资金使用上的自主权。截至 2019 年，浙江省共有 15 所高校入选该计划，要求全面深化教育教学和人才培养模式改革，提高人才培养质量。

地方社会经济发展也呼吁地方高校提供高质量的本科教育。在地方高校过去的人才培养过程中，传播程序性知识、培养按部就班的"流水线工人"是传统工业社会所急需的。随着工业社会向知识社会的转型，知识的建构性、社会性、情境性、复杂性和默会性①逐渐被清晰地展现出来，默会知识对大学生学习越来越重要，创新意识、沟通能力、实践能力、协作能力也成为地方社会经济所需创新型人才的重要特征。如何培养创新型人才，成为地方高校现阶段面临的重要命题。有学者认为，创新型人才的三个基本要素是意志品质、创新能力和实践精神②，即培养创新型人才需要帮助大学生培养坚强的意志力、获取专业知识、提升创新思维，以及在具体的学习情境中发扬科学精神，促使理论指导下的创新实践得以实现。

高等教育普及化时代，文凭在就业中的筛选功能越发明显，最直接的表现是高等教育学历证书的含金量下降，这就要求大学生必须更加重视可迁移能力的提升，通过学习提升综合素养，才有可能在社会中展现竞争力，消除文凭负效应，实现自我价值。由于地方社会经济发展和学生发展的共同需要，地方高校正在努力构建以学生发展需要为导向的创新型人才培养价值理念，即以学生为主体的个人本位的人才培养价值观。这种人才培养价值观更加重视学生的能力培养，致力

---

① 〔美〕莱斯利·P. 斯特弗、〔美〕杰里·盖尔：《教育中的建构主义》，高文、徐斌艳、程可拉等译，华东师范大学出版社，2002，第 12～14 页。

② 马平：《基于创新型人才培养的高校课外活动实践探究》，《江苏高教》2020 年第 12 期，第 104 页。

于培养更多具有创新意识和实践能力的复合型人才。① 因此，是否具备"实践力"和"创新力"成为大学生能否拥有核心竞争力的关键。② 也就是说，当前的地方高校比以往任何时候都更加需要也更加重视对大学生创新思维与能力的培养，这就为地方高校推动教学改革、实现教学方法多元化提供了现实可能性。

在具体教学改革实践中，有的地方高校深入推动"通才教育"教学改革，采用按学科专业大类招生模式，通过打破专业界限，让学生在更广的知识领域建构专业志趣、确定学业目标和开展有针对性的通识学习，培养本科生的科学思维、创新意识和创新能力。案例院校的教务部门积极推动智慧教室的改造工程，为推行师生的小班化课堂教学创设良好的环境；创建文科实验中心、理工科实验室、科创基地、创客空间等，面向全校师生开放申请，实施绩效考核，为师生互动提供更多"互动式交流""探究式学习"的空间；建设教师发展中心，为教师改进本科教学模式提供"比学赶超"的实践平台和资源平台，提升教学质量。

在本科生课程建设方面，地方高校推行翻转课堂和慕课教学，催生出本科生探究式学习情境，让大学课堂实现了以学生为主体的自主性探究式学习模式，学生在这样的学习模式中培养批判性思维和创新意识。教师实施科研项目课程作为一种实践性教学，通过与学生在聚焦科研项目的互动实现对第一课堂学习的延伸和补充。教师在科研项目的推进过程中发挥榜样示范作用，鼓励"像我一样做"③，促

---

① 秦圣阳、段鑫星：《个人本位抑或社会本位——地方高校人才培养价值的话语衔接》，《江苏高教》2019 年第 9 期，第 50~51 页。

② 王德广、罗筱端：《地方高校大学生核心竞争力内涵、特征、功能及其内容构建》，《高教探索》2012 年第 4 期，第 38 页。

③ Pawson, R. D. Mentoring relationships: An explanatory review. ESRC UK Centre for Evidence Based Policy and Practice: Working Paper 21, 2004: 5.

使本科生在模仿教师的科研学习中不断习得科研技能。在教学评价方面，学生测评作为一项重要指标被纳入地方高校教学业绩评价体系，促使教师教学必须围绕提升学生学习满意度进行改革创新。

地方高校在探索转型特色发展中引发了一种要"在大学组织再学术化的框架下，重构一种区别于传统大学单一学术研究价值理念和实践形态的新型的学术研究"。① 高校教师学术职业观念、形态在面临转型和重构的同时，加速了地方高校教师学术职业向应用型分化。也就是说，地方高校的教师科研和知识创新需要更加适应所服务区域、行业发展的需求。这种学术职业化为教师推动科研项目课程化提供了条件，学生作为项目组成员参与教师面向地方社会经济发展的应用型科研项目，在社会实践调查、课题组汇报中完成资料收集、整理和分享，形成调研报告，实现专业知识和科研技能的学以致用，提升专业实践能力，也更加凸显应用型人才培养中面向地方社会经济发展的"专业性"。

二　本科生科研在地方高校的实施与发展

面临如何突破"重知识、轻科研"模式的问题，我国高校积极探索实施科教融合，创设更多有利于学生创新思维和创造能力提升的科研学习机会。1995 年以来，清华大学开展大学生研究训练计划（Students Research Training，SRT），成为我国首个推行本科生科研项目的研究型大学。随后，浙江大学、北京大学、复旦大学等高校SRT 相继启动，推动了我国研究型大学积极推行本科生科研计划，并得到了快速发展，取得了积极成效。有研究证实，本科生科研可

---

① 李金奇：《大学组织再学术化与地方本科高校转型发展——兼论地方高校教师学术职业分化》，《高等教育研究》2016 年第 11 期，第 19 页。

以通过一种发挥学生主动性、激发学生创造性的训练形式，在改变学生认知、提升专业能力、培养科研能力与创新思维等方面实现教学相长。①

2007 年起，教育部启动实施国家级大学生创新创业训练计划（简称"国创计划"），许多省级政府相关部门启动面向地方高校的创新创业训练计划项目和配套实施政策。例如，2007 年，浙江省面向全省所有层次高校启动实施浙江省大学生科技创新活动计划（新苗人才计划）项目，相关高校配套启动校级创新创业训练计划项目。本科生科研政策的出台与项目推行，为地方高校本科生提供了多元科研参与机会，也为地方高校鼓励教师参与指导本科生科研提供了政策依据、提振了信心。原本面向部属院校开展实施的"国创计划"项目现已覆盖全国 31 个省（自治区、直辖市）上千所高校超过90 万大学生，成为培养大学生创新创业能力的重要举措。② 至此，"国家、省、高校"三级创新创业训练计划体系在地方高校得到初步建立。

培养创新型人才的目标促使地方高校努力提升大学生创新创业训练成效，进而把握机遇提升院校发展影响力。依托建设"国家、省、高校"三级创新创业训练计划体系，组织开展"挑战杯"等学科竞赛，为本科生提供科研参与机会，推动实施全员、全过程、全方位的本科生导师制，营造浓厚的科研参与氛围，促进科研育人。经过十多年的教育实践探索，本科生科研逐渐成为地方高校一项有影响力的教育实践，通过本科生科研学习收获、教师教学改革成效以及地方高校本科教学业绩展现价值。例如，在我国东部某省的一所地方高校，参

---

① 眭依凡：《一流本科教育改革的重点与方向选择——基于人才培养的视角》，《现代教育管理》2019 年第 6 期，第 5 页。

② 《教育部关于印发〈国家级大学生创新创业训练计划管理办法〉的通知》，2019 年 7 月 31 日，http://www.gov.cn/xinwen/2019-07/31/content_ 5417440.htm。

加 "挑战杯" 全国大学生课外学术科技作品竞赛荣获特等奖的师生将会获得高达 50 万~100 万元的物质奖励，有的高校将本科生科研作为量化指标纳入教学和学业评价体系。

地方高校实施本科生科研，提高本科生科研学习效能，增加其学习收获，鼓励教师参与指导本科生科研，提升教学改革成效，培养创新型人才，为国内外研究型大学和地方社会经济发展输送高质量本科生，呈现出地方高校本科教育质量高的特征。因此，地方高校深化教学改革的现实需要，为本科生科研发展提供了有利的外部环境，具体表现为营造科研文化氛围、促进本科生自主性探究式学习习惯养成、培养本科生创新素养、鼓励教师实施科研育人、培养创新型人才。

在政策支持层面，2011 年，教育部和财政部印发了 "本科教学工程" 实施意见，正式启动 "高等学校本科教学质量与教学改革工程"，针对大学生实践能力和创新创业能力不强等问题提出了改革建设要求。① 2018 年，教育部出台《关于加快建设高水平本科教育　全面提高人才培养能力的意见》，"本科生参与科研" 被列入 "科教协同育人"，明确提出要 "为本科生参与科研创造条件"，要求深入推进本科教育改革，"推动学生早进课题、早进实验室、早进团队，将最新科研成果及时转化为教育教学内容，以高水平科学研究支撑高质量本科人才培养"。② 2019 年，教育部发布《关于深化本科教育教学改革全面提高人才培养质量的意见》，要求加大科研项

① 《教育部　财政部关于 "十二五" 期间实施 "高等学校本科教学质量与教学改革工程" 的意见》，2011 年 7 月 1 日，http：//www.moe.gov.cn/srcsite/A08/s7056/201107/t20110701_125202.html。

② 《教育部关于加快建设高水平本科教育　全面提高人才培养能力的意见》，2018 年 10 月 8 日，http：//www.moe.gov.cn/srcsite/A08/s7056/201810/t20181017_351887.html。

目和科研基地向学生开放力度，统筹规范科技竞赛管理，强化科研育
人。① 根据 2021 年的一项研究，Z 省教育部门针对不同学科专业设立
了大约 40 项 A 类学科竞赛，作为推动高校本科教学改革的重要载
体，高校结合教学实践实际增补其他类别学科竞赛作为补充。

地方高校积极推进本科生科研，探索落实国家、省级层面相关政
策，通过自上而下的教育政策、高校自主探索的实施措施，为本科生
创设了多元科研参与机会。已有研究表明，推进本科生科研是大力加
强本科教育、着力提升专业内涵和质量的必然要求，也是建设创新型
国家的有效措施。那么，在实施本科生科研的有利环境背景下，地方
高校本科生科研的实施成效如何仍需要进一步聚焦。

三　案例院校实施本科生科研的概况

本书的研究对象来自同一所地方高校的本科生和教师，研究者将
这所地方高校作为案例院校。案例院校坐落在我国东部某省会城市，
1998 年从原来的国家 S 部委直属院校改为"中央与地方共建，以地
方管理为主"的地方高校，2015 年被确定为 Z 省人民政府、S 部和
教育部共建大学，2017 年被确定为 Z 省重点建设高校。该校强化优
势特色学科专业建设，健全学校学科专业"特色"与区域经济社会
"特色"的互动机制，致力于培养具有国际视野、人文情怀、专业素
养的应用型、复合型、创新型人才。

案例院校拥有经济学、管理学、法学、文学、理学、工学、历史
学、哲学、艺术学等九大学科 71 个本科专业，覆盖本、硕、博三个
教学层次。现有专任教师 1812 人、外聘教师 432 人，生师比为

---

① 《教育部关于深化本科教育教学改革全面提高人才培养质量的意见》，2019 年
10 月 8 日，http：//www.moe.gov.cn/srcsite/A08/s7056/201910/t20 191011_
402759.html。

14.75。其中，国家杰出青年科学基金资助者 1 人；国家优秀青年科学基金资助者 1 人；新世纪优秀人才 11 人；教育部高校青年教师获奖者 3 人；百千万人才工程入选者 7 人；国家级教学名师 1 人；省级高层次人才 184 人；省部级突出贡献专家 12 人；省级教学名师 6 人。学校面向全国 28 个省区市招生，截至 2022 年学校普通本科生有 17072 人，全日制在校生总规模为 23659 人，本科生数占全日制在校生总数的比例为 72.16%。①

案例院校坚持特色发展，以学生实践能力、创新能力和创业能力培养为导向，整合校内外实践教学优质资源，构建集课内实验实践教学、校内外实习实训、创新创业实践于一体的多层次、多类型创新创业实践实训平台，将创新创业教育贯穿本科人才培养的各个环节。在学校教务处、科技部、社科部、团委、创业学院等部门的协同努力下，学校较早建立"国家、省、高校"三级创新创业训练计划体系，2012 年起，获得国家级创新创业训练计划项目申报资格，累计立项 679 项；2014 年起获得参与全国大学生创新创业年会资格，并获评国家级大学生创新创业训练计划实施工作先进单位，先后共有 7 项优秀科研成果入选全国大学生创新创业年会；2019 年获评优秀论文 20 强，并受邀在全国大学生创新创业年会闭幕式上作为年会交流论文进行公开展示（全国仅 6 篇）。2010 年，获得省级创新创业训练项目申报资格，分别培育大学生科技创新项目、大学生科技成果推广项目和大学生创新创业孵化项目，申报立项获批数量逐年增加，累计有 1143 个省级项目获批立项，结题率保持在 100%。2012 年起，学校启动校级创新创业训练计划项目，累计立项 5391 项。

对于案例院校本科生而言，"本科生科研"新鲜、令人好奇且未知，但尚未形成被在校师生广泛认知和使用的学习术语。本科生

---

① 数据来源：案例院校 2021~2022 学年本科教学质量报告。

科研作为一项教学改革措施以"活动"的方式广泛体现在第二课堂实践中。为了提升本科生科研的学生参与度，学校推行创新学分制；实施本科生导师制并评选优秀科技创新导师，表彰优秀科技创新导师 596 人次；科研活动成绩优异的本科生，根据学校相关文件规定提交相关科研成果，经学院学术委员会认定、教务处审定，可替代毕业设计；教师指导学生参加省级以上学科竞赛并获奖的给予高层次科研分认定，纳入教师科研业绩考核指标体系。早在 2008 年，学校成立大学生科技服务中心，服务学生科研工作，组织学术科技竞赛，助推学校科技发展。大学生科技服务中心成立当年建立"希望杯"科技服务品牌，一方面设置专项基金为本科生参加各类学科竞赛培育优秀创新项目，累计资助在暑期开展的创新项目 980 个，另一方面从优秀创新项目中选拔优秀科技成果参加"挑战杯"系列竞赛和"互联网+"大学生创新创业大赛以及其他经由省级教育部门认定的 A 类学科竞赛（详见附录三）、学校学科竞赛委员会认定的 B 类学科竞赛（详见附录四）和其他学术竞赛。案例院校积极争取社会资源和校友力量支持，收到超过 900 万元校友基金扶持学校开展本科生科研活动，奖励本科生作为第一作者发表高层次科研论文43 篇，申请并已获授权专利 35 项。①

此外，案例院校结合学科建设和专业发展实施"一院一赛"策略，作为 A 类学科竞赛和 B 类学科竞赛实施载体。鼓励学科性学院至少负责组织实施一项学科竞赛，不断提升学科竞赛参与度。2022年，全校共有 15000 余名本科生参加校级及以上学科竞赛，A 类学科

---

① 期刊、学术论文级别认定以案例院校最新版国内学术期刊分级标准为准。其中，学生作为第一作者发表论文被 SCI、SSCI、A&HCI、EI、ESI 以及一级期刊等收录，每项补助 5000 元；在一级、准一级学术期刊上发表论文，每项补助3000 元。本科生作为第一作者申请专利已获授权，发明专利每项补助 3000 元，实用型专利每项补助 1000 元，外观设计专利每项补助 500 元。

竞赛中国家级获奖数为 37 项，省级获奖数为 348 项。案例院校在备受大学生关注的"挑战杯"全国大学生课外学术科技作品竞赛中，先后三次捧得"优胜杯"，本科生科研成果获得特等奖 3 项；在"挑战杯"中国大学生创业计划竞赛中获得金奖 5 项；在中国国际"互联网+"大学生创新创业大赛中获得金奖 3 项。

总的来说，案例院校作为国内较早重视和推行本科生科研的学校具有先发优势，在长期良好基础中持续取得各项突破，本科生科研参与度逐年提升，科研学习收获在学生升学、就业和对学校的满意度中得到体现，本科生科研成果逐年显著增加。根据中国高等教育学会高校竞赛评估与管理体系研究专家工作组发布的 2018～2022 年全国人文社科类本科院校学科竞赛排行榜，案例院校排名连续三年位列全国第一。①

第二节　推行本科生科研的实施措施

一　从"行政管控"趋向"协同治理"的管理模式

培养高素质的创新型人才，已经成为所有地方高校人才培养的共识和目标。地方高校的创新型人才培养，指向坚强意志、创新能力、实践精神、沟通能力等素养的培养，主要通过课堂教学和课外活动实现。大量教育经验和实证研究证实，本科生科研作为一种课外教育实践，是地方高校第一课堂教学的有效补充，有助于提升学生的创新意识、科研能力、团结协作能力和沟通水平，即对培养创新型人才具有重要意义。这也就决定了本科生科研的终极目标指向培养创新型人才，增加本科生科研学习收获、提升教师科研指导意愿度和增加教学

---

① 数据来源：案例院校 2021～2022 学年本科教学质量报告。

成果等显性目的是培养创新型人才过程中的具体表现形式。构建和完善与学校人才培养目标相匹配的管理模式，是案例院校管理层近十年深化学校改革的内容之一。

高众和刘继安将本科生科研管理模式分为"行政管控"管理模式和"协同治理"管理模式。前者高度依赖政府和主管部门决策和管控，"唯其意志行事"；后者坚持效率驱动，依赖多元主体共同参与，追求协同治理结果的超越性。① 在推行本科生科研初期，案例院校实施"行政管控"管理模式。例如，2010 年起，案例院校开始实施省级大学生创新创业训练计划项目，在上级主管部门的政策要求下，学校配套出台省级创新项目管理办法，所有项目的管理和推进完全依赖于主管部门的行政管控，管理过程中缺乏沟通交流和反馈机制。

地方高校进入特色化转型发展时代，在创新型人才培养目标的驱动下，案例院校注重本科生科研实施成效，从原有主管部门"行政管控"的管理模式趋向由多个部门联合学科性学院"协同治理"的管理模式。例如，案例院校推动多个部门联动，实施科研项目管、评、办分离机制，协同发挥本科生科研氛围营造、科研项目培育、赛事组织管理、经费管理以及激励政策制定与实施等职能，科研中心、教务处、学工部、团委和创业学院等部门组成核心的组织协调机构，成立创新创业教育工作领导小组、学科竞赛工作领导小组、大学生科技创新工作领导小组，由相关校领导担任组长。

作为"国家、省、高校"三级创新创业训练计划体系和学科竞赛的协调机构，教务处是案例院校实施本科生科研的核心管理部门，联合相关部门与学科性学院（学科竞赛秘书处单位），实行

---

① 高众、刘继安：《从行政管控到协同治理：本科生科研训练管理模式转型》，《中国高校科技》2019 年第 6 期，第 52~53 页。

自主差异化管理。教务处等部门负责与省级主管部门沟通，做好政策制定、教师激励以及经费管理等工作。学科性学院分管教学工作的副院长负责管理本科生科研，结合学科发展和专业特色，依据学校相关政策文件，制定适用于本学院学生科技工作的管理办法和激励措施。团委作为第二课堂的主管部门，建立学生科研服务中心，指导学院组建学生科技人才库和科研活动管理队伍，管理队伍工作人员包含教师和学生，共有 13 个校级科技创新活动学生社团和 18 个学院科技创新服务中心，以及 600 余名班级科技委员，形成覆盖"学校—学院—班级"的学生科研工作体系，负责邀请优秀科技创新导师、学术科研达人开展科研技能讲座和科技创新活动宣讲，以及本科生科研活动的组织与实施，营造科研活动氛围，提高师生参与度。

随着本科生科研被纳入地方高校本科生教学业绩工作体系，"行政管控"管理模式在当前地方高校实施本科生科研过程中仍存在一定价值。案例院校实施部门和学院任期目标管理考核制，本科生科研业绩指标被列入相关部门和学科性学院任期考核的约束性目标，"挑战杯"系列竞赛特等奖等科研成果被列入相关部门和学科性学院任期考核的重大突破激励性指标。因此，在"行政管控"管理模式下，校院领导对本科生科研的重视程度、资源倾斜及投入情况对本科生科研实施成效会持续产生影响。校院领导的重视体现在对师生参与科研活动的期待和激励，以及对科研活动过程的促进和监督功能中。他们往往通过开展调研、座谈以及进行慰问、表彰等象征性形式，表达对本科生科研的关注和重视，并给予奖励暗示。校院领导间接通过完成对师生共同发展的正向激励，使本科生科研活动的参与度、投入度获得不同程度的提升。

案例院校的本科生科研呈现从"行政管控"趋向"协同治理"的管理模式，"协同治理"在提供多元科研参与机会、软硬件支持等方面产生积极影响，"行政管控"管理模式在本科生科研成果管理和激励方面发挥重要促进作用。

二　为本科生提供多元科研参与机会

在由"行政管控"趋向"协同治理"的管理模式下，案例院校既有自上而下的"国家、省、高校"三级创新创业训练计划体系，也有校院自发性开展的创新项目和赛事，促使本科生科研活动可以贯穿全年，为本科生提供丰富多元的科研参与机会。在春季学期，本科生主要参加校院组织的人文社科类学科竞赛，即"一院一赛"。案例院校在暑期为本科生开放"希望杯"创新项目、学科竞赛和实验室科研项目等三类科研活动，"希望杯"创新项目主要以带课题下乡调查研究的形式实现，学科竞赛多以实验室团队形式在教师的指导下开展并完成。在秋季学期，经历春季校级、省级学科竞赛且胜出的本科生团队获得资格继续参加国家级同类赛事，其他本科生参加"国家、省、高校"三级创新创业训练计划项目申报、中期检查和结题。此外，有的教师会招募学生加入自己的实验室或研究小组，和本科生一起参加工作，合作产出论文、专利等成果。贯穿全年的科研参与机会，让案例院校的本科生越来越适应和接受学校的本科生科研氛围和科研文化，逐渐形成一种科研参与学习理念，认同要在本科阶段至少参与一次"项目—竞赛—论文"科研活动。以实验室科研学习为主的理工科专业本科生，以及科研技能达到一定水平的文科生，在"国家、省、高校"三级创新创业训练计划项目结题、毕业设计等环节完善和展示科研成果，并在教师指导和帮助下实现公开发表。

很多教师认为，地方高校的暑期较长，是本科生参加科研活动的最佳时机。以社会调研见长的文科本科生在暑期有足够时间外出走访调研，暑期也是参与实验室科研项目的理工科本科生集中推进和完善实验进度、获得重要实验数据的最佳时机。需要说明的是，案例院校的社会调研活动主要是依托校院两级的团组织社会实践行动，以"希望杯"创新项目为载体，由本科生在教师指导下确定研究问题后组队发起调研项目，走出学校，走下基层，在社会观察和田野调查后形成调研报告。本科生团队自主完成的调研报告参与学校优秀调研报告评比，并作为下一年度创新项目、学科竞赛的先验成果。

由此可知，本科生科研的选题来源主要可以归结为三种途径：完全教师选题、教师指导选题和学生自主选题。"完全教师选题"的科研活动成因：一是教师不认可本科生在当下学业水平自主选题的科研价值；二是教师对个人研究领域更为熟悉，引导本科生选择效率优先、结果可预期的科研题目。"教师指导选题"凸显"指导"之意，即要求学生在教师的启发式教学中，研读政策报告、阅读大量中英文文献，并在此基础上设计若干备选题目，与教师面对面探讨后确定选题。"学生自主选题"即学生结合自身学业生活经验，关注感兴趣的专业领域或社会问题，激发科研兴趣，确定自认为可行性强的选题，并针对选题寻求相应研究领域教师的支持与指导。选择"完全教师选题"的师生互动仪式多表现为知识学习的"教授主义"，具体表现为"教育"和"接受教育"的单向师生互动，在戈夫曼看来这是一种"遵从"的形式。"学生自主选题"在字面上看似符合"以学生为主体"的教学理念，但本质上容易忽视教师是知识的持有者、传播者的现实，以及教师在教学活动中处于主体地位。在教师缺乏权能感的本科生科研活动中，学生科研学习的效能也会受到影响。

研究者结合教育实践经验，认为"教师指导选题"是有限理性条件下师生互动仪式的最佳际遇起点，有益于教师指导本科生参与科研活动权能感和意义感的提升。案例院校为本科生提供的科研参与机会详见表2-1。

表 2-1　案例院校为本科生提供的科研参与机会

序号	启动时间	面向年级	本科生科研活动	选题主要来源	参与方式	学生动力	教师动力
1	春季 夏季 秋季	大二 大三	A类学科竞赛	教师指导选题 学生自主选题	个人申报 院系-学校 选拔推荐	学习收获 学业成就 社会性能力	业绩考核 荣誉评价 职称评聘
2	春季 夏季 秋季	大二 大三	"挑战杯" 系列竞赛	教师指导选题 学生自主选题	个人申报 院系-学校 选拔推荐	学习收获 学业成就 社会性能力	业绩考核 荣誉评价 职称评聘
3	夏季 秋季	大二 大三 大四	"互联网+"大学生 创新创业竞赛	教师指导选题 学生自主选题	个人申报 院系-学校 选拔推荐	学习收获 学业成就 社会性能力	业绩考核 荣誉评价 职称评聘
4	夏季	大一 大二	社会实践 带课题下乡调研	教师指导选题 学生自主选题	个人申报 院系推荐	学习收获 社会性能力	教育者角色
5	秋季 冬季	大一 大二	校级大学生创 新创业训练计 划项目	完全教师选题 教师指导选题 学生自主选题	个人申报 院系推荐	学习收获	教育者角色
6	秋季 冬季	大二 大三	省级大学生创 新创业训练计 划项目	教师指导选题 学生自主选题	个人申报 院系推荐 学校评定	学习收获 学业成就 社会性能力	业绩考核 职称评聘
7	春季 夏季	大二 大三	国家级大学生创 新创业训练计 划项目	教师指导选题 学生自主选题	个人申报 院系推荐 学校评定	学习收获 学业成就 社会性能力	业绩考核 职称评聘
8	全年	大一 大二	理工科教师实验室 文科教师课题组	完全教师选题 教师指导选题	个人申报 师生双向选择	毕业设计 论文发表	组建共同体
9	全年	大三 大四	发表论文 授权专利	教师指导选题	个人申报 学校审核	学习收获	组建共同体

资料来源：根据学校网站、相关部门工作人员与工作实际收集信息整理。

三　重视本科生科研成果管理和激励

为了提升本科生科研学习收获的效能，案例院校对本科生科研实施过程管理和结果考核机制，校院科研管理人员负责组织中期检查、结题评审。本科生主持或作为成员参与"国家、省、高校"三级创新创业训练计划项目和"希望杯"创新项目，需要通过参加学科竞赛、发表论文、申请专利等方式完成结题，教师发挥推进项目进度和督导项目结题职能。有的教师鼓励本科生形成学术论文或调研报告参加不同类型的学科竞赛，积累科研技能，提升社会性能力。有的教师坚持质量优先，指导学生完成有一定创新价值的科研成果，帮助学生公开发表和参加学术会议。对于优秀科研成果，案例院校重点推荐参加"挑战杯"全国大学生课外学术科技作品竞赛、全国大学生创新创业年会等国家级科研活动，本科生通过公开路演的方式展示科研成果。同时，案例院校鼓励应用性较强的科研成果转化落地，参加中国国际"互联网+"大学生创新创业大赛、"挑战杯"中国大学生创业计划竞赛。也有一些本科生将科研成果转化为毕业设计，或与教师合作发表案例院校科研部门认定的高层次论文。总的来说，案例院校的本科生科研选题多为地方经济社会发展迫切需要解决的问题，研究方法主要为实验法、田野调查法和统计调查分析法，调研数据翔实，科研成果应用性较强，对现实生产生活的指导意义显著。

　　本科生科研是案例院校本科教学质量评价体系中的重要一环，直接影响"专业培养能力"和"学生学习效果"，由上级教育主管部门阶段性完成数据统计后进行校际排序，生成教学业绩评价结果。为了激发本科生投入科研的热情，案例院校非常重视本科生在科研活动中的主体地位，本科生参与科研活动可获得创新学分，并纳入学校本科生培养方案，将本科生科研成果纳入综合素质测评评价体系，评价结果不同程度地体现并影响本科生评奖评优、升学就业。此外，学校整合社会资源实施"以奖代补"补偿机制，资助优秀本科生作为第一作者发表高层次科研论文或申请授权专利。

　　此外，学校每年秋冬季举办本科生科研表彰活动，通过举办展览、现场表彰和展示本科生科研风采等环节展示学校本科生年度科研成果。

案例院校也充分认识到教师在本科生科研中的重要价值，充分利用政策工具，使教师指导学生参与科研活动在教学业绩、荣誉评价、职称评聘中发挥不同程度的"增值"作用，激发教师参与热情。在教学业绩方面，案例院校制定了针对科研成果认定和奖励的实施办法，除了对"国家、省、高校"三级创新创业训练计划项目立项结题、学科竞赛等发布红头文件激励，还将教师指导本科生折算成科研分与科研成果考核体系并轨。例如，教师获批 1 项国家社会科学基金一般项目为 5分，指导本科生获得"挑战杯"全国大学生课外学术科技作品竞赛特等奖为 4.8 分。在荣誉评价方面，案例院校出台校级优秀科技创新导师管理办法，每年评选 100 名优秀科技创新导师，评选结果作为教师职称评聘时的重要支撑材料。在职称评聘方面，根据案例院校专业技术职务评聘工作要求，评聘教学为主型教授、副教授，要求教师指导学生参加学科竞赛或者创业大赛且获奖（第一指导教师）。

案例院校的学科性学院综合评估人才培养目标、学科建设、专业发展、教师成长等因素，制定本学院学生科技管理办法，计算教师指导本科生科研的工作量，将指导成果纳入教师评价体系，进行教师业绩评定。例如，对于指导学生申报"国家、省、高校"三级创新创业训练计划项目的教师，给予每个项目不低于 4 课时不超过 8 课时的教学工作量。当然，不同学院本科生科研实施情况可能存在差异，受不同专业发展定位、本科生科研目标，以及领导风格、工作分工、资金预算、师生投入度等方面因素的影响。

总的来说，案例院校认为，制定和出台一系列本科生科研成果管理办法和激励措施，实现对师生参与本科生科研的全过程管理，是提升本科生科研参与度和效能的有力措施。从有利于本书的过程分析角度出发，研究者从本科生科研参与度、过程管理和成果激励三个维度梳理了案例院校针对本科生科研出台的管理办法和激励措施，详见表 2-2。

表 2-2　案例院校本科生科研管理办法和激励措施

序号	维度	本科生科研内容	启动年份	配套政策	经费
1	本科生科研参与度	创新学分	2007	学生创新学分实施办法	无
2		素质拓展学分	2016	学校本科生培养方案	无
3		暑期带课题下乡社会调研	2018	"希望杯"基金管理办法	校拨
4		A 类、B 类学科竞赛校院级比赛	每年	红头文件表彰	校拨
5		培育和孵化创业项目	2020	创新创业孵化基金管理办法	社会资源
6	本科生科研过程管理	省级大学生创新创业训练计划项目	2006	省级大学生科技创新活动计划项目管理实施办法	财政校拨
7		国家级大学生创新创业训练计划项目	2012	国家级大学生创新创业训练计划项目管理办法（试行）	财政校拨
8		校级大学生创新创业训练计划项目	2012	校级大学生创新创业训练计划项目管理办法（试行）	校拨
9		学科竞赛重点扶持项目培育	2013	学生科技竞赛管理办法	校拨
10	本科生科研成果激励	学科竞赛省级国家级竞赛	2013	学生科技竞赛管理办法	校拨
11		全国大学生创新创业年会	2012	国家级大学生创新创业训练计划项目管理办法（试行）	校拨
12		优秀科技创新导师	2013	优秀学生科技创新导师评选办法	校拨
13					
14		本科生产出高层次科研成果	2017	本科生科研补助金实施办法	社会资源
15		本科生毕业设计（论文）替代	2010	普通本科生科研作品代替毕业论文（设计）暂行办法	校拨
		教师指导学科竞赛获奖（科研分）	2020	高层次教学、科研成果计分奖励办法	校拨
16		"挑战杯"全国大学生课外学术科技作品竞赛特等奖 中国国际"互联网+"大学生创新创业大赛冠亚季军	2020	任期目标管理办法（重大突破指标）	校拨

资料来源：根据学校网站、科研管理人员与教育实践提供的信息整理。

四　注重软硬件资源

在资金支持方面，省级财政拨款和学校核拨经费是案例院校实施本科生科研的经费来源，资助以本科生为主体的"国家、省、高校"三级创新创业训练计划项目。其中，校级创新创业训练计划项目资助

800~1200 元，省级创新创业训练计划项目资助 10000 元，国家级创新创业训练计划项目资助 10000~20000 元，以重点项目和一般项目为区分。这些经费是实验室易消耗实验器材采购和社会调研差旅费的重要来源，对于完全教师选题和教师指导选题（与教师在研课题方向相关）的项目来说，在一定程度上缓解了案例院校教师科研项目经费不足的压力，提升了教师指导本科生科研的意愿。需要注意的是，针对学生自主选题项目，不允许教师将创新创业训练计划项目经费用于个人科研项目的开支。教师除了需要指导学生开展项目，还要督促学生完成经费使用，这无形中增大了教师指导学生的压力，在一定程度上降低了教师指导本科生科研的意愿。

学科竞赛的经费主要来自学校的年度核拨经费。这部分经费的使用包含本科生科研氛围营造和竞赛组织费，推进科研项目所需的实验器材采购费、社会调研差旅费、专家咨询费和讲座费、资料收集和信息费、论文版面费、查新报告费和专利申请审查费，以及竞赛组织劳务费、教师指导的工作量补贴、学生获奖奖励等开支内容。案例院校的学科竞赛经费由教务处统筹管理，鼓励和支持"一院一赛"学科竞赛体系有序运行，学科性学院根据办赛需要提交竞赛组织和经费支持申请，由学科竞赛工作领导小组成员听取汇报和投票认定后划拨。除了学科性学院，招生与就业处、创业学院和团委也承担了部分学科竞赛的组织与实施工作，其经费除了来自教务处的划拨，还有来自本部门的年度工作经费支持。

来自社会的经费，主要用于奖教金、奖学金、创新创业项目扶持以及本科生高层次科研成果奖励，结合捐赠意愿命名和实施。例如，案例院校设置了 BYM 奖学金、中石化销售企业创新奖学金、SZ 校友分会大学生创新创业基金、XS 创业创新基金、SSZ 校友专项基金、YC 本科生科研补助金。这些经费专项专用以及高额且灵活的奖金设置，有助于提升师生参与科研活动的内在动力。例如，本科生作为第一作者在 SCI（不区分区）或一级期刊发表署名论文，经学校 YC 工作小组审核认定后给予其 5000 元补助。此外，参与教师课题的本科生通常会获得教师的科研经费支持，教师根据课题经费情况和个人意愿在不同程度上支持本科生开展科研活动，经费主要用于数据收集费、实验器材采购费、社会调研差旅费、图书费、学术会议费、论文版面费、查新报告费和专利申请审查费以及给学生的劳务费。

在校园硬件环境方面，案例院校学习国内外研究型大学先进经验，为本科生科研创设有利的教学环境，将一栋教学楼改造建设为智慧教室，占地约 4800 平方米；促进本科生融入科研活动，打造若干小型研讨室和公共区域，建设学术科技创新基地；打造 2 个国家级实验教学中心，生均实验、实习场所面积为 4.81 平方米。此外，拥有独立楼舍的学院为本科生科研团队设立专门的探讨室和实验室。

在已有研究中，学术界对国内外本科生科研管理模式和实施经验进行了大量研究，有学者详细地阐释了卓越本科生科研训练的构成要素[①]，主要依赖政府、学校、社会层面对人、财、物的投入，目标是提高师生在科研活动中的参与度。案例院校为本科生科研提供优越的空间条件，但在提供多元科研机会、科研所需仪器设备以及整合社会资源支持等方面仍与研究型大学存在差距。同时，案例院校在提升教师指导意愿和本科生科研参与度方面做了多方面的努力和探索，但教育实践经验显示，教师的指导水平和学生的科研学习能力与研究型大学也存在差距。在有限的条件下，本科生科研中的师生互动有效性就成为案例院校本科生科研质量的重要体现。

---

① 高众、刘继安、陈健坤：《卓越本科生科研训练体系构成要素及运行机制——基于美国高校实践的分析》，《比较教育研究》2018 年第 4 期，第 55~60 页。

第三节　本科生科研中的师生参与情况

在本科生科研活动的学习情境中，师生共同在场参与是有益的课外教学和学习过程。案例院校实施本科生科研，鼓励本科生参与科研活动，将成果作为学生培养方案、教师教学业绩、学院学科绩效等评价体系的重要参考指标。案例院校的大多数学科性学院将本科生科研纳入新生始业教育课程体系，鼓励本科生尽早了解专业发展、培养科研兴趣、增强创新意识。在政策制度、项目资源、激励措施等因素支持下，本科生科研呈现出以下特点。

第一，案例院校本科生科研中的师生参与度较高。当前，案例院校形成了本科生参与教师科研项目、本科生自主申请科研基金以及本科生组建科技创新团队三种主要的本科生科研形式。2012 年以来，教育部推广国家级大学生创新创业训练计划并覆盖地方高校，案例院校在同年建立了"国家、省、高校"三级创新创业训练计划项目实施体系。根据已有研究数据，2016 年底的一项调查显示，研究型大学本科生科研参与比例为 55.2%[①]，相比之下，地方高校非常重视提升本科生科研活动参与度，案例院校 2019 年本科生科研参与比例达到 74%，2020 年提升至 83%。教育实践经验表明，在学科竞赛名额分配、本科教学业绩考评等指标体系驱动下，案例院校营造浓厚的本科生科研参与氛围，实现了本科生科研参与度的逐年提升。教师指导性是本科生科研的重要特征，本科生参与度的提升直接带动了教师参与度的提升。此外，案例院校鼓励教师参与指导本科生科研，并作为激励措施纳入教师任期目标考核体系，将教师指

[①]　郭卉：《研究型大学本科生科研实践的问题与对策》，《重庆高教研究》2019 年第 4 期，第 91 页。

导本科生科研的成果作为职称评定的重要参考指标，激励更多教师参与指导本科生科研活动。

第二，案例院校本科生参与科研活动目标多元化。本科生科研作为一项自主性、探究式的深度学习策略，具有原创性、指导性和传播性的本质特征。① 这就决定了本科生科研活动所需的时间和精力、投入的情感能量远超其他任何教育实践活动。科研活动参与目的的确定，经历了本科生对认知目标和情感目标的评估与决策。本科生学科背景、所在年级、学业目标等因素在不同程度上影响本科生科研活动参与动机。有研究者认为，本科生科研实质上是一次真实的科研活动，学生像科学家（所在研究小组中的首席研究员）一样工作，掌握研究领域相关背景知识、高层次思维，能够跨学科收集和整合信息、高标准工作，具有创新精神，以及接受研究结果的复杂性和不可预测性。② 我国许多大学本科生科研的设计围绕培养拔尖创新型人才展开。有研究表明，本科生参与科研活动有助于增强本科生的科学身份意识。③ 结合访谈资料分析，案例院校的本科生参与科研活动的目标并没有体现在继续攻读研究生意愿上，但继续攻读研究生成为许多本科生参与科研活动的驱动力之一。本科生科研的现实价值具体体现在帮助本科生获得继续攻读研究生教育的科研能力，提升其未来进行职业选择的核心竞争力。

具体来说，案例院校本科生参与科研活动的内在动机呈现出个性化特征。许多本科生以获取硕士学位资格为学业目标。地方高校本科

---

① 李正、林凤：《论本科生科研的若干理论问题》，《清华大学教育研究》2009 年第 4 期，第 113 页。

② 刘军仪：《美国研究型大学本科生科研的价值诉求——基于情境认知与学习理论的视角》，《复旦教育论坛》2010 年第 2 期，第 85 页。

③ Hunter, A. B., Laursen, S. L., Seymour, E. Becoming a scientist：The role of undergraduate research in students' cognitive, personal, and professional development. *Science Education*, 2007, 91 (1)：45.

生通过推荐免试攻读研究生机会（简称"推免"）或参加研究生入学考试获得研究生入学资格。但由于推免名额相比研究型大学少，案例院校 2021 年获批 125 个名额，推免比例仅为 2.7%，大多数本科生需要参加研究生入学考试。为此，在学生学业量化评价体系的驱动下，自我学习效能高的本科生结合第一课堂课程和第二课堂实践制定读研目标规划，尤其是将参加科研活动作为与专业教师保持联系、提升课堂学习效能、积累科研活动经验、提高研究生阶段学习所需科研能力的重要途径。

教育实践经验发现，案例院校本科生的职业选择并不一定与所学专业一致，即许多学生读研目标为"提升学历"，获取更多就业机会与提升就业竞争力，应对不同就业渠道的多元招聘要求。案例院校只有极少数本科生在科研活动中树立了科学研究志趣，以成为像教师一样的科研工作人员为职业选择目标，通过在科研活动中与教师频繁互动习得科研技能，提升研究能力，为进入研究型大学继续研究生教育做好科研能力准备。那些在毕业之前获得授权专利或科研论文在核心期刊公开发表的本科生，时常选择成为直博研究生和硕博连读研究生。

在案例院校，高参与度下的本科生参与科研活动的首要目的是完成学业。根据人才培养方案要求，本科生完成学业必须获得 1 个创新学分和 2 个素质拓展学分。因此，没有继续攻读硕士研究生意愿的本科生参与周期短、任务要求低、与教师互动频次少的科研活动以快速获得学分，并结束科研活动。

第三，案例院校本科生科研成效显著。在案例院校的本科生科研活动中，教师主要发挥"脚手架"功能，通过引导式、启发式的教学方法，指导学生开展社会调研活动和实验室项目，激发学生科研兴趣，培养学生科学思维和创新意识。本科生在教师指导下完成的调研报告和论文成果参加"挑战杯"等科技竞赛并多次荣获国家级、省级奖项，与教师合作完成的科研论文被核心期刊录用发表，师生建立实践共同体形成的调研成果被省市级政府部门批示并收录内参。还有的本科生与教师共同完成的科研项目在一定程度上促进了案例院校服务 Z 省经济社会发展水平提升和产学研项目转化落地。

第四，科研经费不足、校企横向合作项目多，为案例院校本科生创设了更多和教师一起进行科研工作的机会。地方高校本科生科研的经费主要用于组织、管理本科生科研活动和奖励在本科生科研活动中获得优异成绩的学院、部门与师生，在提升师生科研活动参与度方面发挥了积极作用。但相比研究型大学的教师科研经费投入情况，许多地方高校科研项目实施经费投入总体不足。案例院校理工科专业的受访教师 T-08 明确表示，科研项目受到经费制约需要实施严格的成本控制，导致许多实验耗材质量远不及自己在研究型大学攻读博士学位时的实验耗材。此外，经费不足制约了许多富有创新价值的科研项目的具体实施。"羡慕他们可以做这样的研究，我们在几年前也想到了这个选题，但无奈科研条件不具备"，受访教师 T-08 在言语间强调了科研经费间接制约科研成果的产出。然而，地方高校总体科研经费不足，又成为更多本科生有机会提早进入实验室、课题组进行科研学习的重要原因。除了科研经费短缺问题，教师参与校企合作项目数量较多也为案例院校本科生提供了科研参与机会。受访教师 T-06 在访谈过程中提到，经费少、技术要求相对低的校企合作项目时常无法得到更多教师、博士后以及博士研究生群体的科研支持，使得掌握一定科研能力的高年级本科生有机会参与教师的产学研科研项目。

第五，案例院校的师生互动相比很多研究型大学更频繁，教师投入更多时间和精力指导本科生参与科研活动。对本科生科研学习收获的实证研究，证实了师生互动有利于培养学生意志力，有效的师生互动对学生的自信心、幸福感、满意度有积极影响。① 国外研究发现，研究型大学的本科生与研究生、博士后的互动较为频繁，而与教师互动较少。研究生和博士后研究人员的指导倾向于关注项目的技术方面，而教师则可能通过阐明他们的知识、推理或解决问题的技能来帮助学生建立科学身份。② 我国许多研究型大学也存在部分教师对此不感兴趣、师生比大导致教师无暇指导以及科研和教学冲突等因素阻碍教师指导学生的积极性等情况。③ 案例院校的教育实践经验发现，地方高校指导本科生参与科研活动的教师主要有两种：一种是科研能力强、掌握更多科研项目与丰富社会资源的资深教师，他们能帮助本科生发现和确立有创新意义的科研选题，并创设和提供实验条件或社会调研机会；另一种是拥有博士学位的青年教师，教学科研工作处在上升发展期，有足够精力和时间投入学生的科研学习过程，案例院校这种类型的教师数量呈现逐年增加趋势。在研究型大学，本科生科研活动中的科研小组呈现严密④且为科层制的研究状态，但案例院校的科研活动团队多呈现松散型研究小组状态，教师在校工作时间长，结合工作安排与学生见面，见面机会多，互动频率也较高。教师不仅指导学生参与科研活动，还作为科研学习的榜样促进学生在科研活动可能失败的经历中提升抗压能力，并进行反思性实践。

---

① 李湘萍：《大学生科研参与与学生发展——来自中国案例高校的实证研究》，《北京大学教育评论》2015 年第 1 期，第 132 页。

② Linn, M.C., Palmer, E., Baranger, A., Gerard, E., Stone, E. Undergraduate research experiences: Impacts and opportunities. *Science*, 2015, 347 (6222): 630.

③ 乔连全、黄月华：《中美研究型大学本科生科研的比较与反思》，《高教探索》2009 年第 4 期，第 69 页。

④ Feldman, A., Divoll, K.A., Rogan-Klyve, A. Becoming researchers: The participation of undergraduate and graduate students in scientific research groups. *Science Education*, 2013, 97 (2): 225.

第四节　本科生科研中的师生互动方式

一　师生共同在场参与本科生科研

本科生科研在内涵上具有共通性，在本质上可以理解为由师生互动探究的深度学习，即在学生和教师的共同在场参与下，基于科研学习发生的师生共同协作、对话和实践。根据对本科生科研实施措施的论述，案例院校为教师和本科生建构了启动互动情境的际遇，直接目的是促使本科生科研成为师生共同关注、持续集中注意力的学习情境。因此，共同在场就成为本科生科研中有效师生互动的重要前提，教师和学生在创设的各方面条件支持下聚集在本科生科研的学习情境中，在互动中对彼此产生影响。柯林斯在互动仪式链理论中指出，双方身体的共同在场实现了专注性的互动，转变为全方位的际遇。[①] 当双方成为相互关注的焦点，互动强度和在互动中对彼此的责任感也会发生变化。因此，师生共同在场参与，使本科生科研成为案例院校存在的真实情境，师生围绕科研选题展开对话、交流和实践。来自不同师生主体的目的性，对科研学习情境中的师生互动形成了环境压力和内在动力，教师和学生因此采取不同的行动策略，形成主体间性状态，在持续进行的互动过程中实现对现有本科生科研管理模式、参与机会、成果管理和激励，以及软硬件资源支持的维持。可以说，师生共同在场参与是指，师生在本科生科研的情境中围绕学习目标进行互动，达成情境学习的功能主义目的。

根据社会学中有关社会行动的理论，本科生科研是一次系统的社

[①] 〔美〕兰德尔·柯林斯：《互动仪式链》，林聚任、王鹏、宋丽君译，商务印书馆，2019，第46页。

会行动，具体可分解为行动者、目标、情境与规范四个要素，情境可以分为"条件"情境（行动者不可控制）和"手段"情境。[①] 案例院校本科生科研的实施措施是师生进入科研活动不可控制的"条件"情境，师生共同在场参与是行动者可以控制的"手段"情境。随着互联网时代的到来和快速发展，师生可以通过多元媒介互动交流，互动可不受距离限制，从而实现主体间性的状态。柯林斯认为，没有实现亲身到场，将无法表达群体参与，无法确定群体身份，会产生缺失感。[②] 当师生的独立情感体验无法通过面对面互动讲述和分享时，师生就失去了集体性的、强烈的共享情感，久而久之就会丧失持续参与科研的兴趣，身份认同感和情感能量也会消退。也就是说，没有共同在场的师生互动，也可以生成科研活动的参与感和情感能量，但情感体验比较短暂。

本科生科研的学习情境下，如果师生互动的内容局限于陈述性知识和程序性知识的教授式教学，教师很难判别学生注意力的集中情况，这种失去"对话""交流"的单向互动无法根据学生情况调整教学策略和教学情绪。与此相似的还有通过电子邮件、QQ、微信等网络沟通媒介互动，教师和学生很难在网络中实现情感联通，交流效果会随之减弱。正如柯林斯所言，"亲身在场使人们更容易觉察他人的信号和身体表现，进入相同的节奏，捕捉他人姿态和情感，能够发出信号，确认共同关注焦点，从而达到主体间性状态"。[③] 因此，多元沟通媒介可以作为面对面共同参与互动的补充，但始终无法取代师生共同在场参与。

---

① 谢立中：《西方社会学名著提要》，江西人民出版社，2007，第180页。
② 〔美〕兰德尔·柯林斯：《互动仪式链》，林聚任、王鹏、宋丽君译，商务印书馆，2019，第96页。
③ 〔美〕兰德尔·柯林斯：《互动仪式链》，林聚任、王鹏、宋丽君译，商务印书馆，2019，第100页。

二 师生进入本科生科研的不同互动方式

在本科生科研中，教师和学生拥有不对等的知识资源（包含所掌握的知识、科研能力、情感能量等），基于案例院校本科生科研中"完全教师选题""教师指导选题""学生自主选题"三种主要选题来源，师生之间通过不同方式进入和推进本科生科研活动。

（一）以教师为主导的师生互动

对访谈资料的分析发现，以教师为主导的师生互动在针对本科生科研的认知、内容和行动方面呈现出以下特征。

第一，教师的教学经验及科研水平影响其对本科生参与科研活动的认知。在案例院校"行政管控"趋向"协同治理"的本科生科研管理模式下，教师指导本科生参与科研活动的内在动机最初来自教学任务的要求与教学业绩的吸引。有的教师认为指导本科生参与科研活动即完成特定的教学任务，教师应该发挥在科研活动中的完全主导作用。在案例院校，拥有博士学位的青年教师在入职后接受来自学院的教学工作安排，以完成教学任务为工作目标，因而成为本科生科研活动的指导教师。同时，学院期待他们在完成更多教学任务中提升学院的本科生教学业绩。通过对案例院校教育实践的观察，拥有博士学位的青年教师在专业知识构成、年龄、时间和精力等方面所具有的优势相比资深教师更容易与本科生在科研活动中建立互动关系，快速实现教学经验和教学成果的累积，指导本科生科研成为教学业绩考核、职称评聘的重要支撑。相比新入职的拥有博士学位的青年教师，拥有高级职称的资深教师由于拥有更多的科研项目、更为丰富的教学实践经验，在指导本科生确立有创新价值且符合学情的项目选题方面发挥的作用更为显著，因而受到本科生欢迎，但科研工作任务繁重又限制了这些教师与本科生的互动频次与时间。

作为受教育者，许多本科生认为教师是传递知识的教育者，并对向教师学习专业知识保持敬畏态度。出于对实现科研活动目标的期待，本科生持续在教师主导中推进科研活动，科研学习内容及采取的行动均服从教师的指导意志。教师控制互动过程的方式，可以尽快帮助本科生"学术小白"或科研初学者理解和把握项目选题的研究价值，确保研究方向的正确性以及研究开展的可行性。越来越多的教师不再认为本科生科研只是一项教学任务，他们大多认同本科生科研是学生进行自主性、探究式深度学习的平台，鼓励和促进本科生持续参与科研活动，这使教师主导成为本科生科研中的一种常见互动状态。需要澄清的是，不同教师的职称、教学经验、指导本科生科研的经历与指导本科生科研学习的收获情况无法进行正向关联，即教授职称的教师并不一定比讲师职称的教师指导本科生参与科研活动的成效更好。本科生在科研活动中的学习收获还需要考虑以教师为主导的师生互动状态下的情感能量及知识经验投入情况。

第二，师生互动内容清晰且科研学习进度可控。围绕学科建设和专业发展，一些学科专业性较强的学科竞赛被所在学院认定为院系人才培养的重要载体。因此，有些教师将吸引和指导本科生参加学科竞赛作为一项重要的本职工作，除了教学时间的课程安排，在非教学时间也投入大量时间和精力在校指导学生参与科研活动，提升本科生科研质量。在所有的受访者中，受访教师 T-11 将指导学生参加学科竞赛作为重要的职业选择和持续坚持的职业发展方向。

　　在学校工作的每一位老师都应该有自己的职业选择，比如有的教师走教学型教授路线，有的走科研型教授路线。对我来说，我不是很想走纯粹的科研发展路线，我对于指导学生参与竞赛和项目在内心上是非常认可的，也认为任何教师发展都需要有清晰的定位，而我的职业发展的一个重要目标就是组织和指导学生参加 Z 学科竞赛，提升他们的专业素养。

但在对受访教师 T-11 的访谈中也发现，受限于案例院校的教学资源、科研平台、本科生学业目标以及对待科研活动的态度和忠诚度，即使教师全身心指导学生参加学科竞赛，开展科研活动的过程中也时常遇到不顺利的情况。较为普遍的情况是，教师和本科生完成教学任务和课程学习的压力，导致其在科研活动中投入的时间和精力受到限制，师生互动过程中出现不同程度的无力感，具体表现为教师指导时间短、指导程度不深，学生科研参与经验少、自主学习能力不强。此外，所有地方高校共享的有限科研资源和平台现状也在一定程度上阻碍了高层次的科研成果产出。受访教师 T-11 坦言："人的精力有限，如果精力全放在这个（指导本科生参加学科竞赛）上面，其他工作就会牺牲很多，而且我们学校所能得到的社会资源和外部支持实在是太有限了。"因此，情感能量丰富的教师在遇到不可控因素时，生成的"无力感"可能会转化为消极情感体验，影响师生在科研活动中的有效互动。

在案例院校，许多教师围绕地方区域经济发展开展产学研合作，尤其是科研能力强、社会资源丰富的教师在特定周期内获批多个科研合作项目，需要一定规模的研究人员加盟参与完成。受限于学校的硕博研究生规模和生源质量，有的教师在经历多种尝试和探索后，选择面向本科生发布课题组研究人员招募信息，即吸引具备一定科研能力的高年级本科生加盟完全教师选题的项目组，在教师的指导下共同开展科研工作，学生可在项目推进中积累科研经验，提升社会性能力，还可获得项目组支付的劳动报酬。师生在科研互动中互相影响、互相促进，形成主体间性状态。受访教师 T-13 在访谈过程中表达了对掌握一定科研技能的高年级本科生有能力参与产学研项目的信心，也对产学研项目在提高本科生就业竞争力等方面的作用持积极态度。

> 我们一开始（获得校外企业委托科研项目）也不知道怎么做。很多项目是某个单位的小型技术服务，大多数博士不太愿意做。后来，我们决定招募高年级本科生来做，事实也证明他们完全有能力参与并做好。学生只要在我们这里完整参与一个项目，再去任何企业就业的竞争力都会得到提升，最明显的一点是能够获得同等毕业生条件下的更高的薪资待遇。

在培养大量创新型人才的全球需求中，新的知识观、课程观、学习观和教学观都指向了高校"高影响力教育实践"的实施与推广。社会学家认为，社会行动的本质是理性选择，人们通过理性行动满足自己偏好，并使效用实现最大化。① 教师在科研活动中与本科生进行持续有效互动，使得教师在教学任务和社会服务中实现了一定程度的平衡，教师和本科生也获得了相互支持、共同发展的力量。

> 这种实践对本科生的学业发展来说特别有帮助，最明显的是时间管理水平提高了，这很重要。就像我现在，你看我有那么多事儿，但我可以做到尽可能腾出时间陪家里的两个小孩，我觉得这就是时间管理能力的体现。另外，尽管我可能没有很多钱支付给学生，但是学生的科研能力在实践中得到了提升，在以后工作中不愁没钱。（受访教师 T-13）

对于以教师为主导的师生互动，本科生科研活动的选题多数来

---

① 周长城：《柯尔曼及其社会行动理论》，《国外社会科学》1997年第1期，第74页。

源于"完全教师选题"或"教师指导选题"，具体是教师科研项目的子课题或者研究方向的相关领域问题。师生在科研活动中针对共同聚焦的选题进行互动，表现为科研技能的习得与科研方案的确定，以及对科研项目进度的稳步推进，是较为典型的认知学徒制学习模式。师生互动过程主要由教师主导并对科研活动过程施加影响。

第三，以教师为主导的互动促进了对学生科研团队的有效管理。案例院校的本科生重视评估参与科研活动带来的学习收获，并结合学业目标做出科研学习规划。当本科生提出"这是我最后一次打比赛了"，即代表他们不再参与更多的本科生科研活动，终止与教师的互动，放弃在实践共同体中的成员身份，所在科研项目团队需调整或增补团队成员。与此相反，有的本科生在参与科研活动过程中获得了情感能量与科研学习意义感的提升。为此，有的教师在"时间和精力有限"和提升本科生科研质量的矛盾中探索指导本科生科研的平衡点，组建本科生—研究生科研学习工作室。工作室的研究生来源稳定但数量少，主要由教师指导的硕士研究生组成。工作室的本科生来源多元，教师定期面向本专业或相关专业本科生开放工作室成员招募名额，经过自主报名的本科生完成有一定认知挑战性的科研任务后成为团队正式成员，可适度降低本科生科研参与门槛，改善工作室成员生源质量。受访教师 T-05 是一位拥有超过十年本科生科研指导经验的教师，在指导本科生参与科研活动中有强烈的自我效能感和意义感。为此，他整合校内资源，成立了实体化运行的学生科研实验室，构建了一个梯队式科技创新人才培养体系。

我的实验室培养目标是"做一个理性的人"。我没有那么多时间和精力，但是我会制订一个科学且完整的工作计划，精确到本科生知道自己每天、每个小时要做什么。我们团队管理主要交由高年级研究生负责，研究生带高年级本科生，高年级本科生带低年级本科生，这就形成我们梯队式的管理和培养模式。在我们实验室，看起来是让学生参加竞赛，但其实是帮助他们快速适应社会、了解社会，提升就业竞争力。很多学生毕业后才明白，当初是奔着参加竞赛来的，但最后学到的远远不止竞赛。我就叫他们理性的人。

在受访教师 T-05 看来，本科生科研是一项非常有情怀的科研育人实施措施，组建学生科研实验室，与本科生签署科研学习协议，建立共同遵循的实验室文化和约束管理机制，不仅可以提升学生科研团队的学习效力，也是促进本科生学业发展和学习成功的有效途径。可以说，以教师为主导的师生互动体现了不同教师对于创新型人才培养的多元教学方法和科研育人理念。

（二）以学生为主导的师生互动

对访谈资料的分析发现，以学生为主导的师生互动在针对本科生科研的认知、内容和行动方面呈现出以下特征。

第一，学生对本科生科研的认知有非常强的目标性和能动性。初入大学的个体对本科生科研的认知少之又少。在所有受访者中，除了受访学生 S-32 在只言片语中提及曾在小学阶段有参与奥林匹克数学竞赛的经历，其他受访学生均表示在进入大学校园前没有科研参与经验，对本科生科研的认知以"不懂""不是很了解"等词语进行描述。这种认知转化为本科生的"好奇心"，对科研活动"充满新鲜感"，激发其参与科研活动的内在动机。受访学生 S-35是一名来自理工科专业的学生，在中学教育阶段未曾接触科研活动，她对科研活动的认知情况代表了案例院校大多数初入大学校园的本科生的看法。

我们在中学阶段接受应试教育，对于科研参与的理解局限在"做实验"，认为只有理工科高年级学生参与教师科研项目才是真正的科研参与。所以，初入大学的我不知道什么是科研活动，以为只有硕士或博士阶段才有机会、有能力参与科研活动。

在访谈过程中，多名本科生提到初次参与科研活动的时间是大一第二学期，受访学生 S-03、S-06、S-35、S-39 明确认为，他们刚入大学校园时对如何参与科研活动处于认知缺乏状态，通过学校、学院本科生科研管理人员的政策解读，高年级本科生科研经验分享，以及学生科技组织会员招募等契机走近科研活动，通过效仿高年级本科生科研学习的方式感悟和参与科研活动，申报"国家、省、高校"三级创新创业训练计划项目。案例院校的本科生参与科研活动的途径和流程可以描述为加入组织、赛事推介、经验介绍及项目申报。来自管理学学科的受访学生 S-34 在访谈中分享她通过进入高年级本科生科研团队参与科研活动的经历。

我开始参与科研活动源自一次偶然机会。我们班班助是学院里高年级的学姐，她在 Z 老师指导下完成的科研成果获评省级某调研比赛一等奖。我很敬佩学姐的科研学习能力，希望像她一样学有所成，学以致用。后来，这位学姐迫于必须全身心投入考研的学业压力，不得不暂停这个项目，但她和团队其他成员一致认为这个项目非常值得继续推进，于是学姐综合评估了各方面因素后找到了我，她觉得我的性格、学习想法和学业目标与这个项目选题很契合，希望我能加入其团队推进这个项目。

本科生在教师指导选题和学生自主选题的科研项目中充分展现科研学习的能动性。此外，有的完全教师选题项目在持续参与科研活动中实现项目团队成员和科研成果的迭代发展，成为可持续推进的本科生"传帮带"科研项目。在教师的全力支持下，科研项目开展进度、团队成员构成等均由高年级本科生负责具体实施，转化为教师指导课题。受访学生 S-34 在高年级本科生的推荐下，加入所在学院的某个"传帮带"科研项目团队，作为项目团队预备成员在科研活动中学习和掌握科研技能，在与科研团队成员、科研项目指导教师的互动中不断升级团队成员身份，转变为科研项目团队的正式成员。

在案例院校，自主能动性强的本科生科研团队大多来自人文社科类专业，他们普遍认为指导教师对项目推进具有一定的价值，但其作用机制的发挥在初步形成科研成果前并不明显，即需要以本科生为主导推进科研项目，形成科研成果雏形后再寻求与教师互动。理工科专业的本科生则更多是在教师指导下进行实验室学习，实验过程及产出的科研成果成为教师对本科生科研学习能力评价的重要内容。在更多情况下，与以教师为主导的师生互动方式不同，以学生为主导的互动方式中的本科生不会无条件服从指导教师的想法和意见，教师不会监督本科生的科研学习过程与结果，师生结合彼此科研学习经验和对本科生科研活动的认知做出最佳的理性选择。因此，以学生为主导的互动过程并不像以教师为主导的互动过程那样控制力强，时常会出现制约或促进师生互动的"小插曲""小意外""小惊喜"。

来自理工科专业的受访学生 S-35 参与了本专业的实验室项目，她提到经过一个学期在实验室的学习后，自己成为实验室中持续坚持科研参与的两名学生之一，大多数退出实验室学习的同学表示参与实验室项目很辛苦，也很困难。研究者发现，本科生在科研项目团队中的情感体验能否转化和提升参与科研活动的情感能量，是本科生能否持续参与科研活动的重要因素。在案例院校，在科研活动参与过程中对科研技能的学习和掌握情况，直接体现为本科生申报"国家、省、高校"三级创新创业训练计划项目是否获批立项。此外，当本科生科研选题的可行性遭遇教师质疑、参加学科竞赛未能获得荣誉和奖励、与科研团队成员出现科研认知矛盾，以及在课程学习和科研活动之间的时间管理能力不足时，以本科生为主导的科研项目就可能面临失败和终止。为此，案例院校本科生科研管理机构充分考虑了本科生个体特征，实施科研活动退出机制，对本科生科研项目负责人赋权，允许他们在科研活动过程中结合实践情况调整团队构成，根据科研团队成员在科研活动中的贡献度确定位次排名，并提交科研活动所属的组织协调机构备案。

以获得创新学分为主要目的参加科研活动的本科生，不关注科研选题的可行性与研究成果的科学性、创新性，在科研活动中表现为师生互动不充分，在实现科研参与时便立即终止与教师的互动。有的教师表示，很多时候被"挂名"成为学生自主选题项目的指导教师。随着本科生对科研项目的认知变化，有的学生面对科研项目的挑战性表现出参与热情降低、科研兴趣下降，在规定期限内提交科研材料以示完成科研参与任务，在获得创新学分后就不再持续参与科研活动。只有那些对科研选题有认可度、对科研过程有毅力、对科研目标有效能感的本科生，才会在科研活动中充分发挥主观能动性，有序推进项目进度并积极与教师互动。

在案例院校，持续参与科研活动的本科生可以分为活动参与者和科研学习者两类，多为以继续攻读硕士学位为学业目标的本科生。前者通过在科研活动中发挥能动性与教师保持互动关系，积累科研活动经验，习得科研技能，提升研究能力。许多本科生认为积累科研活动经验必须做到"适可而止"，才能有机会参与积累更多其他学习经验。后者在科研活动中持续与教师进行互动，这对培养本科生的科研志趣发挥促进作用。有的本科生有意愿成为和教师一样的科研工作人员，以教师为榜样进行科研学习，在教师支持和鼓励下确立研究方向，产出富有创新价值的科研成果，通过参加学科竞赛、参与教师课题，以及获得教师资源支持参加学术会议、发表论文，提升科研技能和研究能力。

第二，师生互动的内容和方式多元。在以学生为主导的师生互动状态下，师生关系建立的途径主要来自有意向参与科研活动的本科生，他们关注所在学院公布的教师信息，检索教师所在研究领域和科研水平，以及结合高年级本科生的经验分享，通过电子邮件、短信或微信等多元通信工具与教师建立联系，充分发挥"自我表露"[①] 功能，获得教师反馈与认可，确定师生互动关系。无论是教师指导选题还是学生自主选题，本科生都能保持在科研互动中的能动性，与教师的互动内容来自本科生对项目的过程管理和结果导向，互动场地既有线下小型智慧教室、案例研讨室、教师办公室，也有线上以新媒体为媒介的辅助交流载体，学生在与教师的频繁互动中不断提升沟通能力、科研能力、解决问题能力和抗压能力等社会性能力。

许多受访学生认为，在科研活动中遇到挫折和困难时，反思性实践促使他们发现，本科生科研经验不足、与教师互动深度不够、投入科研时间不充分等问题有可能造成科研项目的失败。因此，加强与教师的互动、反思不成功的科研活动、及时调整科研参与策略，以及持续发挥能动性有助于提升本科生的科研学习效能感。在与教师互动过程中，有的本科生认同并接受教师对项目推进的看法和指导意见；有的本科生则不认可教师观点和态度，在科研活动中与教师进行"争辩"，展示自我坚持的科研观点。不同的师生互动过程，生成了本科生科研的不同体验，形成了科研学习中不同程度的情感能量和科研参与意义感，也决定了师生在短期互动终止后是否保持互动关系。

---

① 张艺：《大学生自我表露特点的研究现状及展望》，《福建论坛》（人文社会科学版）2011 年第 S1 期，第 127～128 页。

在以学生为主导的师生互动状态下，受访学生形成了一个共识，即指导教师的工作很忙。在科研活动中拥有高度自我效能感的本科生，时常主动争取与教师进行互动。他们认为，面对面的师生互动是一种实现深入交流的有效学习形式，但案例院校教育实践现状表明，面对面形式的互动发生频率很低。当师生无法实现面对面互动时，作为线下互动不足的有效补充，他们倾向于进行线上"60秒语音"互动，即本科生通过网络媒介向教师提出问题和疑惑，教师通过语音的方式进行反馈。受访学生S-03在访谈过程中提到，语音沟通相比电话沟通成本低，同时语音可以持续反复播放的特点有助于打破教师指导意见的暂时性理解障碍，提升沟通成效。案例院校的教育实践也表明，网络媒介在师生互动中发挥了与面对面互动一样重要的功能，师生实现了无时空障碍的充分互动。

第三，师生互动过程看重科研项目成员的亲密关系和团队文化建设。在以本科生为主导的师生互动状态下，科研活动的持续推进需要处理好团队协作、沟通交流和自我抗压三个问题。本科生自主组建或加入一个"传帮带"科研项目团队，高年级本科生、同寝室室友以及同校的高中好友等熟识的社会关系网络成为组建本科生科研团队的重要来源。由于缺乏科研活动经验，本科生加入高年级本科生科研团队有助于快速习得科研技能。低年级本科生参与学生自主选题的项目时往往由于科研技能不足遭遇挫折，但随着科研活动经验的积累和科研技能的逐步提升，本科生培养了科学思维和创新意识，探索发现参与科研活动是一种"很有趣的体验"。受访学生S-33在进入大学校园后加入高年级本科生的科研项目团队，在团队中最初的学习内容主要是对科研项目的观摩和理解，在模仿高年级本科生如何参与科研活动过程中习得科研技能。

　　我第一次参与的项目中，团队成员大多是来自大二或者大三的学生，只有个别是大一的学生。作为团队中新进成员，我的工作主要是负责项目团队成员的联络以及帮助团队找资料等。可以说，此时的我在团队中就是大家的联络中介，但在这个过程中我也有特别大的收获，这些收获是在和同班同学的交流中不可能存在的。

　　以本科生为主导的师生互动状态呈现两个具体特征：科研项目团队成员与教师维持良好的关系有助于促进科研活动中的有效互动，建立科研志趣相同的科研团队文化有助于保障科研项目目标的实现。因此，建立实践共同体的科研项目团队，促进了本科生和教师的有效互动。研究者发现，初入大学时人际交往圈狭窄、对科研活动了解有限等因素是受访学生寻找关系亲近的同学组建科研团队的主要原因。随着科研技能的习得、科研兴趣的提升，本科生科研团队结构也在不断优化和调整，新成员获得机会被准许加入科研项目团队。新成员经历了科研项目负责人对其在读专业、科研技能掌握情况以及个体气质等因素的综合评估。很多本科生发现，与志同道合的团队成员组建实践共同体更容易提升科研学习效能，尤其是遇到问题时可以减少不必要的时间与精力内耗。因此，自我效能感强的本科生会快速融入和传承所参加科研项目团队的文化。当高年级本科生因升学和就业准备不得不暂时离开研究小组时，他们在低年级本科生中通过观察、谈话等方式寻求有科研潜力的本科生取代自己在研究小组中的位置，对教师持续指导本科生科研负责，也降低了其中途退出科研活动的道德风险。

　　（三）师生互相促进的互动状态

　　对访谈资料的分析发现，师生互相促进的互动在针对本科生科研的认知、内容和行动方面呈现出以下特征。

第一，师生在科研活动中聚焦共同的研究领域。案例院校的办学历史悠久，但在多次迁址易名过程中，学科建设和专业发展受到来自办学理念、社会需求、校园环境以及人才培养目标等因素变化的影响，不同学科专业的办学历史和专业发展情况导致不同学科学位授予表现出差异。学科建设基础相对薄弱、办学历史较短的学科性学院，为引进的拥有博士学位的青年教师提供了宽松和自由的科研工作空间，他们在经过十多年的专业成长后成为所在学院科研发展的中坚力量，在相关研究领域不断产出特色成果。在学科专业得到快速发展的同时，教师教学科研面临新的问题：学院尚没有申报博士点，硕士研究生生源学业基础、不同科研团队成员规模，以及研究生可参与的科研项目实际上无法满足教师科研发展需要。在这种现实背景中，本科生导师制因在案例院校获得天然有利的推行条件而快速发展，拥有相同科研兴趣的教师和本科生组成专业实践共同体，使本科生有机会在第一时间进入实验室或课题组进行学习。经过大约一学期的科研技能学习、中外文献综述以及实验操作观摩，低年级本科生在协助研究生和高年级本科生推进科研项目中检验科研技能掌握成效，掌握初步的科研能力，优化科研认知。例如，受访学生 S-35 在实验室的科研学习中改变了对科研活动的认知，产生了科研兴趣。

> 我大一期间的课程成绩不是很好。自从进入实验室，我真正开始跟随老师接触"专业"，了解学科真实的样子，也对专业慢慢产生了学习兴趣。当参与教师科研项目的成绩一点点展现出来的时候，我觉得专业成绩也不能太差，于是更加努力学习，在后面三年的学习中专业成绩表现非常不错。专业成绩和科研项目带来的论文成果，成为我本科毕业后到"985"高校直博的助推器。

本科生在适应实验室或课题组的科研学习环境后，开始科研技能学习与项目研究实践。对本科生科研与教师教学科研关系的认知，决定了教师采取何种行动策略。有的教师发现，利用教师科研项目中的子课题作为本科生科研选题（完全教师选题）的成效并不理想，他们倾向于学生在参与科研活动前，能完成一定程度的研究文献学习，结合文献综述情况在教师指导下确定适合本科生学情的科研选题。如此一来，学生在确定选题过程中就充分发挥能动性，有助于学生提升科研学习效能感。为了提升师生互动有效性及本科生科研质量，教师认为应在指导教师擅长的研究领域探索与确定科研选题，而文献综述是教师检验学生科研学习能力的重要途径。为此，有的教师不断学习相关研究领域的前沿知识，保持研究兴趣，在与本科生的互动情境中有效对话，提升互动有效性，实现互相影响。

第二，师生互动内容聚焦促进共同发展的科研活动。在师生合作的互动状态下，案例院校提供的多元科研参与机会为本科生培养和发展科研兴趣提供了现实条件，有助于教师和本科生建立实践共同体。例如，在理工科实验室环境和人文社科类产学研课题组环境中，本科生科研选题多来自与教师科研项目密切相关的研究领域，研究方向与教师研究方向保持一致，本科生科研项目负责人与教师互动，并结合教师意见组建有益于科研项目推进的研究小组，小组成员分工开展实验或社会调研以完成数据收集，持续与教师互动以习得科研技能和研究能力，进而形成科研成果。可以说，师生在科研活动中形成共同聚焦的项目选题，愿意投入更多时间和精力推进科研项目进度，师生互动有效性对本科生科研质量产生了影响。

学生参与科研活动对教师发展的显性价值在于教师完成教学任务、获得教学工作量认定和教学业绩奖励；隐性价值在于为教师完成科研项目充实工作力量，如提供数据收集、资料整理、技术分析等科研支持，在与本科生的互动中萌生更开阔的研究思路，有的教师和本科生合作完成并发表调研报告或科研论文。对于学生发展而言，教师投入知识经验支持本科生在科研活动中培养创新意识、习得科研技能、提升研究能力，在师生互动中使本科生产生积极情感体验，促使本科生建立自信心、提升学习效能。此外，教师在专业学习、个体情感、升学就业等方面给予本科生多元资源支持，在与本科生的互动中提升情感能量，促进本科生积极参与校园学习生活，提高学生成功的可能性。

第三，师生互动过程看重维持师生合作关系。在学科建设和专业发展过程中，持续引进高层次科研人才是案例院校学科性学院的共识。近年来，案例院校新入职的拥有博士学位的青年教师大多毕业于国内外研究型大学，为学术型博士。为了降低高层次人才流失率，提升拥有博士学位的青年教师在案例院校的归属感，学科性学院除了为青年教师安排教学任务，还使有的教师承担起学院"一院一赛"竞赛管理和指导工作，被赋权成为学科竞赛骨干力量。教师在学科竞赛指导经历中积累教学经验，强化对案例院校本科生科研学习能力和潜力的认知，逐渐适应和内化案例院校的人才培养理念与目标。确立教学学术理念，优化教学设计，提升教学水平，在指导本科生参与科研活动中寻求教学和科研平衡点，将本科生科研融入教师科研发展，这成为案例院校越来越多青年教师的选择。例如，受访教师 T-07 在访谈中表示，他在指导过程中对本科生科研产生了全新认知。

> 带本科生参与科研活动的最大收益，一是不再担心本科生毕业论文的质量，从开始参加项目起就选定了指导毕业设计的学生，减少了双向选择的时间成本；二是自从开始指导学生（参与科研活动），学生拿到我大概给出的开放式命题范畴，学生主观能动地缩小选题范围并确定个人选题，这些选题说实话也给了我很多启发，让我开始尝试和学生合作发表论文。

在案例院校，受访教师 T-07 的科研指导经历和对本科生科研的认知变化并非个例。许多拥有博士学位的青年教师指导学生申报"国家、省、高校"三级创新创业训练计划项目，学生在推进科研项目中形成调研报告和科研论文，参加不同类型学科竞赛，持续提升科研参与成效。在教师指导下"打磨""加工""完善"的科研成果有的转化为本科生毕业论文。在科研活动中产生科研志趣的本科生持续保持与教师的互动关系，建立专业实践共同体，合作发表科研论文，发展稳定的科研团队。受访教师 T-07 认为，师生在科研活动中生成积极的情感体验和默契合作，学生科研技能、研究能力和社会性能力得到提升，有助于教师理解和践行教学学术理念，在一定程度上缓和了拥有博士学位的青年教师进入地方高校时无法融入工作或组建专业实践共同体的矛盾。

三 本科生科研中的师生互动角色变化

（一）教育者和受教育者

持有传统意义师生观的教师与本科生认为，教师是较学生拥有更多专业知识和传播真理的教育者，本科生作为受教育者在科研活动中接受来自教育者的知识传递。有研究发现，当主体存在地位差异时，地位高的人经常对地位低的人采取支配行为，下级对上级经常采取顺从行为。[①] 在师生掌握的专业知识和资源机会不均等的有影响力的教育实践中，教师和学生的"地位"出现分层，表现为支配或顺从的教学形态。在对受访者的访谈中发现，学生和教师不同程度地分别持有受教育和教育的学习观和教学观，对师生互动过程产生影响。例如，受访学生 S-25 认为，本科生参与科研活动是接受教育的过程，教师在必需阶段传授陈述性知识与程序性知识，促使本科生习得必要

----

① 许燕：《人际互补理论评介》，《心理学探新》1992 年第 3 期，第 12 页。

的科研技能，而在科研学习的过程中更多表现为本科生自主性探究、不断增加学习收获的过程。

> 之前报名的多个学科竞赛都由我自主性申报参赛，基本上没有与老师一对一讨论，老师基本没有参与和我们具体的互动。当然，老师会举办一些培训，主要是一对多的形式，教给我们一些科研学习方法。其他时间我们还是通过自主性学习完成科研活动。

师生在科研活动中分别扮演教育者和受教育者的角色，具体表现为教师在科研活动中传递科研知识，对本科生科研提出指导性意见，本科生习得科研技能并依据教师指导意见开展科研活动。这种角色在本科生看来是教师对学生学业发展高度负责任的表现，学生"按部就班"地接受教师传递的知识，在与教师互动中生成积极或消极的情感体验。然而，有的学生不完全认可教师作为教育者单向传播教学内容，认为有的教师之所以无法获得学生认可正是由于他们忽略了学生的科研兴趣和自身研究态度。受访学生 S-26 分析了有的教师总是无法成为本科生科研指导教师的关键原因。

> 很多时候，我觉得无论老师还是学生都是有想法的。比如 W 老师，他就很想动（和学生互动）但就是动（互动）不了。不是因为没有学生愿意参与科研活动，而是因为 W 这种类型的老师，很喜欢也很习惯把自己对科研理解的"套路"强加给我们这些学生，这在很多时候与我们参加科研活动的逻辑和规律是相冲（有冲突）的。

在对受访学生 S-26 访谈资料的分析中初步发现，师生参与科研活动的意愿与能否付诸实践受师生教学观和学习观的直接影响，坚持教授主义教学观的教师时常会遭遇有"想法"（科研兴趣）的学生不同程度的疏远。

（二）活动促进者和活动参与者

本科生科研的情境性、目的性和意义性，在本科生科研的师生互动过程中得以充分体现。案例院校的本科生将大学阶段参与的第二课堂实践统称为"活动"。这里所说的"活动"，指的是学校由"行政管控"趋向"协同治理"的本科生科研管理模式下提供的多元科研参与机会。案例院校重视提升本科生科研参与度，以创新学分为"手段"，许多本科生在入校第一年就拥有至少 1 次科研活动经历。在对受访学生的访谈中发现，低年级本科生的科研活动参与度与个体科研兴趣或学习动机没有直接促进关系。许多本科生在大一下学期收到学校组织申报"国创计划"的通知，"看到活动通知后没有想太多，只是尝试报名参加"（受访学生 S-39）。与受访学生 S-39 有相似境遇的还有受访学生 S-06，他提及在大一上学期关注了学校发布的"校创计划"通知，但没有对该活动进行深度了解，只是作为活动参与者自主报名参与。

受访学生 S-16 透露，她在本科阶段的三年时间中参与了包含"国家、省、高校"三级创新创业训练计划项目、"挑战杯"、统计调查、数学建模以及"互联网+"竞赛在内所有能申报参与的本科生科研活动，连续三年以不同科研项目参与"挑战杯"竞赛并获奖。在案例院校，受访学生 S-16 的经历不是个案，许多本科生将自己定位为活动参与者，其内在动机源于参与科研活动所积累的科研经验有助于实现学业成功，具体体现在综合素质评价、奖学金等荣誉评定、免试推荐进入研究型大学继续研究生教育等方面。此外，本科生科研质量指向科研技能和研究能力的提升，持续参与科研活动还有助于提高科研学习效能。

在科研活动的参与过程中，教师扮演活动促进者的角色。案例院校针对本科生科研采取多方面实施措施，致力于提升本科生科研活动参与度，为提升本科生科研学习效能创设"条件"情境，教师在对本科生科研的指导过程中发挥促进作用。例如，受访学生 S-24 在访谈中谈及所在班级学生参与科研活动的途径，"班主任在我们刚入学时就鼓励大家参加科研活动，他要求科技委员经常性地发布学科竞赛通知，鼓励感兴趣的同学报名参加"。受访教师 T-09 是所在学院"一院一赛"负责人，他认为组织教师指导学生参加学科竞赛的重要目标在于增加学生科研学习收获。受访教师 T-01 和 T-06 认同教师在本科生科研中的角色是活动促进者，可在提升本科生科研质量的基础上实现科教融合。事实上，案例院校的教师也无法描述与评价指导本科生参与科研活动对教师教学和科研的益处。

（三）科研合作者和科研学习者

案例院校的本科生角色转变为科研学习者经历了长期发展的过程。本科生在持续参与科研活动中积累科研经验，培养科研兴趣。有的本科生将科研兴趣发展为科研志趣，将科学研究作为职业选择和发展事业，即在科研活动中增强了"科学家"的身份意识。受访学生 S-24 在访谈中提到，结合在中学阶段的学习兴趣，初入大学就申请加入某教师实验室，聚焦和学习与教师研究领域相同的科研选题。经过两年的科研学习，学生在教师指导下完成科研成果并获得多项省级学科竞赛奖项，教师获得相应的教学业绩。有学者曾指出，只有促使教学中的师生关系观从静态性的"师教生学观"转变为动态性的"共生互学观"，才能不断促进学生的成长与发展。[1] 因此，促进建立"友好-合作"取向的师生关系成为提升师生互动有效性的重要

---

[1] 吴康宁：《学生仅仅是"受教育者"吗？——兼谈师生关系观的转换》，《教育研究》2003 年第 4 期，第 44 页。

前提。受访教师 T-09 表达了对师生互动中维持良好关系的态度，他认为教师和学生在有效互动中产生获得感，促使师生维持一种长期可持续的合作关系。

在以前，本科生与博士研究生建立合作关系，现在的教师和本科生也应当建立合作关系，毕竟只有保持合作关系才能实现比较长久的互相促进。

许多教师和本科生在科研活动中进行科研合作，实现互相影响和互相作用，提升师生科研参与意义感。受访教师 T-06 表示，应该鼓励更多教师参与本科生科研活动的指导。对于教师而言，科研指导教学，教学促进科研，即本科生科研中最有利于促进教师发展的角色是科研合作者。受访教师 T-09 在对科研合作者角色的感知中萌生了自己的想法。

我现在的思路很简单，把本科生参加学科竞赛与撰写科研论文融合起来，我会把相关学科竞赛的参与时间轴叠好（梳理本专业学生全年可以参加的所有学科竞赛），再把这一年内所有专业相关学术会议时间安排好。待这些全部整理好后，我会选择一些与学科竞赛、学术会议相关的科研选题供学生讨论和选择，这样就可以促使学生将本专业学习融入学科竞赛，再产出科研论文。当然，我会在一定程度上把我的科研工作融入在内，和本科生建立科研团队。

为本科生"量身定做"科研参与体系的想法，来自受访教师 T-09 在多次科研指导经历中的反思性实践。案例院校有许多教师认为，指导本科生科研的付出与回报不成正比，但受访教师 T-09 认同要倡导教学学术理念，认为本科生科研与教师教学科研之间存在一个平衡点，可以发挥师生共同促进、共同发展的作用。在接受访谈时，受访教师 T-09 发起的本科生科研训练体系已经实施近一个学期，参与科研学习的本科生情况持续发生变化，该体系也在方案不断优化中摸索推进。通过对受访师生的访谈发现，教师作为教育者、活动促进者和科研合作者，其知识经验投入程度以及为此付出的时间和精力情况，反映出其参与本科生科研的不同内在动机，影响着本科生科研质量。

第三章 地方高校本科生科研中的师生互动模式

本科生科研中的师生互动要素多元，只有进入本科生科研活动的情境中才能更好地理解师生互动成效如何影响本科生科研质量。本章以师生共同在场参与的本科生科研活动为情境起点，对师生互动的启动、推进和结果进行详细分析，重点阐述师生如何将科研参与的内在动机转化为具体行动，并通过师生互动过程得以展现。根据师生对科研项目的聚焦程度和师生互动中的情感共享程度可分为四种不同的师生互动模式，本章在此基础上探讨其有效性，阐释本科生科研中有效师生互动的内涵。

第一节 本科生科研中的师生互动构成要素

一 本科生科研中师生互动的前提性要素

（一）在本科生科研中建立师生互动关系

马丁·布伯认为世界具有二重性。一是"为我所用的世界"，即"我-他"世界；二是"我们与之相遇的世界"，即"我-你"世界。①

---

① 安世遨：《交往、对话与社会和谐》，社会科学文献出版社，2020，第33页。

"互动"总是发生在"我-你"的真实世界。如果说社会被看作一个长长的互动仪式链，人们总是会从一个际遇流动到另外一个际遇，不同的际遇形成不同的互动仪式（Interaction Ritual，IR）。[①] 在本科生科研活动的情境中，针对某个科研项目实现共同聚焦的教师和学生，成为互动仪式的际遇者。进一步说，决定际遇的主要因素在于每个人的知识经验和情感资源的不平等程度、社会密度大小，以及互动的可选对象数量。[②] 在本科生科研的师生互动中，教师掌握了多于本科生（尤其是新入校本科生）的科研知识经验，具有资源优势，使得教师处于师生际遇中的有利位置。在案例院校的一些科研团队中，有的教师设置了在科研活动的情境中与本科生成为际遇者的条件，例如，组织多轮面试、开展科研技能测试、开展科研学习过程评价，并建立管理相对严密的师生科研团队。受访教师 T-05 近年来成立了一个学生科研训练实验室，构建了"教师—硕士研究生—高年级本科生—低年级本科生"的梯队式科研团队管理体系，培育孵化本科生科研成果，通过申报"国家、省、高校"三级创新创业训练计划项目，参加 A 类、B 类学科竞赛，检验本科生科研学习成效，增加学生学业收获。

　　每一次申请加入我们实验室的学生都超过 100 人，今年我们还额外面向 T 专业本科生开放了报名名额。每一次报名结束后，我们实验室都会组织一次面试，选取 40 名左右有科研学习潜力的本科生，这些学生在被录取后一年的培养过程中，仍然面临实验室"有进有出"管理。比如，某一次期末考试后某学生的专

---

① 〔美〕兰德尔·柯林斯：《互动仪式链》，林聚任、王鹏、宋丽君译，商务印书馆，2019，第 2 页。

② 〔美〕兰德尔·柯林斯：《互动仪式链》，林聚任、王鹏、宋丽君译，商务印书馆，2019，第 10 页。

业成绩没有进入年级前 60%，那么他就要面临被实验室淘汰的风险。

相较于受访教师 T-05 管理相对严密的师生科研团队，案例院校还有许多管理相对松散的师生研究小组。在访谈过程中，有的受访教师认为通过一次面试无法客观评价本科生是否具备科研学习潜力和创新素质，因此可以与本科生毕业设计工作进行联结，实施"名额有限，先到先得"（受访教师 T-02），简化互动对象的筛选流程。受访教师 T-13 积累了多年松散的师生研究小组的管理经验，成立了本科生科研训练实验室，认为无须设置本科生加入实验室的准入门槛，"我觉得大家（本科生）都愿意来听的话就都来好了。当学生发现自己对这个东西（科研学习）并不感兴趣，或者这种有挑战的学习他/她完全跟不上（科研学习困难），他/她就会选择放弃学习科研并离开实验室，我想这个过程就是自然淘汰"。教师凭借师生掌握的知识经验"不对等"，以及案例院校的师生比现状，形成了对启动师生互动仪式的"影响力"或"控制力"。因此，本科生与教师成为科研活动中的际遇者，科研活动的推进在一定程度上依赖学生个体发挥主观能动性，向教师进行科研学习的"求助"，而这种学习动机下的本科生在科研活动中呈现为掌握目标取向（Mastery Goal Orientation）。在此之前，对于限制了准入条件的师生科研团队，有的学生通过自我或表现取向（Ego or Performance Orientation）[1] 表现自我，展示自我优势，以提升成为教师在科研活动中的互动对象的机会。由于本科生科研活动具有一定的认知挑战性，更多的本科生进入科研活动情境同时表现出上述两种取向的动机。

---

[1] 〔新西兰〕约翰·哈蒂、〔澳〕格雷戈里·C.R. 耶茨：《可见的学习与学习科学》，彭正梅、邓莉、伍绍杨等译，教育科学出版社，2018，第 30 页。

（二）本科生科研中的师生互动内容

在案例院校的本科生科研活动中，解惑是师生互动的核心内容，即教师解答本科生在推进科研项目时遇到的疑难问题。本科生为了提升与教师互动的效率，梳理在科研活动中产生疑惑的问题并约定与教师面对面交流的时间，教师结合学生提出的问题进行有针对性的反馈，学生及时对反馈生成的新问题进行追问，教师持续解答学生疑问，师生持续双向互动直至解决阶段性疑问。这一过程表现为一种"苏格拉底式对话"，是一场"自然"的师生互动仪式。在对受访师生的访谈过程中，受访学生倾向于用"请教""交流"等词语表达遇到疑惑求助教师时的学习态度，学生向教师提出的疑问主要包括项目选题、研究方法、研究框架、研究路径及实现目标。受访学生 S-04 在访谈中呈现了与教师在科研活动中的互动内容，"我会主动和老师分享自己的选题想法，老师在与我交流的过程中帮助我完善和细化选题方向，我在与老师的反复讨论中确定项目选题"。因此，师生互动成为实现解惑目标的主要方式。除了完成对选题的优化与完善，受访学生 S-02 认为，当本科生决定求助老师解惑时，"很多时候是因为项目推进进度卡壳，毕竟我们的专业知识体系还不够完善，与教师讨论可以更好地提出解决方案"。教师的专业视野和在与本科生互动中输出的知识经验让受访学生 S-02 的科研思路更加开阔。在师生互动内容的价值层面，本科生主动向教师提问意味着问题意识的养成，教师解惑意味着提升本科生的科学思维和创新能力。此外，教师为学生提供与选题相关的重要文献以及科研成果以供其借鉴学习，发挥对师生互动的补充作用。

（三）本科生科研中师生互动的主导权

教师和本科生对科研活动的认知，决定了进行师生互动的情境创设。在访谈过程中，有的受访学生认为本科阶段更多依赖本科生个体的学习能动性，以获取专业知识和科研技能，即应当由学生掌握在科研活动中与教师互动的主动权；大多数受访教师也认同本科生是科研活动中的主体的观点。也就是说，对参与科研活动的目标认知对确定师生互动中"谁主导"发挥了作用。例如，受访学生 S-22 认为，教师和学生分别是掌握了更多知识经验的教育者和学习知识的受教育者，受教育者若期望在科研活动中习得更多技能，就应积极主动靠近教育者。

> 大一开始，每个人都是一张白纸，无论是专业学习还是学科竞赛对我们来说都是迷茫又新鲜的，我们自己要有明确的目标和主动性。在师生互动过程中，学生的主动性尤为重要。一般情况下，只要学生主动与老师取得联系，老师都会给予一定的学业支持和帮助，甚至让学生参与到教师的相关课题项目中。正是因为主动，才让我获得了在科研活动中持续收获的可能性。

受访学生 S-22 代表了案例院校拥有强烈学习动机的本科生，她认为发挥学生个体能动性有利于科研技能的习得。也有一些本科生在科研活动中通过自我或表现取向展现出强烈的学习动机，但在科研学习过程中未能展现出掌握目标取向，即对科研活动目标没有清晰认知就付诸行动。受访教师在参与本科生科研的经验积累中，对学生在科研活动中角色定位的认知逐渐发生改变。受访教师 T-02 是一位拥有多年本科生科研指导经验的教师，她坦言：

> 以前都是我想好题目拿给学生做，后来发现了一个问题，有几个项目（还是重点立项）走着走着就走不动了，那最后就变成我的事了。现在学生再来找我的时候，我就让他们先花两周时间去看相关文献，然后告诉我几个感兴趣的方向，我们再讨论，讨论过程中我再将他们感兴趣的方向有意识地引导到我认为有研

究价值的选题方向。毕竟学生的科研基础摆在这儿，他们大多是没有学术判断能力的，他们不明白并不是所有问题都有研究的可行性。

在上述论述中研究者发现，本科生和教师在"谁主导"问题上达成哪种共识也是创设师生互动情境的前提性要素，并成为启动师生互动仪式的驱动力。在确定选题后，受访教师 T-02 进一步认为，本科生应该写好选题相关申报书初稿，再交由教师评阅后提出修改意见，"对于研究方法的确定和使用，我会根据项目情况给出建议，由学生自学完成"。她认为，学生必须在科研活动中进行自主性学习，如果失去了自学能力也就不存在科研能力的提升。与受访教师 T-02 不同，受访教师 T-04 认为如果本科生在与教师交流过程中表现出强烈的能动性，向教师表达自己对某个选题方向的兴趣，教师就应该"把课题拿出来给学生做"，即这位教师更加看重本科生在科研活动中的学习态度。两位不同学科受访教师的想法，体现了人文社科和理工科教师对师生互动情境起点的不同认知，在一定程度上体现了不同学科背景的科研学习方式存在差异。

二 本科生科研中师生互动的过程性要素

（一）共同的项目聚焦程度

完成科研项目或参加科研活动，为师生互动提供了表达意义的正式符号。师生互动的过程，也是将互动意义表征为符号的过程。师生互动过程的启动意味着对科研项目实现了共同聚焦。和教师科研团队不同的是，本科生科研项目聚焦的过程可以理解为一个由发散到聚合的过程，即在尚未形成共同的项目聚焦的情境中，通过浅层次的师生互动对某几个潜在话题进行探究式讨论，并逐渐形成研究项目选题，在这种意义上意味着师生主体只需要对科研活动本身有兴趣，就有机会形成对科研项目的初步聚焦。同时，参与教师课题的师生也经历了一次对项目的聚焦过程，主要表现为以教师为主导的师生互动过程并确定研究问题。本科生作为科研活动主体，理解并愿意投入科研过程，形成师生主体对科研项目的共同聚焦。进一步说，对项目的聚焦程度为有效的师生互动模式提供了过程条件。当然，在我们讨论本科生科研中的师生互动过程时，师生已经在不同程度上创设了这一过程条件，即实现了共同的科研项目聚焦。研究者认为对项目的聚焦程度可以用"高度聚焦"和"低度聚焦"来区分。受访学生 S-24 基于高中教育的知识经验，入校后快速实现了对科研项目的"高度聚焦"的师生互动状态。

> 我在高中比较喜欢偏生物的研究方向，刚好进入大学后的班主任是研究这个方向的老师，班主任老师人很好，我觉得我和老师就是一拍即合。我在第一学期进入了老师的实验室，跟着老师和学长学姐学习实验流程。我们做的这个项目在去年已经拿到了全国大学生创新创业年会（国创年会）优秀论文奖，学姐也开始了直博的学习阶段，但我们还是决定继续推进这个项目，希望看到更多成果。

而在"低度聚焦"的本科生科研项目的师生互动中，本科生和教师大多只在课前或课后的零星时间进行互动。受访学生 S-17 提到，他和老师的互动并不频繁，这是因为受到科研活动的时间影响。如果是申报创新创业训练计划项目，一般会在确定选题、申报书初稿、申报书修改三个阶段与教师互动，教师负责解答学生提出的疑问。此外，有的实验室由于建立了成熟的本科生科研训练体系，形成了"教师—硕士研究生—高年级本科生—低年级本科生"的梯队式日常管理机制。例如，受访学生 S-25 表示自己在初入实验室第一年几乎没有和老师进行一对一互动。

（二）情感共享程度

共享一词最初的含义是"参与""分享"，在现代社会指的是"参与""分担"，即人们在共享中实现了共同感和一体感。[①] 在人类的潜意识中，还存在一种共享性思维，认为"万事万物参与分享万事万物"，人们用共享性思维思考日常生活中至关重要的事情。[②] 共享性思维实现了师生在科研活动中的持续对话。对于本科生科研活动的师生互动能否产生意义，情感共享程度发挥着重要的作用，用情感驱动互动秩序的生成。在互动过程中，由于本科生和教师在互动之前都有属于自己的经验场，师生主体需要完成对彼此的学业背景、知识经验、主动性等方面的相互理解，实现"将对方的经验场和自己的经验场融为一体"。[③] 师生经验场的融合，需要彼此实现高度的情感共享，促使科研活动成为可以感知的意义符号。双方主体对意义符号的持续及时反馈，就让彼此在共同的项目聚焦中形成有效的师生互动。然而，如果师生互动过程中双方主体无法实现高度的情感共享，那互动过程可能会呈现出消极乃至衰弱的状态。

有效的师生互动带给师生的是双方情感能量的增加，而情感能量本身也是提升情感共享程度的驱动力。情感能量"不仅能使人们的主观体验有序，也可以赋予人们以力量，指导行动的方向"。[④] 受访教师T-12在接受访谈的过程中多次提到了和本科生在科研活动中的相处"很开心"，没有经历过失败的互动仪式。这种"很开心"无形中融入了师生生活中的情感交流，并形成了亲密度高且具有持续影响

---

① 〔英〕戴维·伯姆：《论对话》，王松涛译，教育科学出版社，2004，第102页。

② 〔英〕戴维·伯姆：《论对话》，王松涛译，教育科学出版社，2004，第103页。

③ 〔美〕理查德·韦斯特、〔美〕林恩·H. 特纳：《传播理论导引：分析与应用（第二版）》，刘海龙译，中国人民大学出版社，2007，第16~17页。

④ 〔美〕乔纳森·特纳、〔美〕简·斯戴兹：《情感社会学》，孙俊才、文军译，上海人民出版社，2007，第8页。

力的友好互动关系。师生在共同在场的本科生科研际遇下启动互动，他们对本科生科研项目的聚焦程度和在互动中生成的情感能量，将会影响师生关系维持情况以及是否持续互动，即能否形成互动仪式链。

（三）知识经验投入程度

越来越多的教师认识到，让学生直接参与自己的课题存在诸多风险。受访教师 T-02 和 T-08 在访谈中都曾表示，有的学生无法认知和理解从教师手中"拿来"的选题，难以启动和推进项目研究的进度，让项目陷入困境。除了选题，还有的学生将师生互动理解为教师有义务代替学生解决其暂时无法解决的问题。受访教师 T-01 在访谈过程中坦言曾多次想放弃被本科生当成"研究工具"的师生互动。

> 绝对不止我一个老师有这样的感觉。我们老师时常感觉投入爱学生，但没有收获成就感。一些学生在需要你的时候，就认为一个老师带（指导）学生是应该的。对，我们理解这是应该的。然后，他从老师这里想要得到什么呢？他聊天时会以"老师你去弄一下那个吧，你弄好这个，你那个怎么还没弄呢？"这种类似的语言反问你，不会考虑你的感受，而且你能明显感受到他功利性很强。

并非所有教师都会遇到如此令人不悦的体验，但教师的"过度帮助"也无法提升本科生科研学习效能。受访教师 T-08 在受访时也提起自己曾经事无巨细地帮助本科生修改申报书的经历，如今她打算调整与学生的互动方式，不会过早投入知识经验。本科生科研活动中的教师需要在何时投入知识经验，以及知识经验投入应当控制在何种程度，是教师持续开展的反思性实践。

教师知识经验的投入程度，取决于师生对科研项目的聚焦程度。在访谈过程中，对于那些作为教师课题子课题的本科生科研选题，教师通常在与学生的互动启动时就投入了高度的知识经验，互动内容包含帮助本科生设计选题、理解问题、开展实验/社会调研、整理数据、形成科研成果，以及完善科研成果参加竞赛。这种"一以贯之"的知识经验投入，优点在于教师可以发挥科研身份影响力和项目推进控制力，使项目进度保持在可控制范围内。当然，这是理想的状态。这种状态下的师生互动潜藏着学生的多重道德风险，一旦暴露，即代表学生在与教师的互动中遇到障碍、瓶颈甚至不愉悦时，会毫无责任感地"扬长而去"，而将科研项目交还给教师"买单"，甚至未寻求新的本科生替代自己。在案例院校的教育实践中，这种情形屡次发生，研究者曾在深夜看到某院系教师在办公室工作至深夜，原因是指导本科生获批创新项目，但遭遇了本科生临时退出的情况，因而教师承担起项目负责人角色，代替从师生互动仪式中出离的本科生，与团队成员协商完成科研项目。

三　本科生科研中师生互动的目标性要素

（一）学生积累科研经验

经验积累是所有本科生参加科研活动的显性目标，也是科研学习收获非常必要的原始积累阶段。受访学生 S-32 是一名对本科生科研活动"忠诚度"非常高的参与者，他在受访过程中坦言自己参加科研活动的目标就是在不断参与的过程中积累科研经验。

> 当时我的水平还写不出论文，我就想着从学科竞赛和课题两方面入手锻炼。所以上半年我参加了许多比赛，符合条件的科研活动我都报名了，那段时间疯狂打比赛，加起来有 20 几个项目了。最忙的时候，我一个月内就打了 10 场比赛。

尽管受访学生 S-32 在本科阶段有着看似"疯狂"的科研参与经历，并不应该大力提倡，但这些科研活动参与经历确实为他带来了自主性学习和科研技能习得的机会。这位同学在毕业后被保送至一所知名研究型大学继续读研深造，而过往的科研活动参与经历正是他获得推免的一个重要助推器。受访学生 S-32 来自人文社科专业，有机会在学有余力时主持或参与不同项目选题。而对于理工科专业的本科生来说，在实验室的科研学习过程是一个不断试错的过程，每一次科研参与的经历也是一次试错的经历。为此，师生主体需要在试错过程中不断调整实验方案，充实实验数据。受访学生 S-39 的经历说明，反思性实践经验的积累对于参与科研活动的本科生来说至关重要。

> 那时候，我和老师说我想参加 S 学科竞赛，我在老师的实验方案指导下做实验，但有点可惜没有拿奖。我总结和反思了原因，然后补做了实验。第二年，我又报名参加这项学科竞赛，此时的我已经在上一年度的申报材料中补充了实验数据。

可以发现，对于大多数本科生来说，参与科研活动的目标看起来是科研活动经验的积累，但每一次科研活动给他们带来的反思和总结，才是他们科研技能提升的驱动力。

（二）学生增加科研学习收获

本科生科研效能通过本科生科研学习收获表现出来，表征为本科生科研活动的量化结果。将不同级别、不同难度的科研项目、学科竞赛、科研论文和授权专利计算为不同分值，体现为本科生的学业综合评价、教师的教学业绩考核。例如，经历了科研活动失败后重试、再失败再重试的受访学生 S-39，在多次科研活动经历中提升了科研技能和研究能力，并在学科竞赛中获得了理想成绩。

> 我第二次参加 S 学科竞赛时拿到了全省一等奖，这是我们学校首次获得的该项荣誉。第二次和第三次申请的校创和省创项目

也都获批了。后来仔细想了一下，第一年确实做得挺不好的，那时候提交的材料和第二年相比真的可以说是差了十万八千里。

本科生在对科研活动的结果评价中提升了参与科研活动的情感能量，对本科生科研有了更深层次的理解。对于受访学生 S-32 来说，他的科研参与心路历程也同许多其他受访者一样。

我特别享受在比赛中和老师的沟通以及参与的各种答辩，并在彼此的沟通交流中写写文本。我对这个过程特别享受，从中能够学到很多东西。我崇尚在实践中学习，即使是课堂学过的理论知识，我也会习惯性地在我的课题研究中再把它回味一遍，从而更好地掌握这些知识。

结合受访学生的访谈资料，本章中本科生参与科研活动的学习收获主要包含培养创新意识，习得科研技能，提升领导能力、沟通能力、抗压能力、团队协作能力、对第一课堂课程的学习能力、继续研究生教育的研究能力。

（三）教师积累教学业绩

在"获批立项""获奖""公开发表""授权"等关键词表征的科研活动中，教师指导学生参与科研活动获得教学业绩，形成教学成果。结合案例院校的本科生科研运行机制，指导教师将获评年度"优秀科技创新导师"称号，教学业绩计入教师任期内指导本科生科研完成情况，给予相应等级的物质激励，教学成果作为教师职称评聘时的支撑材料。同时，教师的教学业绩将提升其指导本科生科研活动的影响力，促进教师自我效能感的提升，有利于持续启动师生互动仪式。在案例院校，多位有博士学位的青年教师（受访教师 T-06、T-09、T-12、T-14）指导的本科生科研活动获得了优异业绩，促使其从科研活动指导新手迅速蜕变为指导专家，提升了教师指导本科生科研的意义感，并促使其有意愿持续投入师生互动过程。其中，教师自我效能感提升更显著的是受访教师 T-09 和 T-14，他们对本科生科研活动的初次了解和尝试指导来源于指导本科生毕业论文（设计）的教学任务，他们认为本科生毕业论文的质量依赖大学阶段科研技能的习得和实践。因此，科研活动中师生互动的有效性决定了师生能否建立毕业论文指导关系，也间接对本科生毕业论文的质量产生影响。受访教师 T-05 很自豪地表示，自己从 2015 年起指导的本科生毕业论文，基本上都是在学科竞赛中一路合作下来的学生的论文。他认为本科生做的东西（参与科研活动）从最功利的角度来说很有用。除此之外，教师的身份认同感也在指导本科生科研中得到提升。受访教师 T-06 也感慨："我要对对这方面（科研活动）感兴趣的学生负责。"因此，本科生在科研活动中的积极态度和能动表现，提升了教师的情感能量，成为教师持续参与科研活动的有效驱动力。

（四）师生共同促进科研发展

有效的师生互动过程，既能促进教师实现科教融合，也能提升学生科研技能和研究能力。有的教师发现，指导本科生科研也能对教师科研发展产生促进作用。受访教师 T-14 是一位有博士学位的青年教师，其教学能力在案例院校处于顶尖水平，他认为指导本科生科研活动和自身的教学科研可以实现平衡。

> 我们有的老师观念没转过来，他只能把本科指导学生看成一种负担。我认为，跟学生在一起搞这些（科研）问题真的挺开心的。如果本科生前期能够把项目写好的话，我们后来是可以用起来的，可以合作形成最典型的教改文章，甚至可以合作发表。

学生的科研发展至少包含了科学精神、创新意识、科研兴趣、科研技能和研究能力的培养与提升。受访学生 S-31 经历了若干次科研挫折，她通过参与体育运动的方式排解科研压力，并将体育精神作为鼓励自己不轻言放弃项目的精神支柱。通过一年的科研活动参与经历，她形成了自己对科研活动的认知。

> 选题要花很长时间，要看这个题目到底要怎么做，也就是说两三天根本形成不了。为了确定这个项目从哪些方面去做，我要看很多的文献，再去了解很多现实中的事情。当我看完文献发现哪些领域问题是目前没有人研究或者很少有人去研究，这就是我们可以补充的内容。现实情况的确如此，我们在看完文献资料后，发现我们感兴趣的这些问题确实形势很严峻，我们需要慢慢思考和研究其背景和意义，这个过程就像一棵树开枝散叶、慢慢长大的过程。

本科生在科研活动中要想习得科研技能和研究能力，需要通过师生互动中的知识传递和启发式教学实现，也需要师生合作探讨发现问题、解决问题。师生共同在科研活动中获得发展是本科生科研最高层次的目标。然而，案例院校参与科研活动的师生，对如何进行师生互动产生了不同的理解，选择了不同的互动方式，形成了不同的互动模式，这也就决定了并非所有师生在互动过程中都可以实现本科生科研最高层次的目标。

第二节　本科生科研中的师生互动模式分析

一　本科生科研中的师生互动模式生成

受访师生参与本科生科研大多带有不同的意图和目标。当受访者谈及参与科研活动的经历时，会展现自己对科研活动中师生互动的理解。具体来说，师生互动首先是基于对本科生科研的认知，即"我们"对本科生科研如何定义以及如何在本科生科研互动仪式中处理际遇。其次是对师生互动中"前提性要素"和"过程性要素"的建构，即"我们"要和谁建立怎样的互动关系，以及在互动中处于怎样的位置、如何进行互动等。再次是对师生互动仪式"目标性要素"的建构，即"我们"要完成什么任务、能收获什么。最后是对师生互动仪式"意义"的感知，即"我们"的互动怎么样、是否做出持续互动的选择。

出于对本科生科研活动以及师生互动要素的感知，受访师生对师生互动的行动和意义理解各有不同。在本科生科研中，有的受访师生看重科研技能的习得和对遇到问题解答的工具价值取向，师生互动呈现相对独立状态；有的受访师生看重师生互动能否为自己带来持续促进作用的终极价值取向，师生互动呈现合作状态；有的受访师生认为本科生科研就是一次教育实践，师生互动呈现教育和受教育的顺从状态。当本科生无法顺从教师科研观点，师生互动就会呈现逃避和疏远状态。随着在科研活动中互动频率的提高、互动时间的延长，当受访师生发现自己在科研活动中不应该只是为了完成任务而参与时，他们就会通过更加积极主动的、有计划的行动追求对自己更加有意义的互动结果。

结合师生互动的过程性要素和已有文献结论，在师生共同在场参与的本科生科研活动的情境中，师生对科研项目的聚焦程度以及师生互动中情感共享程度影响教师知识经验投入程度，进而影响本科生科研活动的质量，表现为师生互动的有效性。比如，当受访学生认为科研活动质量取决于学生的个体努力，与教师互动只发挥锦上添花的辅助作用，则师生互动没有形成对科研项目高度的共同聚焦，也没有实现情感共享，此类师生互动经常是短暂的甚至是一次性的。也有受访师生认为，科研成果的取得有赖于友好且合作的师生关系，双方在情感共享中实现对双方都有促进作用的目标，此类师生互动往往可以形成持续的互动仪式链。在持续的互动过程中，师生重新评估互动过程对彼此发展的意义。项目聚焦程度高的师生认识到，有效的师生互动可以促进科研成果的产出，进而对学生学习成绩和教师科研发展有促进作用。持续共享积极的情感体验的师生认识到，亲密的师生关系可以提升师生互动有效性，甚至是获得更多社会性资源的支持。因此可以得出结论，聚焦共同的科研项目、在师生互动中投入大量情感能量、实现高度的情感共享，可以促进本科生科研中有效师生互动的实现。

对于本科生科研活动中师生互动模式的梳理，需要理解在本科生科研活动中师生如何成为互动市场的际遇者，创设了怎样的本科生科研学习情境，如何启动、推进和完成师生互动仪式从而生成不同的师生互动模式，短暂的一次仪式能否为师生带来情感能量的增加、促使师生互动调整和发展为持续稳定的模式，从而形成互动仪式链。由于互动过程本身具有情境性和流动性，互动仪式结果具有发展性和稳定性，当学习情境中的师生通过互动完成科研活动的目标时，在互动仪式中产生了科研活动意义感，即彼此的情感能量得到提升，形成了有效的师生互动，也为师生进入本科生科研活动的学习情境创造了全新际遇。因此，本科生科研中的师生互动是一种基于特定情境的社会性互动行为，师生互动的有效性决定了互动仪式将会永久终止还是在创设的新的学习情境中持续进行。

本科生科研活动中真正有效的互动行为可以帮助学生形成高阶思维。结合上文的论述，研究者根据师生对科研项目的聚焦程度和在师生互动中的情感共享程度，将师生对科研项目的聚焦程度分为高聚焦和低聚焦两个维度，将情感共享程度分为弱情感共享和强情感共享两个维度。尽管两个属性均可以解释为连续变量，但由于难以界定中间状态，本章仅对两个属性的两极状态展开阐述。因此，本章中的师生互动分为四种模式：完成任务型（低聚焦-弱情感）、锦上添花型（低聚焦-强情感）、就事论事型（高聚焦-弱情感）和共创发现型（高聚焦-强情感），详见表 3-1。

表 3-1　本科生科研活动中的师生互动模式

	低聚焦	高聚焦
弱情感	完成任务型 低聚焦-弱情感	就事论事型 高聚焦-弱情感
强情感	锦上添花型 低聚焦-强情感	共创发现型 高聚焦-强情感

结合表 3-1 的内容，完成任务型师生互动模式体现为"我和老师极少围绕科研项目互动，也基本没有情感交流"，锦上添花型师生互动模式体现为"我和老师关系亲密，但对于科研项目推进的互动较少，老师对我们学习的帮助主要在于精神上的鼓励"，就事论事型师生互动模式体现为"我和老师的互动仅限于促进项目推进，没有多余的情感分享"，共创发现型师生互动模式体现为"我和老师关系亲密，我们频繁讨论科研项目推进情况，也分享此时此地情感体验"。

二　本科生科研中的师生互动模式分析

（一）低聚焦-弱情感的完成任务型

1. 启动师生互动仪式

本科生科研，是案例院校积极推行的一项教学改革措施。学科性学院通过提升本科生科研参与度、促进教师指导科研成果，促进本科生科研质量的提升。在有的学科竞赛中，高校学生校内参与度会影响院校在该项赛事省赛或国赛阶段的参与机会，参赛情况间接影响院校影响力。本科生科研中完成任务型师生互动模式的生成，来源于地方高校对本科生科研参与度提升的目标激励措施，即学校充分利用教育政策工具激发师生参与科研的内在动机。具体来说，参与本科生科研对于学生而言是获得完成学业所需创新学分的机会，对于教师而言是完成教学聘期被纳入业绩考核的教学任务，即本科生科研是教师与本科生之间的一项"程序性活动"。

中国传统文化中的"礼"和"仁"概念①能够支持本章详细解释完成任务型师生互动模式。教师与本科生在科研活动中表现出"疏远－逃避"取向和"对抗－顺从"取向的师生关系，呈现"礼而不仁"状态，这就意味着师生之间的亲密度较低，表现为师生对科研项目的共同聚焦程度低，基本没有在师生互动过程中共享情感体验，即此时此地的师生认为科研活动目标有且只有完成教与学的任务。教学任务支配下的本科生科研项目选题多来自完全教师选题或学生自主选题，师生角色在互动过程中表现为教育者和受教育者，进行必要的知识传递。

在完成任务型师生互动模式中，师生互动仪式的启动、推进和完成高度依赖中间的沟通媒介。一种是出于学生获取学分、教师完成教学任务的目的，属于师生个体行为。有的学生发现高年级本科生推介科研活动时常提到"只要报名参加就能拿到创新学分"，有的教师认为成为竞赛指导教师就能完成教学任务且有机会获得教学业绩。另一种是组织行为。有的教师认为学院鼓励教师将各类基金项目中的子课题作为本科生科研选题，但不会过多关注学生面对完全教师选题能否有所作为。还有一些本科生参与科研活动的原因并非完成学业任务，而是受到家庭环境、同伴环境等的影响。例如，受访学生 S-09 在访

---

① 陈向明、曲霞、张玉荣：《教育质性研究概念框架的本土探索——以一项实习生与指导教师互动的研究为例》，《教育学术月刊》2014 年第 4 期，第 6~7 页。

谈过程中多次提及自己初入大学校园时没有意愿参与科研活动，但付诸行动是因为受到家庭成员的影响。

> 大一入校报到那天，我的父亲送我来校。校园中有学校历年学生科技创新成果展。他看着那些本科生立项的课题名称，认为项目标题与他平日工作中的调研报告选题逻辑极为相似。回家后，他主动打电话向学校老师咨询如何参与学生科研活动，后来我们辅导员找我谈话，鼓励我尝试着做一个课题，还为我介绍了一位科技导师。

教师和本科生在完成任务型师生互动模式中没有形成对科研参与成效管理的共识，即教师不关注本科生在科研活动中是否能获得学分之外的收获。作为发挥沟通媒介功能的本科生科研管理人员，未能采取相关措施促进师生有效互动。若教师与本科生在科研活动中表现出消极互动态度，那么久而久之师生关系淡漠，对科研学习和教学任务的期望值下降，难以培养学生的科研兴趣。完成任务型师生互动模式常见于在本科生科研活动的际遇中师生初次建立互动关系时对如何参与科研活动的探索阶段，受到了师生对本科生科研的认知以及在科研活动中的角色认知影响。然而，由于本科生科研具有情境性、发展性的特征，完成任务型师生互动模式随着院校环境、师生对科研活动的认知以及师生关系变化而转变。

2. 推进师生互动过程

在完成任务型师生互动模式中，教师采取行动的目标在于成为科研活动中的指导教师，在学生产生疑惑时投入必需的知识经验，直至互动结束。师生互动中的言语性行动极少通过面对面进行，也极少进行非言语性行动。本就稀缺的师生互动机会多在线上进行，只有在教师批阅、签批以及科研成果提交等环节，师生才会进行必要的面对面互动。正如受访学生 S-28 所说，他与项目指导教师曾在一学期仅见过一次，教师对其提交的创新创业训练计划项目申报材料基本没有提出修改完善的指导意见。可以说，初入大学校园的本科生没有科研活动经历，"小试牛刀"的心理状态促使其成为活动参与者，且他们大多是以获得创新学分为目标参与科研活动。在访谈过程中，受访学生 S-39 分享了自己参与科研活动的一次失败经历，但其神情放松、身体舒展，研究者通过观察认为这名学生在科研活动中没有投入太多情感能量，他的一段描述也证实了这一点。

> 我没有和教师讨论，自主写了一份项目申报书，内容是关于新冠疫情防控的调研。在提交给学院之前，我给指导教师看过申报材料，但是老师没有提出修改意见，我也就没有再完善申报书……这个项目最终没有获批立项。那份申报书也不可能立项，那是我随便写的"玩意儿"，我自己都觉得内容不行。那次失败的科研经历带给我的感受是，下次要认真写一份申报书，再通过学院申报下一次创新创业训练计划项目。

这段访谈内容反映了指导教师在本科生科研中"无为而治"的行动策略。已有研究显示，教师指导质量在很大程度上影响本科生科研质量，这种"有问才有答""有问不一定答"的师生互动形式在案例院校并不少见，表明教师和学生在科研活动中始终没有形成对所参与科研项目的共同聚焦，教师作为教育者只是选择性地投入知识经验来参与互动。相比教师的主动推进，有的家长在促进本科生参与科研活动中发挥了更为显著的作用。例如，受访学生 S-09 在家长对科研活动的主动认知和推动中，被动参与和推进科研项目。由于本科生缺乏对科研项目选题的认知与理解，其无法在选题聚焦、情感能量以及知识经验等方面形成对科研活动的全面投入，进而导致教师无法深度融入和参与指导本科生科研。

　　　　我的项目选题是家长帮我定的，家里整合了一些资源并帮我联系了调研场所，也提供了一切在调研过程中需要的支持。不过，我感觉指导老师对这个选题无感，他没有发表太多意见。我就在家里安排下带着队友去现场调研。

　　自案例院校实施本科生科研以来，大多数教师对参与科研活动对本科生学业方面的促进作用持积极态度，但指导科研活动却无法成为教师投入强情感能量的工作内容。结合参与式观察发现，案例院校的教师承担了教学、科研和社会服务等多重工作任务，他们针对每一项工作任务分别评估和分配了所需投入的时间和精力情况。对于本科生科研，更多教师表示在不影响其他工作进度的情况下，有意愿投入一定情感能量和知识经验以指导科研活动，增加与本科生的互动频次和持续互动时间。受访教师 T-02、T-13 认为，指导本科生科研活动需要耗费大量时间和精力，时常是付出大于回报，相比之下发表核心期刊论文对教师而言更有吸引力，且过程更加可控。因此，在案例院校的师生比现实条件下，指导本科生科研的低意愿与指导本科生科研教学任务的张力，生成了完成任务型师生互动模式。

　　3. 形成师生互动结果

　　根据对本科生科研中师生互动过程的分析，完成任务型师生互动模式持续时间短，师生共同在场互动机会少，互动内容主要围绕指导教师成为科研活动的主体，师生对科研项目的聚焦出现在项目选题阶段和项目成果提交阶段，师生之间没有形成亲密合作关系，没有提升情感能量，也没有形成师生科研团队的群体身份感和道德感。具体来说，师生在聚焦科研选题时呈现出"礼而不仁"状态，极少出现学生探究式学习和教师启发式教学行动。由于教师和本科生对互动结果及成效没有更多期望，师生互动仪式在科研活动结束的时间节点即终止，本科生科研随着双方目标的完成而结束。在具体的教育实践中，存在一种极端的互动结果。在"国家、省、高校"三级创新创业训练计划项目中，有一些以获批立项为参与科研活动目标的本科生，在毕业离校前尚未完成项目，许多教师将这些学生描述为"毕业即失联"状态，只能交由指导教师处理、推进和完成创新项目。此时，教师取代学生成为项目负责人，与科研团队其他本科生成员共同协商并推进项目，直至结题。因此，教师在科研活动中的教学任务出乎意料地增加了。对于在科研活动中遇到如此"不靠谱"学生的教师而言，他们在访谈过程中表示"太累了""再也不想带学生了"，并认为即使是为了完成任务也"一定要选好学生"，即师生双方要在学术观念和认知行动等方面尽可能实现"情投意合"。

在更多情况下，如果师生参与科研活动的目标已经达成，那么研究者并不能将完成任务型师生互动模式定义为一种失败的师生互动模式。但在对师生互动过程性要素的分析中，师生对项目共同聚焦程度的不足，直接影响教师知识经验的投入程度，使得情感能量在师生之间的弱情感体验中没有提升。因此，研究者认为这种师生互动模式对于本科生科研质量的提升而言是无效的。此时此地的师生情感能量能否转化为新的科研活动际遇，仍取决于其他因素的影响。在访谈过程中，受访学生 S-31 分享了自己第一次参加科研活动时师生互动的场景。

> 我和老师对那次参与学科竞赛没有任何获奖的预期，我们始终是怀着"重在活动参与"的心态推进项目，但这个项目最终竟然获奖了，得到了晋级下一轮比赛的机会。我们分析了这个项目成功的原因，认为主要缘于选题优势。我们在后来备赛过程中几乎推翻了前期的所有材料。也就是说，我们在保持选题不变的

情况下，将研究思路、研究过程等全部推倒重来。新的文本更有科学性，也更有社会应用价值。

伯姆在《论对话》的讨论中，认为对话要具备敏感性，即知道何时以及怎样进行对话，而阻碍敏感性的因素在于固执己见。[①] 如此看来，超出预期目标的本科生科研质量提升，促使师生的情感能量在互动结束后得到了提升，使下一次科研活动际遇变成现实，生成了对话态度更加严肃认真、对话内容更加聚焦项目选题的师生互动模式。

（二）低聚焦–强情感的锦上添花型

1. 启动师生互动仪式

在案例院校，教学经验丰富的教师没有强意愿投入过多时间和精力帮助本科生选题，也没有意愿精细化指导和推进适合学生学情的科研项目。有的教师认为，不应过多参与本科生科研学习过程，过多、过细的指导不利于学生提升在科研活动中的主人翁意识，不利于发挥学生主体的能动作用，限制了学生科学思维和创新思维的培养。教师不会为本科生科研选题的推进制定详细的日程安排，而是交由学生进行自主性、探究式的深度学习，自主完成包含文献综述、选题、研究方案、调研提纲以及研究报告等在内的科研活动流程制定，且学生所需科研技能的习得通过模仿高年级本科生、实验室研究生的科研学习实现。因此，低年级本科生通过学院网站、班主任、任课教师和高年级本科生推荐与指导教师建立初步联系，以"自我表露"的方式向教师表达希望参与科研活动的意愿和获得科研指导的期待。受访学生S-27的科研选题来自其结合自身生活学习经验的完全自主选题，在确定了科研项目选题后，他自主联系有相关专业背景的教师，以获得指导支持。

---

① 〔英〕戴维·伯姆：《论对话》，王松涛译，教育科学出版社，2004，第48页。

　　我的项目选题和指导老师都是我自己找的。我是绍兴人，因为对我们老家远近闻名的嵊州小吃文化很感兴趣，所以就将地方特色饮食文化确定为我的研究方向。我最初是在学院网站找（有相关文化背景的老师），当我打给第一位老师时被拒绝了。后来我又去求助了班主任，他向我推荐了两位老师，虽然经历过失败有点不好意思再主动联系老师，但想着老师最多也就是拒绝我，我就和班主任要了联系方式打算逐一联系，但没想到刚问了第一位老师就获得他的同意，他因此成为我的项目指导老师。

　　从受访学生 S-27 的经历中可以初步感知，案例院校有的教师有意愿指导本科生参与科研活动，对学生自主选题持积极态度。结合案例院校多年的创新创业训练计划项目教育实践，有的教师认为基于本科生先验知识情况，应该重点关注本科生在推进科研项目过程中的能动性，本科生在科研活动中的学习收获比科研选题的科学性和创新性更为重要。此外，本科生结合所看、所学、所思、所想自主确定科研选题方向，对培养本科生创新意识具有一定价值。学生自主选题的优势为锦上添花型师生互动模式的生成创造了有利条件。

　　在案例院校的本科生科研中，学生能否得到教师指导很多时候取决于学生的能动性，多名受访学生明确提到了"学生一定要主动"，认为本科生只有在大学阶段积极主动参与校园生活和学习，才可能获得相比其他同学更多的机会（受访学生 S-03、S-22）。许多教师虽然有意愿指导本科生科研，但由于对学生先验知识经验和科研学习潜力了解甚少，以及自身科研、教学和社会服务等多重工作任务分散了大多可支配的时间和精力，因此期待学生具有能动性。面对本科生主动向教师实施"自我表露"和"求助"的行动策略，许多教师根据本科生能动性体现的时间顺序与本科生建立师生互动关系。

　　在锦上添花型师生互动模式中，教师主要扮演教育者和活动促进者的角色，对本科生在科研活动中提出的疑问进行解答，并帮助本科生理解和应对不同科研结果。大多数有科研活动经历的本科生扮演受教育者和活动参与者的角色，对教师应对工作表示的忙碌状态表示充分理解，本科生成为科研活动中的主体因素。在推进项目过程中，本科生根据项目进度和难度寻求教师的支持与帮助，且认为如此互动合理且有效。这种模式主要出现在应对案例院校自上而下为本科生提供的多元科研参与机会中，科研选题多为学生自主选题，也有一部分教师指导选题，师生关系呈现"友好-独立"取向，师生角色表现为教育者和受教育者、活动促进者和活动参与者。相比缺乏指导经验的教师，经验丰富的教师并不认同学生自主选题，认为教师无法在此类科研活动中发挥价值，应该以发挥本科生能动性为主，在教师擅长的研究领域内自主探索研究选题。受访学生 S-16 在访谈中介绍了案例院校较为常见的一种选题确定过程。

> 我们团队针对项目选题进行了几轮内部的讨论与筛选。团队成员分别在老师研究领域找主题，全体成员一起讨论所有备选主题并进行初步筛选，直到筛选剩下 2~3 个课题，我会带着这些课题向指导我们参加科研活动的导师进行请教。但由于导师时间总是非常紧张，我们一般会在上课前后的 10 分钟与老师进行简单的线下会谈，实现关于选题的互动。

在锦上添花型师生互动模式中，师生互动仪式的启动、推进和完成高度依赖本科生的能动性和师生在互动过程中形成的情感体验。锦上添花型师生互动模式是案例院校本科生科研中最常见的师生互动模式，教师多为拥有丰富本科生科研指导经验的资深教师。教师和本科生参与科研活动的目标不只是完成任务，也关注本科生科研给学校、教师和学生带来的各种收益，促使师生提高投入强情感能量的意愿度。此外，学生在互动仪式中发现教师总是很"忙"，但面对本科生科研可能带来的教学业绩，很多教师可能拥有强情感能量，利用碎片化时间对学生疑惑进行及时反馈。师生针对科研项目的低聚焦程度决定了师生基本不会在科研项目推进中产生"冲突"，师生关系始终保持友好取向，情感能量在科研活动中稳步提升。

2. 推进师生互动过程

在锦上添花型师生互动模式中，学生和教师面对面互动频次不高、互动时间不长、互动内容深度不够，只有在申报创新创业训练计划项目、举办学科竞赛、召开学术会议等科研活动的关键时间节点，师生互动频次与时长才会呈现阶段性的短暂增加。对于教师而言，他们认为本科生科研的首要价值在于培养学生科学思维，学生应该在自主性、探究式的科研学习中完成项目。例如，受访教师 T-01 在反思两年的本科生科研指导经验后，对如何指导本科生科研形成了新的认知。

> 我一般让学生在团队内部讨论研究方向，在他们大致确定好选题后有需要帮忙和解决的问题再告知我。确定好选题的本科生来咨询我，我根据学生选题内容给出理论工具和研究方法的选择建议，再由学生自主理解相关理论、学习使用对应的研究工具，我不可能手把手教会他们如何使用每一种研究方法，不然就失去了参与科研活动的意义。

在案例院校，理工科专业教师建议本科生参与实验室科研学习，通过给高年级本科生和研究生"打下手"的方式进行探究式学习。本科生在模仿高年级学生实验中习得科研技能后开始选题、组队并参加科研活动。在此期间，教师在实验室的角色是教育者，重点向学生即受教育者讲解和演示实验室安全规定、解答学生疑问以及帮助学生验证实验数据的信效度。受访学生 S-25 认为，当遇到指导教师也无法解答的疑难问题时，他们会选择求助更多任课老师，向其请教图像和技术等相关科研知识。人文社科类专业教师鼓励学生走出校园进行社会观察，开展实地调研，在调研过程中发挥能动性以强化对科研活动的认知，完成数据收集并作为本科生返校后参与科研活动的有力支撑。在此期间，教师的角色是活动促进者，为学生提供科研活动参与机会，帮助本科生在科研活动中取得优异成绩。受访学生 S-20 在访谈中表达了对教师作为活动促进者的理解。

> 我们一般是在有课题、有竞赛的时候主动找老师，向老师请教课题合理性、注意事项等，老师教我们更多的应该是治学的态度，比如老师经常说调研过程要脚踏实地、扎根基层。除此之外，我也请老师推荐过好书，他给我分享了一个书单。老师也会将一些时事热点或者优秀论文分享到群里。

本科生结合实验结果和社会调研数据，完成科研论文和调研报告（案例院校本科生统一称之为"文本"）初稿提交给教师，教师向学生反馈修改意见，学生修改文本并再次向教师提出疑问，教师为学生解答疑问，经过多次"提问—解惑"循环过程，在科研活动结束时终止师生互动仪式。因此，本科生发挥对科研项目的主导作用，教师的教育者角色体现为"传道授业"和"解惑"，学生在科研活动的探究式深度学习过程中，尽可能自我理解、自我消化，避免对教师造成不必要的"打扰"。受访学生 S-03 在访谈中提到，每一次听完所有（指导老师）语音后，时常面临不知如何回复的窘况，特别是遇到"有的地方没怎么听懂，但是老师已经发送了好几段语音，所以也不好意思再继续追问，想着自己再听一遍捋一捋可能就懂了"。教师在本科生科研活动中主要进行问题反馈式指导，这就生成了锦上添花型师生互动模式。

3. 形成师生互动结果

根据对师生互动过程的分析，锦上添花型师生互动模式中的师生共同在场互动机会少，互动持续时间短，互动内容围绕指导教师作为科研活动的主体对科研活动实施过程性监督，并通过积极的情感体验实现对学生在科研参与过程中的精神支持。师生对科研项目的共同聚焦主要体现在项目选题阶段和项目成果提交阶段，教师和本科生维持友好关系，情感能量稳步提升，在科研学习收获增加中形成群体身份感和道德感。具体来说，师生对参与科研活动保持积极的情感体验，但在聚焦科研选题时呈现出彼此独立的状态，学生在互动过程中充分发挥科研学习能动性，在科研收获生成的强效能感中进行自主性、探究式深度学习。教师投入情感能量并及时回应学生在学习过程中的疑惑，认为学生主要依靠个体努力培养科学思维、习得科研技能、提升研究能力。受访学生 S-17 在多个科研活动中，与不同教师进行互动，并对不同师生互动方式形成了客观理解。

> 我认为，学生发挥主观能动作用的师生互动，能增强学生的领导力与责任感，实现学生领导力、沟通力等社会性能力的获得。在以教师为主导的科研项目中的师生互动虽然让学生认为老师很负责任，但是在一定程度上增强了学生压力感、紧迫感，降低了学生能动性和创造力。

在案例院校，许多本科生建立起有别于中学阶段教育的科研学习观。例如，受访学生 S-29 认为大学阶段的学习不同于中学阶段应试教育下的学习，学生应当充分进行自主性学习。教师在科研活动的重要时间节点给予学生帮助和支持，学生大多时间凭借个体的努力和领悟推进科研学习，参与科研活动，提升科研能力。师生互动仪式在教师完成对本科生在科研活动中所有疑问的解答后宣告终止，本科生科研活动随着组织管理工作的完成而结束。

讨论锦上添花型师生互动模式是否有效，需要关注师生参与科研活动的目标是否达成。在本科生科研活动中，教师解答学生疑问，本科生获得学习收获，师生群体身份感增强，师生情感能量提升，呈现成功的互动仪式。当本科生在科研活动中遇到挫折时，教师在师生互动中激发学生的情感能量，促进学生提升抗压能力等社会性能力。师生在这种互动模式中的积极情感体验，有利于转化为本科生科研活动中师生之间新的际遇。进一步说，在对锦上添花型师生互动模式的过程性要素分析中发现，教师在科研活动中的角色为教育者和活动促进者，其与学生没有形成对科研项目的强聚焦，也未能针对科研项目本身投入知识经验，师生互动中生成的情感能量有限。

结合案例院校的历年本科生科研成效，锦上添花型师生互动模式的贡献更多体现在提升本科生科研参与度，对于提升本科生科研质量未能发挥显著作用。研究者发现，这种互动模式中的师生没有对本科生科研选题形成高度共同聚焦，即教师没有对选题的科学性、创新性以及可行性与本科生进行协商与论证，许多学生的自主选题呈现陈旧、重复或缺乏应用价值的缺点。此外，由于本科生科研能力有限，选题若不具有可行性，会导致无法有效推进科研项目，难以取得优秀的创新成果。案例院校的师生对本科生科研学习收获的期待，成为师生共同在场参与科研活动的情感基础。教师与本科生基于先验知识与科研参与目标成为科研活动的际遇者，呈现出师生的强情感体验状态，但"锦上添花"表明师生对项目聚焦程度表现为低聚焦状态。

（三）高聚焦-弱情感的就事论事型

1. 启动师生互动仪式

随着教师身份认同感的提升，服务教师发展的教学观逐步形成。近年来，在教育部门关于本科生导师制、本科生早进实验室等措施的推动下，地方高校师生在科研活动中的互动机会逐渐增加。在案例院校，越来越多的本科生和教师有机会、有意愿、有条件进入本科生科研活动的学习情境中，这为师生互动创造了际遇。受访教师 T-14 是一位拥有博士学位的青年教师，入校后成为所在学院的学科竞赛负责人。

> 我入职时刚好是 4 月，是 A 类学科竞赛启动的时候。学院领导想找老师专门负责这项工作，于是就安排给当时还没有太多教学任务的我了。我那时候对这项比赛还不了解，也没什么经验。但这是我的工作，我必须做好。

在案例院校，"一院一赛"学科竞赛机制的实施促使许多专业教师成为学科竞赛负责人。受访教师 T-14 在访谈过程中提到所在学院对"一院一赛"成果的期待，"我的领导和我说，学校过去几年在这项学科竞赛中的成绩不是很好。言外之意，我面对这项工作需要足够努力、有所突破"。出于对参与科研活动目标的感知，教师的能动性迅速提升，并成为主导科研活动的主体，对有意愿参加学科竞赛的学生设置准入门槛，对入选参与竞赛的学生进行科研训练，师生互动模式不再是完成任务型和锦上添花型。在这种情况下，师生关系的建立与维持依赖科研活动中的"自然筛选"。在案例院校"一院一赛"学科竞赛机制的运行中，"我们学院将参与 B 类学科竞赛作为本科生培养方案中的必需环节，参与竞赛与其他选修课程对学生的价值相同"（受访教师 T-06）。有的教师招募其所在实验室可容纳的最大数量本科生，限制学生专业，不设置科研准入门槛，制定完备的本科生科研训练体系，通过教师一对多教学过程，本科生习得科研技能。在就事论事型师生互动模式中，师生角色表现为活动促进者与活动参与者，教学过程围绕"如何更好地参与学科竞赛"展开，即师生形成了对项目的共同聚焦，但没有形成共享的情感体验。师生互动目标是通过提升学生科研能力，提升案例院校参与学科竞赛的成效。

> 我们见过无数学生，最初基本上是专业水平最差的学生，但是经过两年甚至三年的认真学习，他们最后的成绩非常好，毕业出路也非常广。所以筛选学科竞赛参与者的过程很简单，我只要持续坚持训练那些能坚持下来的学生。

在教育实践中，就事论事型师生互动模式的师生关系不同程度地表现为"对抗-顺从"取向或"友好-顺从"取向。"友好-顺从"取向的师生关系在自然筛选功能中建立，学生对以教师为主导的科研活动表现出一定程度的配合与忠诚。"对抗-顺从"取向的师生关系呈现"隐抑式和谐"的"虚性和谐"状态①，师生在互动中控制在科研活动中产生的负面情感体验，维持师生互动关系的表面和谐，确保本科生科研的有序推进。有教师认为，许多学生在科研活动中的能动性随着科研学习的难度变化而变化，他们无法与教师实现对项目的共同聚焦，但对科研目标的追求又使他们不想终止科研参与过程。受访教师 T-14 表示曾在师生互动过程中遭遇学生对抗，他认为有一些学生的认知观念很难转变，学生根深蒂固地认为自己的想法是正确的，这对于许多教师而言是非常棘手的教学问题。

在就事论事型师生互动模式中，师生互动仪式的启动、推进和完成高度依赖师生对科研项目的共同聚焦程度。本科生科研项目的选题来源主要为完全教师选题或教师指导选题，教师在互动中处于主导地

---

① 黄囃莉：《华人人际和谐与冲突——本土化的理论与研究》，重庆大学出版社，2007，第 9 页。

位，负责推动实现师生共同在场，并在一对多的科研技能教学中发挥本科生科研的自然筛选功能。例如，受访教师 T-09 组建科研学习读书会，为学生布置经典文献阅读、翻译以及综述等学习任务，但他发现许多目标管理能力强的学生在同一时间参与多项校园活动，没有分配更多时间用于文献阅读。久而久之，未能跟进科研学习的学生就减少或放弃参加读书会，而在读书会中始终保持共同在场的师生实现了对科研项目的共同聚焦。因此，就事论事型师生互动模式注重科研活动的过程管理和目标实现，倾向于呈现工具理性，这时常导致师生无法在互动中生成积极的情感体验。

2. 推进师生互动过程

与以学生为主导的师生互动形式不同，教师发挥能动性创设了有利于师生互动的环境和条件。教师向学校、院系争取资源，确保固定周期内高频次、长时间以及固定场所的师生互动机会，每一次互动围绕共同聚焦的科研项目展开。受访教师 T-06 在访谈过程中非常自豪地介绍："我们的科研训练集中在课外时间，一周三次，暑假七周，寒假三周，当小家伙们（学生）愿意努力的时候，你就会更有激情。"在共同聚焦的科研项目中，师生互动内容受到教师的知识经验、对本科生科研的认知观念以及采取的教学方法影响，如理工科专业教师与本科生的互动始终发生在实验室，人文社科类专业教师与本科生的互动场所包含会议室、研讨室，以及校外社会调研场所。受访学生 S-29 在访谈中介绍了与教师互动的时间、地点和频次。

> 我们学院有一个会议室会无条件提供给我们讨论科研项目时使用。讨论的时间基本在晚上和周末，具体安排由老师确定后在科研团队群里通知，我们团队成员一般来说不会无故缺席，即使在这个时间有其他事情安排，也会尽量取消，确保可以和老师进行科研讨论。

　　许多师生在科研活动中形成了强烈的身份权能感。师生互动内容包含了科研项目所需的全部流程与细节，大到选题方向，小到语句措辞、标点符号，师生在互动中提升了对完成科研项目的忠诚度。受访教师 T-11 在访谈中提到与学生曾经有过不成文的互动约定，对科研项目保持长远的目标期待，并且做到全身心投入。随着科研项目进度的推进，师生在共同聚焦的科研项目中展现出不同的知识经验，表征为师生对科研项目持有不同观点和态度。为了提升科研活动质量，师生认同"就事论事"行动策略，针对项目选题与内容在不同方面进行讨论，讨论结果是否有效不影响启动新的师生互动仪式，这表明师生在科研活动中的积极或消极情感体验并未对科研项目的强聚焦程度产生影响。

　　在科研活动中缺乏情感共享的师生与其他群体"共享"与教师的互动情感体验。例如，教师通过抱怨等方式抒发对学生在互动中不配合的不满，"我们的学生差异比较大，有的学生可塑性不强，你说什么他们都不听"（受访教师 T-02）。尽管与学生无法建立"友好-合作"取向的师生关系，但教师仍然会在师生互动过程中表现出实现科研目标的决心和态度。本科生在科研活动中产生学习无力感时也会向与其关系亲密的老师和同学"吐槽"，他们认为有的教师过度自信，对学生的知识经验、科研理解以及学习想法总是持怀疑和否定态度。受访学生 S-29 在访谈过程中多次表达了与教师在互动过程中无法达成共识的痛苦。

　　　　他觉得我们的设计特别难看，但我们觉得还好。我们请教其他老师，其建议我们修改和突出模块内容，但他说不要随意听信，其他老师说的不对。他一直让我们把这张图画得特别大，流程做得特别突出，但是我们认为这些实在没必要。

当然，在就事论事型师生互动模式中，科研活动更多时候表现出工具性价值，服务于师生参与科研活动的不同内在动机。例如，受访学生 S-32 曾说："我总结了过去想保研的学生成功和不成功的原因分别是什么。经过梳理发现，想要保研成功就必须参加学科竞赛、申报课题、发表论文。于是，今年上半年只要我能参加的（竞赛/项目），我都去报名参加了，加起来有 20 多项。"在前文论述中，案例院校每年拥有一定的推免名额，但由于名额较少，本科生需要付出更多的努力才有机会获得推免资格。而作为研究生教育的准备期，许多本科生将参与科研活动以及积累科研成果的过程作为获得推免资格的必要条件，以及研究生教育阶段所需科研技能和研究能力的提升过程。

3. 形成师生互动结果

根据对师生互动过程的分析，就事论事型师生互动模式持续时间长，师生共同在场互动机会多，互动内容主要是教师和本科生同时成为科研活动的主体对科研项目形成共同聚焦，师生互动贯穿项目推进的所有阶段。师生之间未能形成亲密关系，但形成了师生群体身份感和道德感，本科生在科研活动中的情感能量提升与否取决于科研学习收获多少。受访学生 S-16 拥有丰富的科研活动经历，她曾参加过多个学科性学院组织的科研活动，对不同专业教师的指导风格、互动过程产生了不同认知。

在和我们专业的教师见面前，我们会提前整理好课题和大致思路，以保证与教师沟通的高效，进而得到教师对我们项目的肯定，促使他有意愿指导我们参与科研活动。我还参加过别的学院的科研活动，总体感觉他们专业的学生与教师的沟通更频繁。我想其中可能有专业原因，他们专业平时在课堂上更加注重"引导"学生思维，教师会提供非常多的小组作业和课堂展示机会，但我们专业这种参与课堂教学的机会几乎为零。

可以看出，就事论事型师生互动模式更加关注问题的解决而非生成积极的情感体验。这种互动模式在一定范围内限制了科研项目的推进和转化，因此其很难转化为新的互动际遇，无法实现持续的师生互动。具体来说，这种师生互动模式拓展了师生在科研活动中的参与深度，有利于提升本科生科研质量。但有的教师过度关注科研活动的目标导向，导致出现两种不利于提升师生情感能量的互动结果。一是教师奉行利他主义，不惜投入大量时间和精力，帮助学生完成本该由其自主完成的科研任务，因而本科生科研能力未实现真正提升。二是有的教师忽略了学生在科研活动中的能动性，过度坚持已有教学观念，当师生互动过程表现出"冲突"倾向时，协商无效的互动结果导致关系破裂，师生互动被迫终止。

就事论事型师生互动模式的有效性，取决于学生在科研活动中对教师教学过程的配合度和忠诚度。教师与本科生出于对科研项目高度的共同聚焦，在互动过程中投入已有知识经验，配合度和忠诚度高的"友好–顺从"取向的师生关系生成了有效的师生互动，师生的情感能量在科研活动目标实现中得到提升。配合度和忠诚度低的"对抗–顺从"取向的师生关系也可以生成有效互动，即师生在强聚焦的科研项目中实现预期科研目标，情感能量得到提升。受访教师 T-10 认为，"我觉得学生还是应该与我们建立长期合作关系，教师在科研活动开始时选好学生，形成属于自己的科研团队文化"。与锦上添花型师生互动模式一样，就事论事型师生互动模式体现了案例院校师生对本科生科研学习收获的共同期待，师生在互动仪式市场成为际遇者的前提是形成共同聚焦的科研项目，有意愿为此投入知识经验，其项目聚焦程度和情感共享程度处于高聚焦和弱情感体验状态。

（四）高聚焦–强情感的共创发现型

1. 启动师生互动仪式

在就事论事型师生互动模式中，科研活动中的自然淘汰筛选功能实现了互动仪式市场中师生际遇的形成，这些本科生被受访教师描述为"持续有意愿参与科研活动的学生"。教师与本科生以"友好－合作"取向建立彼此信任与相互理解的师生关系，针对研究领域确定共同聚焦的科研项目，对于互动时间、互动内容和互动频次拥有共同的知识经验基础，可实现高度持续共享的情感体验。在访谈过程中，受访学生 S-10 和受访教师 T-09 的访谈信息表达了本科生和教师对这种互动模式的理解。

> 我们持续与课题组的研究生、科技导师保持友好沟通，向研究生学习如何推进科研项目，在科研学习中不断理解科技导师的科研风格，这对我们科研能力的提升以及与科技导师的相处都非常有价值。（受访学生 S-10）
>
> 我们学校的本科生生源非常好，我打算在每一届本科生中选几个学生进行培养，待我的科研团队规模达到 8~9 人，就基本组建了一个学术团队。（受访教师 T-09）

在共创发现型师生互动模式中，教师对学生参与科研活动的目的表示充分理解。当高年级本科生向教师推荐低年级本科生加入课题组时，教师充分相信他们，将其参加科研活动的内在动机转化为积极的外在行动，认为本科生在科研活动中发挥能动性有助于使其学业目标清晰化。师生关系的建立同样依赖自然淘汰筛选功能。例如，受访教师 T-12 认为：

> 大部分本科生参与科研项目的目的是想早点锻炼自己，同时也出点成果，包括发表论文和参加竞赛，这两方面就是他们的目标。从大一进入实验室，在跟进项目中锻炼到了大二、大三，他们中有的人就会开始比较清晰地知道自己要读研，他们就会更加

努力去学习自己的专业课程。

本科生参与科研活动对教师发展的影响比对自身的影响更加多元和复杂，体现在教师教育者身份认同感提升、科研项目推进以及本科生科研质量提升等方面。然而，受访教师 T-12 认为本科生很难对教师的科研项目产生学术贡献，而在科研活动中与本科生建立友好的师生关系才是师生互动的核心目标。

> 我觉得在科研活动中最大的收获存在于学生与教师之间。也就是说，教师在指导本科生参与科研活动过程中学会如何与学生相处、如何教育培养学生。此外，参与指导本科生科研对我的心智成熟也有较大帮助。平时上课也好，当班主任也好，跟学生接触的时间都不如这个（带学生做科研项目）多，从不知道怎么带学生到慢慢知道如何鼓励学生、帮助学生在遇到挫折时做好应对，可以说，整个科研参与过程也是教师自我成长的过程。

2. 推进师生互动过程

在共创发现型师生互动模式中，师生关系亲密，互动频率高，互动内容包含了对共同聚焦项目的推进以及师生友好关系的维持。亲密度高的师生，互动频率高，亲密度受到教师性别、专业、年龄等因素影响。有的学生认为，青年教师相比资深教师与本科生的互动频率更高。也有教师提出与相同性别本科生更容易维持良好的师生关系，有的教师认为指导异性学生需要注意更多沟通细节。除了注意人口学特征对师生关系的影响外，师生也在经常性的对话交流中维持友好关系。受访学生 S-21 说："我们老师特别热心，和我们在一起吃饭，还会聊其他方面的'八卦'，当然聊'八卦'不是重点，这对我们与教师关系的建立和融洽相处是有很大帮助的。"

教师持续投入知识经验指导学生，花费大量时间和精力与学生互动，关心学生在科研活动中的情感体验。受访教师 T-01 是一位具有理工科专业背景的教师，但他入职案例院校后在以人文社科类专业为主的学院工作，学院男女生比为 3：7。在科研活动中，他认为本科生对校园生活的感受会影响科研参与质量。

> 既然学生在跟我做项目，我理所应当关心他们的所有事情。比如有没有在学校里谈恋爱，跟家里关系怎么样，甚至帮助他们规划升学和就业。另外，我会特别关心经济比较困难的学生，让他通过做我的科研助理的方式勤工助学。

受访教师 T-09 和 T-01 拥有相似的师生互动观，在接受访谈时表示正在花费精力帮助三名学生修改完善他们的推免推荐信。在共创发现型师生互动模式中，师生真诚地投入知识经验和情感能量，实现高项目聚焦程度与强情感共享状态。师生互动内容涉及多个方面，包含本科生如何确定科研项目选题、撰写创新创业训练计划项目申报书、制定和实施调研或实验方案、撰写调研或实验报告、参加学科竞赛、写作和发表科研论文、申请和授权专利，主要通过对话协商的方式进行，师生在对话协商中实现了互动仪式有节奏连带的反馈和强化。

为了提升师生互动的有效性，有的教师自主构建本科生科研训练体系。针对促进本科生科研选题的创新思维训练，教师与本科生主要在文献学习与综述后通过开展读书会完成；针对科研项目的推进，教师针对研究方案的制定与实施以及研究方法等与本科生进行互动；针对科研成果的生成，师生在对话协商中选择参与不同类型的科研活动，提升本科生科研质量。在共创发现型师生互动模式中，首先进行文献综述是师生互动中达成的科研学习共识，通过自主性、探究式深度学习和开展研究小组分享活动实现，许多学生与教师每周开展一次线下面对面汇报。有的教师时常邀请其他课题组的优秀学生参加读书会，拥有不同科研活动参与经验的学生在创新思维的火花碰撞中实现互相影响和互相促进。在本科生科研能力习得过程中，不同教师结合本科生知识经验基础采取不同的教学策略。例如，受访教师 T-06 注重研究方法的启发式教学。

> 我让进入实验室学习的每名学生都针对某一个主题学习一种研究方法。在其学好方法后就面向实验室演示与介绍，把学到的科研知识进行充分共享。本科生在组会中讲出的东西一定是对自己所学知识的充分巩固和复习，只有把所学知识讲出来、讲清楚，才能有效使学生的学习成效更加牢固。

与理工科背景的教师不同，人文社科类专业的受访教师 T-04 经常开展社会调查，他倾向于鼓励学生在社会调研中对研究方法学以致用，而不只是检验是否掌握研究方法。

> 大一的学生课程安排比较少，我经常带学生去校外做调研，让他们带着问题出校，回来后整理材料。学生跟着我调研的选题都是时效性比较强的项目，也是我们自己在做的研究。和学生一起去调研可以实现共赢，学生帮我整理了一些材料，他们也可以利用调研数据申报创新创业训练计划项目。

受访教师 T-04 和许多本科生在社会调研中建立专业实践共同体，并逐渐转化为"教师—高年级本科生—低年级本科生"的"传帮带"科研项目团队，团队成员的招募和日常管理以高年级本科生为主导，教师在选题方向、研究方法、研究方案实施等方面给予科研团队支持，并发挥"榜样"示范功能，帮助学生建立科学、正确的科研学习观念。因此，无论是教师还是学生，都能在共创发现型师生互动模式中获得身份认同感与互动效能感，也能提升师生科研参与的意义。他们将彼此确定在一种绝对信任的"友好-合作"关系状态，并对互动结果充满期待。

3. 形成师生互动结果

根据对互动仪式过程的分析，共创发现型师生互动模式持续时间长，师生共同在场互动机会多，师生对科研项目的共同聚焦和情感共享体现在项目推进全过程，师生之间保持友好信任的互动关系，稳步提升情感能量，形成师生科研团队的群体身份感和道德感。具体来说，本科生与教师在科研活动中逐渐形成"友好-合作"取向的师生互动关系，培养像教师一样的科研学习态度和习惯，不断习得和提升科研技能，科研活动成效表征为获批"国家、省、高校"三级创新创业训练计划项目，学科竞赛获奖，科研论文在核心学术期刊公开发表，申请专利获得授权。在共创发现型师生互动模式中，师生科研团队中的群体身份感逐渐形成，学生在与教师频繁的对话协商中实现创新思维养成、研究能力提升，并在持续的情感能量提升中将其转化为与教师持续互动的意愿。对于教师而言，随着师生互动效能感的提升，许多教师通过反思性实践与本科生建立专业实践共同体，致力于实现可持续的师生共同发展。受访学生 S-16 在与不同教师的科研互动中不断增加学习收获，这促使她对科研学习产生兴趣，有针对性地与教师进行充分互动，促进大学阶段的学业发展和学习成功。

> 每一位老师针对不同的竞赛具有不同的指导方式，有宏观上的思维逻辑把控，有专业针对性的数据分析模型构建，有实操硬核的代码运行，也有细节设计的报告撰写指导，每一位老

师的指导都让我的综合能力得到了提升，将自己的所学真正运用到实践中，同时也为我课程论文乃至毕业论文的撰写奠定了良好基础。

在共创发现型师生互动模式中，师生互动的有效性体现为在多大程度上提升师生对科研活动的认知、科研学习效能以及情感能量，科研目标的实现对师生互动转化为新的互动际遇产生了促进作用。在这种互动模式中，教师树立教学学术理念，探索科教融合，努力实现学校、教师与本科生共赢发展。在科研活动中探索构建本科生科研训练体系的受访教师 T-09 认为：

> 不能把学生科研项目和发表学术论文当成两件事。我希望实现同一个科研选题在教师指导下参加至少 1 项本科生科研活动，再通过师生合作完成至少 1 篇高质量的学术论文参加国内相关学术论坛。这样的话，学生可以在参与科研活动中受益，我也可以在指导本科生科研中受益。

受访教师 T-09 在访谈过程中提及自己曾多次带领本科生参加学术会议，投入许多精力、经费与时间用于增加学生科研学习收获。这位受访教师将自身科研发展与本科生科研学习充分进行融合，与本科生维持"友好-合作"取向的师生互动关系。教师在科研活动中投入强情感能量，在学生遇到学习困惑时"有求必应"，与学生共享学习和生活中的积极或消极情感体验，帮助学生树立科研学习信心，提升抗压能力，促进学生在科研活动中稳步提升情感能量。受访学生 S-21 在经历与多位教师的科研互动后，对科研活动中的不同教师给予不同评价，并在教师鼓励下将其中一位教师作为持续进行科研互动的科研团队成员。

我们老师在科研项目推进中很注重抠细节，在项目引言、文献综述，以及假设和理论分析部分，他都用一些关键词句告诉我应该写什么以及要怎么写。当我觉得我很难做好文献综述，他就告诉我要如何找到对标文献、怎么阅读英文文献以及怎么写文献综述。他给了我一套写论文的科研训练模式，这与写课题报告、参加学科竞赛不同。

本科生和教师在有效互动中逐渐形成科研团队的群体身份感，并随着师生科研团队的成立逐渐形成科研团队文化。从专业实践共同体到科研学习共同体，师生参与科研活动的成效以及本科生科研质量，成为师生获得科研参与意义感的重要来源。在师生互动过程中能否生成持续积极的情感体验，是师生能否从"友好-独立"取向、"友好-顺从"取向转变为"友好-合作"取向互动关系的重要驱动力。正如受访教师 T-01 所认为的：

教师与学生在科研互动过程中产生科研成效获得感与科研参与意义感，形成一种可以实现长期持续合作的师生关系。这就意味着，学生不是在这里（科研团队中）待两年就会离开（毕业）。其实，现在高校里很多教师与本科生也属于合作关系，毕竟只有合作的关系才能比较长久。

在共创发现型师生互动模式中，教师与本科生在科研活动中充满活力和想象力，有效的师生互动促进知识的创生。这种模式呈现为案例院校的许多师生将本科生科研活动看作对师生发展同时产生促进作用的深度教学策略与深度学习策略，是师生共同追求和持续探索实现的一种有效的师生互动模式。在本科生科研活动的互动仪式市场，教师和本科生快速成为科研活动际遇者，呈现师生对项目的高聚焦、强情感体验状态，该模式成为提升本科生科研质量的有效互动模式。

三　本科生科研中不同师生互动模式的变化和稳定性

（一）师生关系的变化

基于师生共同在场参与的前提条件，研究者结合共同的项目聚焦程度和情感共享程度两个维度对本科生科研中生成的四种师生互动模式进行了对照，发现师生在进入科研活动时会建立不同的师生关系，并在不同阶段表现为不同角色。"教育者-受教育者"的师生角色在互动中表现为"对抗-顺从""疏远-逃避"取向的师生关系，"活动促进者-活动参与者"的师生角色在互动中表现为"友好-独立""友好-顺从"取向的师生关系，"科研合作者-科研学习者"的师生角色在互动中表现为"友好-合作"取向的师生关系。在不同的师生互动模式中，师生关系变化决定了科研活动不同阶段的师生角色变化，间接影响师生互动模式的生成与转变。为了实现科研活动中的目标，本科生在师生互动中习得科研技能，完成选题确定、文献综述，确定研究方法，制定与实施研究方案，形成研究成果。

在推进项目过程中，师生互动有效性具体体现在本科生科研技能的习得、研究能力的提升以及所必需的沟通交流、团队协作等社会性能力的养成和提升。案例院校本科生科研管理机构尚未针对师生互动过程制定有效的评价体系，但针对本科生科研质量的量化评价指标对师生互动有效性的评价会产生影响，短期体现为"国家、省、高校"三级创新创业训练计划项目获批立项、学科竞赛获得省级或国家级奖项、科研论文被核心期刊收录发表、申请专利获得授权。长期体现为本科生研究能力提升，获得研究生教育阶段录取名额；就业竞争力提升，获得多元就业机会，促进学生成功。在本科生科研活动中，不同师生互动模式的生成，体现了服务于不同目标的师生互动内在动力。

结合前文所述，表现为"疏远－逃避"取向的师生在对"教育者－受教育者"角色的感知中转化为"对抗－顺从"取向的师生互动关系，以减少师生互动仪式中的意外出离，提升师生互动有效性。"友好－独立"取向的师生在对"活动促进者－活动参与者"角色的感知中转化为"友好－顺从"取向的师生互动关系，提升本科生科研质量。此外，当师生互动的内容受到学校政策和激励措施的奖励效应影响时，师生互动关系中的冲突性情感转化为积极的情感体验，师生关系转化为"友好－独立"取向，师生角色实现了从"教育者－受教育者"向"活动促进者－活动参与者"的转变，本科生科研活动的目标由完成任务转变为在活动中实现成绩突破。

在本章中，研究者进一步发现本科生科研活动中存在一种"友好－合作"取向的师生关系，即师生理解和接纳际遇者的先验知识经验，以对话协商等言语行动为主要互动形式，呈现出以实现师生共同发展为目的的内在动机。师生积极创设共同在场参与科研活动的互动机会，将共同聚焦的科研项目和积极的情感体验作为促进师生知识经验投入的重要动力，以提升情感能量为驱动力，在协商机制中的对话式实践行动中，实现师生共同发展。这种取向的师生关系形成了"科研合作者－科研学习者"的师生角色，教师在帮助学生增加科研学习收获的同时，降低师生个体对科研活动过程的控制力，将本科生科研融入教师科研发展，在师生对话中实现互相促进和互相影响的作用。因此，探索发展"友好－合作"取向的师生关系，对提升本科生科研中的师生互动有效性具有强解释力。

受访学生 S-03、S-16 和 S-21 在访谈中提到与教师互动的多次科研经历，坦言富有挑战性的科研活动目标、聚焦共同项目以及生成积极情感体验是他们持续与教师互动的主要原因，并根据教师情感能量和知识经验投入情况生成不同的师生互动模式。例如，受访学生 S-03 重视与教师维持友好关系，面对在科研活动中情感能量投入少的教师，他感知师生角色表现为"教育者-受教育者"，师生关系在科研项目推进过程中逐渐疏远，在完成任务时结束互动；而对于情感共享程度高、及时反馈的教师，他与教师维持持续互动关系，呈现"友好-独立"取向的师生关系，师生角色表现为"活动促进者-活动参与者"。受访学生 S-16 和 S-21 追求实现学业目标，与研究能力强、科研成果丰富的教师建立互动关系，表现出"友好-顺从"取向的师生关系，师生角色为"活动促进者-活动参与者"。当表现出"友好-顺从"取向的师生在互动过程中共享积极的情感体验、促进情感能量提升时，师生转向建立"友好-合作"取向的师生关系，持续提升科研活动参与意愿，在协商中形成相同的科研志趣并付诸行动。

（二）师生角色的变化

不同取向的师生关系影响本科生科研活动中师生角色的变化，也意味着师生互动模式发生转变。在分析访谈资料过程中，研究者对受访者的话语分析初步验证了不同师生互动模式中师生角色在科研活动的不同阶段发生变化，详见表3-2。

表3-2　不同师生互动模式中师生角色变化

互动模式	教育者-受教育者	活动促进者-活动参与者	科研合作者-科研学习者
完成任务型	S-03、T-10、T-01	S-28、T-09、T-02、S-29	—
锦上添花型	T-02、S-17、T-14	S-01、S-05、S-16、S-20、T-13	—
就事论事型	S-36、S-25、T-09、S-21	S-09、T-10、T-01 S-16、T-06、T-02	—
共创发现型	T-06、T-10	T-01、S-16 T-04、T-05、T-07	S-21、S-24 T-08、T-09

研究发现，受访师生在同一种师生互动模式的不同阶段表现为不同的师生角色，同一种师生角色又时常出现在不同的师生互动模式

中，同一种师生互动模式中的不同师生角色进一步验证了师生关系和师生角色的变化性。例如，上述四种师生互动模式中都包含"教育者-受教育者"和"活动促进者-活动参与者"师生角色，这是由本科生科研教育性、指导性的本质特征决定的。[①] 只有师生形成共同的项目聚焦和情感共享，参与科研活动的目标由完成任务转变为增加科研学习收获、教学学术以及促进科教融合，师生角色才会转变为"科研合作者-科研学习者"。因此，共创发现型师生互动模式在科研活动中是一种高阶的师生互动模式。

受访教师 T-09 在访谈中反复提到，初次指导学生参与科研活动受到了沟通媒介的影响，在学院"行政管控"管理模式的推动下"拿"出其科研项目的子课题作为学生参与科研活动的项目选题，即学生在完全教师选题的推进下，完成调研报告或科研论文，并申报参加学科竞赛。然而，本科生科研项目推进进度与教师对科研活动的认知在很多时候的表现并不一致。很多时候，本科生对科研选题的认知对教师科研项目的推进无法产生意义。受访教师 T-09 在其指导经历中并未对本科生参与科研项目的可行性进行评估，表现为教师（活动促进者）指导本科生（活动参与者）参加科研活动，本科生以参加科研活动获得科研成绩为目标。因此，教师和本科生的互动过程中主要生成完成任务型师生互动模式。尽管师生之间拥有明确的项目选题，没有形成共同的项目聚焦，但教师在互动仪式中发挥对科研活动的控制力，给学生制定科研学习任务，由学生"被动"参与和完成科研学习任务，师生未能共享在科研活动中积极或消极的情感体验。

在完成任务型师生互动模式中，当科研活动的结果符合或超出科

---

① 李正、林凤：《论本科生科研的若干理论问题》，《清华大学教育研究》2009 年第 4 期，第 113 页。

研预期，师生情感能量获得提升，并在师生的反思性实践中生成持续互动的内在动力，进而转化成锦上添花型或就事论事型师生互动模式。在锦上添花型师生互动模式中，完全教师选题转变为教师指导选题，学生在科研活动中的主体地位得到提升，师生关系表现为"友好-独立"取向，以教师为主导的科研活动转化为以学生为主体的主体间性状态。在就事论事型师生互动模式中，受访教师 T-09 结合教学科研发展，重视和指导本科生习得科研技能，提升本科生研究能力，学生和教师形成"友好-顺从"取向的师生关系，并表现为在教师科研任务"支配"下无条件"顺从"学习，增加科研学习收获。对于教师而言，教学和科研具有同等重要的地位。受访教师 T-09 在指导本科生科研的反思性实践中，与在科研活动中获得优异成绩的本科生保持持续互动，形成师生科研团队的群体身份感和归属感，"活动促进者-活动参与者"角色转变为"科研合作者-科研学习者"角色。作为科研学习者的本科生，树立科研学习目标，像教师一样工作，提升科研能力。作为科研合作者的教师，维持与本科生在科研活动中的友好关系，合作产出和发表高质量科研论文，增加本科生科研学习收获，促进教师教学科研发展。在"科研合作者-科研学习者"师生角色的内在驱动下，师生在科研活动中实现知识的螺旋式创生，在共创共赢中实现互相促进与共同发展。

然而，师生关系取向的变化总是影响师生角色的变化，本章无法证实"友好-合作"取向的师生关系必然生成共创发现型师生互动模式。案例院校的具体教育实践也显示，在科研活动中表现为"科研合作者-科研学习者"角色的教师与本科生数量少之甚少，也呈现出案例院校推动提升本科生科研参与度的运行机制没有指向"提升科学意识""培养科学家"的目标。受访教师 T-09 是一位入职刚满 2 年的有博士学位的青年教师，他在访谈过程中提及自己的时间非常充足、精力非常旺盛，对自身教学和科研发展有清晰的规划和长远目标，相比其他资深教师，本校本硕博培养的学习经历让其更容易与本科生建立友好的师生关系，而由年龄差距造成的沟通障碍在此忽略不计。此外，受访教师 T-01、T-06 和 T-14 也是拥有博士学位的青年教师，入职超过 2 年，年龄在 35 岁左右，学术职称为讲师或副研究员，对生成共创发现型师生互动模式保持期待和充满信心，并为此付诸行动。研究者还发现，受访教师 T-01 曾经与学生在互动过程中产生冲突性情感并为此进行了深刻省思，他认为师生互动之所以低效，是因为教师的情感能量和知识经验投入存在极大问题，认为将"以学生为主体"融入"以教师为主导"的教学理念，师生在平等对话中完成对科研项目推进的协商和促进，共享情感体验，提升情感能量，有助于生成共创发现型师生互动模式。

（三）不同师生互动模式在一定时期的稳定性

本科生科研中的四种不同师生互动模式之间没有绝对的界限。本章在对不同师生互动模式的阐述中，为了尽可能实现对师生互动过程的详细描述，从某种意义上放大了一些看似无效的师生互动过程，但这并不是说不同的师生互动模式之间有好坏和高低之分，每种互动模式都有其存在于本科生科研不同阶段的价值。在不同的师生互动模式中，师生互动存在不同程度的有效、中效与无效结果。不同师生互动模式在师生互动的不同阶段都有其存在的特定价值，尤其是当教师与本科生面对失败的互动仪式时，其可促使师生主体进行反思性实践，调整科研教学与科研学习策略。此外，随着师生对项目的聚焦程度、情感能量的变化，新的师生角色形成，师生互动模式也发生变化。

受访教师 T-09 和本科生在完成任务型互动模式中，经历了师生角色从"教育者-受教育者"向"活动促进者-活动参与者"的阶段性变化，师生关系逐步转变为"友好-合作"取向，生成共创发现型师生互动模式。结合教育实践的研究发现，共创发现型师生互动模式是有利于实施教学学术理念、促进科教融合、实现师生共同发展的高阶互动模式。相比资深教师，拥有博士学位的青年教师更容易与本科生在科研活动中生成共创发现型师生互动模式，实现互相促进。

在案例院校本科生科研的若干实施措施中，明确以本科生为主体，开展有助于学生发展的科研活动。本科生的能动性在师生互动形成的情感体验中得到体现，并在一定程度上影响教师情感能量和知识经验的投入。案例院校科研活动的高参与度在表面上表现出本科生参与科研活动的热情和能动性，持续营造积极的科研活动氛围。高参与度在一定程度上提升了科研活动成效和本科生学习效能，持续吸引本科生参与科研活动。然而，本科生科研在本质上是师生互动探究的教学过程。教师作为在科研活动中科研知识经验的主要持有者，与本科生具有天然的地位差异，能否与学生形成共同的项目聚焦、在情感共享中能否提升科研知识经验的投入度，直接影响本科生科研质量。因此，师生逐渐形成对本科生科研的正确认知，建构有效师生互动的过程性要素和目标性要素，促使师生对项目的聚焦程度和情感共享程度在一定时期内表现出稳定性，即教师与本科生基于科研活动目标在稳定的师生互动模式中启动、推进和完成互动仪式。只有师生互动的目标、角色和情感体验发生变化，师生互动模式才会发生变化。

第三节　本科生科研中不同师生互动模式的有效性

一　学生发展维度

（一）科研活动参与

阿斯汀在学生参与理论中指出，高校学生必须通过融入院校环境的方式学习（student learn by becoming involved），具体表现在他们将大量精力用于学习，并花费大量时间在校园参与学生组织活动，或与教师及其他学生进行频繁互动。① 国内外学者在学生发展维度对本科生科研进行了丰富研究，证实了本科生科研对培养科学思维和创新意识、习得科研技能、提升研究能力和社会性能力，进而提升研究生教育意愿、降低辍学率、促进学生成功具有重要意义。因此，许多高校将参与科研活动视为一项有影响力的教育实践活动。

初入大学的本科生对校园生活充满好奇和学业期待，通过感受校园科研文化氛围和高年级本科生的经验分享，对科研活动产生了初步认知。在地方高校，本科生科研运行机制和本科生自主性、探究式的深度学习以及教师亲身在场指导科研活动构成了本科生科研的主客体要素。推行本科生科研的实施措施是"条件"情境，教师指导是"手段"情境。对于案例院校的本科生而言，前者不可变，后者可变。在科研活动的情境中，本科生同时表现出指向科研目标的"自我表现取向"和"掌握目标取向"②，而"求助作为一种可以提高适应力的认知策略"③，向教师发出"请教""咨询"等求助信号，是本科生在科研活动中遇到学习困惑时的行动策略。教师作为教育者、活动促进者，在科研活动中解惑、共享情感体验、投入知识经验、帮助学生实现"掌握目标取向"。例如，受访学生 S-04 在访谈中介绍了自己与教师建立关系的方式。

我们一般情况下会寻找与专业方向相关并且感兴趣的导师。我是经由学姐介绍加了老师微信，起初只是与老师进行线上沟

---

① 鲍威：《未完成的转型：高等教育影响力与学生发展》，教育科学出版社，2014，第 138 页。

② 〔新西兰〕约翰·哈蒂、〔澳〕格雷戈里·C.R. 耶茨：《可见的学习与学习科学》，彭正梅、邓莉、伍绍杨等译，教育科学出版社，2018，第 30 页。

③ 〔新西兰〕约翰·哈蒂、〔澳〕格雷戈里·C.R. 耶茨：《可见的学习与学习科学》，彭正梅、邓莉、伍绍杨等译，教育科学出版社，2018，第 30 页。

通。沟通之前，我进行了自我介绍，向老师呈现了自己的优点，在获得老师进一步沟通同意后才有机会在线下与老师交流我的选题想法。

在完成任务型师生互动模式中，科研活动的学习情境创设由中间媒介发挥能动性，激发师生参与的内在动力，师生启动互动仪式的情境呈现以教师为主导或以学生为主导的主体间性状态，科研项目选题来源多为完全教师选题。在锦上添花型师生互动模式中，本科生在科研活动中投入强情感能量，整合可利用的资源，求助教师创设科研活动的学习情境，师生启动互动仪式的情境呈现以学生为主导的主体间性状态，科研项目选题来源多为学生自主选题或教师指导选题。在就事论事型师生互动模式中，师生启动互动仪式的情境呈现以教师为主导或以学生为主导的主体间性状态，科研项目选题来源包含完全教师选题、教师指导选题和学生自主选题。在共创发现型师生互动模式中，师生启动互动仪式的情境呈现师生互相影响、互相作用的主体间性状态，科研项目选题主要是"以学生为主体、以教师为主导"理念下的教师指导选题。

科研项目选题的来源主要由师生对本科生科研活动的认知决定。在案例院校的教育实践中，"掌握目标取向"是本科生科研学习效能提升的内在驱动力，是本科生"求助"策略的目标。为了提升师生互动有效性，学生的"自我表现取向"在互动仪式启动后需要尽可能保持在较低状态。然而，有的学生未能认识到在科研活动中"掌握目标取向"的重要性，呈现过度"自我表现取向"，师生关系疏远，教师在科研活动中的身份权能感缺失，导致师生互动内容空洞，无法给予本科生真实有效的智力支持，影响师生互动有效性。

（二）科研技能习得

大多数低年级本科生有清晰的自我认知，即与高年级本科生在科

研活动中的"较量"必然容易失败，事实也确实如此。受访学生
S-30在访谈中提及自己申报省级创新创业训练计划项目的经历，"我
和队友花了好多精力申报创新项目，连学院都没出去（评审没通
过），更别说参加学校层面的立项了"。在前文论述中，尽管师生关
系具有变化性，但本科生科研学习能力具有可塑性。有的教师在与学
生互动中表现出积极的情感体验，但对科研项目并未形成高度共同聚
焦，与学生进行面对面互动的机会不多，对本科生科研项目的推进表
现出"放任"的教学态度，由学生在自主性、探究式学习中推进科
研活动进度。锦上添花型师生互动模式是一种"放任"的本科生自
主性、探究式的深度学习过程。教师与本科生对于科研活动的参与目
标认知在于提升本科生科研技能，师生互动围绕本科生科研参与者所
需的科研技能的习得而展开。

> 老师那时候还在国外，她让我去联系在实验室的一个研究生
> 学姐。那是一个星期天，第一次进实验室看到学姐在做一个粒径
> 分布测试实验，我跟着学姐大概看了一下实验的过程，觉得好有
> 趣，当时心里感觉好像实验还挺好玩的。我联系老师说我想参加
> 这个学科竞赛，老师给了我一个大概的实施方案，让我跟着实验
> 室的学姐一起做实验，不过最后很可惜没获奖，创新项目申报也
> 失败了。

教师在科研活动中"放任"的教学态度，触发了本科生参与科
研活动的自然淘汰筛选机制。有的本科生经历过一次科研活动失败，
就会终止并不再与教师进行互动，也不再参与科研活动。但也有本科
生对失败的科研经历进行了反思性实践，将失败归因于应对科研活动
的科研技能缺失、科研经验不足、科研投入不够等，这种反思性认知
促使学生吸收经验，持续参与科研活动，在自主性的科研学习中不断

提升自身的科研学习能力。在上文论述中，受访学生 S-39 认为科研活动失败并不是因为教师此时此刻不在国内，没有进行现场教学，而是因为学习时间短，作为低年级本科生还没有掌握足够的科研技能。

> 我想毕竟是第一次参加这种科技竞赛，科研参与经验不足，加上我当时还有 2 个社团工作在忙，投入的精力和时间也受到影响。虽然几次都失败了，但是感觉挺不甘心的，还想再试试。记得 S 竞赛那次，当时我们团队有 5 名核心成员，5 个人都挺不甘心的。因为前一年文本已经交上去了，只是没入围决赛，大家就说希望能够完善后再参加一次。

研究者在案例院校的参与式观察中发现，受访学生 S-39 对科研活动"不轻易言败"的信念在案例院校本科生中并不多见，多数本科生在失败的科研经历中出现"这种活动不适合我""付出与回报不成正比""太浪费时间"的个体感知，转向聚焦能获得积极情感体验的其他教育实践活动。仅有极少数诸如受访学生 S-39 一样对参与科研活动形成理性认知的本科生持续表现出"掌握目标取向"，将失败的科研活动经历作为反思性实践的来源，认定只有持续参与科研活动、积累科研经验，才能实现科研技能的提升，促进学业成功。因此，保持"掌握目标取向"的学习态度，成为案例院校的本科生持续"报项目""打比赛"的主要原因。

（三）科研合作实现

案例院校的本科生申报"国家、省、高校"三级创新创业训练计划项目、参加学科竞赛、发表科研论文等，都需要习得一定的科研技能。许多本科生主要通过加入实验室、课题组给教师和研究生"打下手"的方式习得基础的科研技能。但受访学生 S-02 提到，教师起初只是让他们围绕自己感兴趣的主题分散地阅读文献，并没有安排本科生参与教师课题研究。受访学生普遍认为，文献综述是参与科研活动过程中最为困难的一项内容，却是教师认为确定选题最重要的内容。为此，教师采取差异化的本科生科研教学方法，受访教师 T-03 要求学生至少利用半个月的时间阅读文献，受访教师 T-08 要求学生至少完成 1 篇英文文献的深度学习。为了提升科研学习效能，低年级本科生效仿或加入高年级本科生科研实践共同体，向高年级本科生咨询文献综述方法。在共创发现型师生互动模式中，受访教师 T-09 要求"进入课题组的本科生都必须在读书会进行文献综述汇报"。本科生经过文献综述汇报，将科研学习成果与课题组成员实现共享交流，结合教师的指导意见加深对文献及相关主题的理解，不断培养科学思维和创新意识。

研究者通过参与式观察关注案例院校高年级本科生的表现，了解高年级本科生在科研活动中与教师的情感共享程度。高年级本科生，尤其是大三学生中担任新生班助①的本科生，在新生入学始业教育课程中面向大一新生分享自身的科研活动经历，在持续的言语行动中传播本科生科研作为案例院校最有影响力的教育实践的重要意义。除此之外，高年级本科生表现出对参与科研活动的高度忠诚，他们在积极的情感体验中与新生实现对科研活动的共情共享，并从新生群体中为所在课题组"物色"新的团队成员，并经过教师面试同意后发展成为课题组正式成员。几年来，这种发展团队新成员的做法得到了案例院校教师的认可，形成"传帮带"本科生科研项目的作用机制，在案例院校的创新型人才培养过程中发挥重要作用。例如，受访教师 T-09 明确认为本科生自主建立和优化科研团队最有效。

---

① 班助是案例院校的一种高年级学生结对服务新生班级的机制，其职责介于班主任和辅导员的工作职责之间，主要在新生入学、始业教育、适应大学环境、大学生活和学业指导等方面提供帮助。

　　毕竟只有学生更了解学生，让本科生与本科生通过自发参与的小型科研项目完成自主建立科研团队的目标。他们在小型科研项目中的磨合和实践，促使志同道合的本科生最终组成一个对彼此满意的团队。然后，大家一起参加相对大型的科研活动，通过这种方式组建的团队沟通起来更加有效。

　　在科研活动中的情感能量提升，表明本科生科研中师生互动仪式的成功，有助于促进持续的师生互动，进而形成互动仪式链。但在面对升学、就业等学业发展的重要时期，高年级本科生不得不减少与教师有关科研学习的互动机会与频次，不同本科生选择短暂或永久出离互动仪式。然而，当本科生在科研活动中与教师实现了高度的共同科研项目聚焦程度和情感共享程度时，表现为在学业发展不同阶段持续与教师进行科研互动。有的学生在研究生教育阶段仍与本科教育阶段教师保持科研互动关系，他们持续扮演着科研学习者和科研合作者的角色。

　　　　我觉得本科生能坚持做项目的原因一定来自情感，一方面是自己真心对这个领域很感兴趣（但说实话这种情况不多）；另一方面是导师（指导教师），导师如果能让学生感觉到确实是他在花心思培养学生，学生和导师互动可以学到真正有用的东西，他们之间会渐渐形成一种亦师亦友的关系。（受访学生 S-10）

　　积极的情感体验使受访学生 S-10 与教师形成了"亦师亦友"的友好合作关系，持续的师生互动（互动仪式链）成为现实。在学生发展维度，参与对学习成功有益的教育实践活动是本科生在科研中与教师互动的首要内在动力。有益的师生互动结果提升了学生发展认知目标和情感目标的双重效能感。与教师互动形成不同的项目聚焦程度和情感共享程度，生成不同的师生互动模式，促使本科生的情感能量发生变化。情感能量稳步提升的本科生和教师持续成为科研活动的际遇者，转化为"友好-合作"取向的师生关系，在促进本科生习得科研技能、提升研究能力、掌握社会性能力的同时，也为教师的科研发展提供了一定智力支持。

二 教师发展维度

（一）科研活动指导

以学生为主体的大学，教师要从学习者视角出发设计教学课程。[①] 教师作为地方高校教学改革的主导者和行动者，理应积极探索并消除由自上而下的改革带来的教学无力感，推行教学学术理念、实现科教融合、将学生学习成功与教师教学和科研发展融合，在师生互相促进、互相影响的共同发展中提升本科教育质量。从教师发展维度出发理解师生互动有效性，研究者关注本科生科研活动中教师的"权""能"变化。

教师的教学水平直接影响高校创新型人才培养的质量。根据美国霍姆斯小组（Holmes Group）和卡内基教学专业工作组（Carnegie Task Force on Teaching as a Profession）等的研究报告，增强教师力量可以提升学校的教学专业化水平。[②] 20 世纪 80 年代以来，教师赋权增能（teacher empowerment）概念在教育界得到广泛使用和研究。[③] 赋权意味着教师在本科生科研活动中充分发挥主导作用，以促进教师

---

① 贺国庆：《美国研究型大学本科教育的百年变迁与省思》，《教育研究》2016 年第 9 期，第 110 页。

② 陈蓉辉、马云鹏：《赋权增能：教师课程参与的保障——美国教师"赋权增能"策略及启示》，《外国教育研究》2008 年第 2 期，第 17~21 页。

③ 操太圣、卢乃桂：《教师赋权增能：内涵、意义与策略》，《课程·教材·教法》2006 年第 10 期，第 78~80 页。

将其掌握的知识经验投入本科生科研。然而，根据对案例院校受访师生的访谈发现，大多数教师在科研活动中没有发挥主导作用，但少数教师在科研活动中处于控制地位，与学生进行知识地位上分层的互动仪式，即教师发号施令，学生"唯命是从"。这种社会学意义上分层的互动仪式由于缺失了学生的主体地位，难以实现师生对项目的共同聚焦。

与分层的互动仪式相似的情况还有，许多学生在科研活动中与教师互动的内容和形式处于"提问－解惑"状态，缺失了教师在科研活动中的主体地位。可以说，教师在这两种互动过程中都没有发挥在科研活动中的赋权增能作用，造成了学生"有权无能"、教师"无权有能"，影响师生互动有效性。例如，在锦上添花型师生互动模式中，许多学生的科研项目选题来自学生自主选题，在这种情况下师生互动内容围绕研究方案实施中的问题展开，没有形成共同的项目聚焦，教师投入有限的知识经验。而在教师指导选题的科研活动中，学生在选题的确定阶段启动与教师的互动仪式，相比学生自主选题的互动仪式持续时间更长、互动频次更高，教师获得的身份权能感更强。

近年来，地方高校积极建立和完善本科生科研运行机制，培养创新型人才。在本科生科研中的有效师生互动过程需要实现对教师的赋权，提升教师在科研活动中的主体地位。在聚焦科研项目选题的过程中，提高教师情感共享程度、促使教师投入更多知识经验是形成有效师生互动的重要驱动力。当本科生"自我表现取向"无法在师生互动中保持较低水平时，教师的自我效能感较弱，情感能量和知识经验投入度低，学生无法实现"掌握目标取向"。在对案例院校的受访师生访谈中，研究者发现大多数本科生怀揣"好奇心""求知欲"，对未知的科研活动投入积极的情感体验，期待增加科研学习收获。然而，许多本科生在科研学习中出现"科研太难了""坚持不下去了""不适合我"等消极的情感体验。作为科研活动中的主要行动者，大多数教师理解和尊重学生出离师生互动仪式的行动。受访教师 T-09 认为无须干涉本科生在科研活动中做出的任何选择。

> 等他开口表达畏难的时候，你再挽留他已经没有用了。我们在前期看不出学生的心思，他不会因为这种事情来沟通。我们虽然实行了契约制度，但还是有学生会走。所以，我们在遇到这样的情形时，只能选择尊重。

看似平常的师生互动终止行为，体现了师生深层次的思维在互动遇到"问题"时出现了"分裂性"。伯姆认为，"人类的一般性思维就好比普通的光线，缺乏聚合力——五花八门，各种各样；不同的思维观念之间激荡冲突，互有消长，但是如果人们能够像激光那样以高度的内聚力来形成共同思维，就会生成无穷的力量"。① 在许多教师看来，与本科生维持互动关系的最佳方式是实行理性的契约制。他们认为本科生只有形成了科研兴趣，才能在科研活动中逐渐形成高度的内聚力；澄清对本科生科研的认知并有意愿持续参与科研学习的学生与教师建立友好关系，才是教师投入情感能量的情境起点。因此，教师能否在科研活动中投入高度的情感能量和丰富的知识经验，受到师生对科研项目聚焦程度或形成的内聚力的影响。对于教师来说，多年丰富的教学和科研经验使他们认为，"永远不能以封面来评价一本书，第一印象可能具有误导性"②，必须慎重地与学生建立实践共同体。

（二）科研技能教学

从案例院校师生情感共享程度来看，与研究生教育阶段的师生关

---

① 〔英〕戴维·伯姆：《论对话》，王松涛译，教育科学出版社，2004，第16页。
② 〔新西兰〕约翰·哈蒂、〔澳〕格雷戈里·C. R. 耶茨：《可见的学习与学习科学》，彭正梅、邓莉、伍绍杨等译，教育科学出版社，2018，第32页。

系不同，很多教师不愿意和本科生进行一对一科研互动。大多数本科生通过组建科技创新团队参加科研活动，教师和学生团队聚焦科研项目，由教师指导学生团队参加科研活动。在本科生科技创新团队中，有的师生互动形式表现为"有问有答""一问一答""不问不答"，也有的师生互动呈现出针对科研项目的"协商"推进，前者多存在于完成任务型、锦上添花型师生互动模式，后者多存在于就事论事型、共创发现型师生互动模式。师生互动中的情感体验与本科生科研质量是教师在科研活动中情感能量变化的主要影响因素，决定了教师能否在新的科研活动际遇中投入更多情感能量。研究者在对受访师生的访谈中发现，不少受访师生对此有所观察和认知。其中，受访学生S-31是本章第一阶段访谈的学生，擅长在教师指导下开展田野调查与指标评价分析，专业成绩和素质测评位列专业第一，大三年级时与团队成员在一项全国性科技竞赛中荣获一等奖，科研论文在毕业时与指导教师合作在核心期刊上公开发表。本科生阶段持续参与科研活动以积累经验，使受访学生S-31有意愿、有能力继续完成研究生教育，指导教师指导本科生参与科研活动的自信心和自我效能感得到提升，表现为在更多科研活动中生成积极情感体验。

> 我们好羡慕小L团队，Y老师对他们的指导比当年对我们的指导多太多了。我们大概是在完成论文初稿后才拿去给老师看和提意见，但是你看他们的目录，可以看出老师在分析框架阶段就开始给予他们更多学术指导。所以，文本质量比我们的更好，在全国的获奖层次也更高。

对于一些拥有博士学位但互动经验不多的青年教师来说，他们与本科生互动仪式的启动源自本科生基于在科研活动中的疑惑向教师"求助"，即进行"提问—回答"，而教师在科研活动中并不关注是否设定了富有认知挑战性的科研学习目标。尽管如此，当教师在互动中收获与本科生的友谊，并获得了来自学校对其指导科研活动成果的激励和奖励时，教师的情感能量快速提升，师生互动效能感增强，表现为与学生进行持续互动。在新的科研活动际遇中，教师的身份权能感得到提升，行动策略由"被动"转向"主导"，与学生的关系呈现"友好-独立""友好-顺从""友好-合作"取向。有的教师认为，对本科生科研活动的指导，应从与什么类型的学生建立关系出发，发挥教师的身份权能感和能动性。在案例院校的教育实践中，本科生在科研活动自然淘汰筛选机制中发现和培养科研兴趣，教师在课堂上观察学生的学习表现，在课后感受学生的学习能动性，发现具有科研学习潜力和积极学习态度的学生，与其建立友好的师生关系，避免师生互动中的无效体验。受访教师 T-01 对不同类型的本科生参与科研活动的内在动机和维持友好师生关系的方式有自己的看法。

> 在指导学生科研项目的过程中也会有很多不愉快，但我们是长辈，是老师，也就忍忍算了。有的学生在很多时候没有摆正师生关系，没明白教师指导意味着老师在帮助他。有的学生错误地认为教师的科研项目可以直接拿给他们使用。还有的学生把教师当作科研学习工具，认为教师必须在自身遇到问题时第一时间出现，由老师帮助处理问题甚至替代完成项目。

已有的大量研究关注和证实了课堂教学中师生互动的重要性和潜在价值。"眼见为实"，降低沟通成本成为友好师生关系建立与维持的重要前提。受访教师 T-09 非常看重课堂教学过程，他通过观察学生的课堂表现判断其是否具有科研兴趣，能否在科研活动中保持积极的情感体验。

我们会在课堂教学时观察学生，比如课堂上的提问或者课堂上的互动。对我们专任教师来讲，我们能和学生接触的机会更多来源于这种课堂的教学互动，在课堂互动中会对学生做一个初步判断。

此外，结合课堂教学中教师对本科生的多重观察，以及本科生在课堂教学中的"自我表现取向"和"掌握目标取向"，确保师生在科研活动推进过程中对彼此保持信任态度。

（三）科研工作促进

从教师发展维度来看，一些教师将指导本科生科研看作践行教学学术理念、促进科教融合的有效途径。教师专业发展共同体需要培育和建立互助精神，教师之间彼此分享、讨论并促进教学。① 在案例院校，许多接受过正式科研训练、拥有博士学位的青年教师入校工作后，没有硕博研究生指导资格，有需要但没有恰当机遇组建或加入与自身研究领域相匹配的专业发展共同体。他们在科研活动的指导经历中，发现有一些本科生在科研活动中确立了科研学习目标，并在与教师的互动中表现出良好的科研学习能力，迅速提升了科研技能和研究能力。其富有潜力的科研表现促使教师指导本科生科研的角色认知发生转变，教师不只是教育者、活动促进者，还要成为科研合作者，组建专业学习共同体，为本科生研究能力的提升设计科研训练课程，在频繁的师生互动中与学生对话，实现共同发展。

教师卓越的教学过程往往强调经验的直接性，设置了为科研学习者所知的困难的、具体的目标，并且任务是结构化的。当教师作为活动促进者意识到运用理解并掌握知识的需要，而且如果有必要的话，

① 曾文婕、黄甫全：《美国教师"赋权增能"的动因、涵义、策略及启示》，《课程·教材·教法》2006 年第 12 期，第 78~79 页。

就需要重新评价和改变个人的应对策略。[①] 受访教师 T-06 说："我要建立基于本科生学业发展的培养体系。这是一种通过第一课堂的延伸嫁接和补充第二课堂的方式，对学生来说只有付出越多才可以收获越多。"如此一来，教师设计的本科生科研训练体系是为了教，也是为了学。教和学彼此可见，逐渐实现本科生科研活动中的教师赋权、学生增能。对于教师在本科生科研活动中获得的身份权能感，受访学生 S-10 认为：

> 导师的主导是非常重要的，项目中导师可以让学生对学术基本的常识有所了解，比如说如何确定标题、有哪些类型的期刊等，这些不是在某一次课堂教学中就都能了解的，需要在平常做项目时在潜移默化中学到。

在教师发展维度，培养创新型人才和促进教师科研发展是教师在科研活动中与学生互动的目标。师生互动过程能否实现"教师增能"影响着教师与本科生对项目的共同聚焦程度和情感共享程度。因此，有效的师生互动促进了教师情感能量的提升，进而提升了地方高校推行科教融合、师生实现共同发展的可能性。

三　有效师生互动的内涵

（一）获得角色认同感

教师与本科生在高校工作和学习情境中，对个体角色存在先验自我认知。例如，有的教师认为"上好课"即完成教学任务，有的学

---

① 〔新西兰〕约翰·哈蒂：《可见的学习——对 800 多项关于学业成就的元分析的综合报告》，彭正梅、邓莉、高原、方补课译，教育科学出版社，2015，第30页。

生认为"毕业"即完成学业目标。但几乎所有高校师生都认同，大学阶段的师生关系与中学教育阶段不同，教师和学生在教学活动之外总是缺失更多的师生互动机会，只是在有限的课堂教学实践和课程评价体系中形成对彼此的认知。相比之下，本科生科研中的有效师生互动，促使师生在科研活动中形成了群体身份感和归属感，表现为更加关心学校发展，并有意愿为学校的人才培养目标贡献智慧。例如，受访教师 T-09 说道：

> 学生觉得我本科毕设带得还不错，那他就会推荐下一届的学生过来，我们每年是 10 月开始毕业设计的"双选"工作，但其实很多学生在上一学期，也就三四月就会先找好带他毕业设计的老师。随着我慢慢在学生当中有了一定的知名度（指导学生科研参与的业绩），类似于"X 老师带学生比较负责"之类的评价，后续就会有大二、大三的学生来找我，希望我指导他们参加科研活动。

教师指导本科生科研的显性成绩直接转化为教师的教学成果，间接表征了高校创新型人才培养质量。教师普遍认为，本科生科研能力有限，但本科生在科研活动中的努力也促使教师鞭策自己不断加强学习。"学生这么努力，促使我也必须关注更多最前沿的信息。"（受访教师 T-09）教师在与本科生互动中实现了对"教育者-受教育者"角色认知的变化，逐渐成为"活动促进者-活动参与者""科研合作者-科研学习者"。对于本科生而言，与教师维持友好关系，让他们对参与科研活动的认知更加清晰，不断完善学业发展规划，在科研活动目标实现过程中培养科研兴趣、提升科研能力和社会性能力。科研活动结束后，学生完成学业离校，师生终止互动，有效师生互动中"友好-合作"取向的师生关系从"认知师徒关系"转变为"亲密的朋友关系"，指导、促进本科生科研转变为与本科生在"未来的科研合作"。很多受访教师用"很快乐""很幸福""很满足"来形容与本科生在科研活动中互动的情感体验。毕业离校后的学生与教师保持良好关系、共享情感体验或持续进行科研互动，有助于教师提升角色认同感，提升学生对学校的满意度。

（二）获得身份权能感

在社会学家对互动的研究中，柯林斯分别关注了日常生活中的自然互动仪式和特定情境中正式的互动仪式。无论是正式仪式还是自然仪式都可能产生成员身份感。① 然而，并非所有互动仪式的结果都表现为有效互动。教师赋权是教学的灵魂和心脏②，本科生科研中的有效师生互动要实现教师赋权、学生增能。师生通过合作，在互动仪式中进行探究式深度学习，获得或创生新的知识。

> （科研）活动的时间成本很高，所以我们必须合作看能不能做点东西出来，使我们指导的学生能获得他想要的东西，同时又能帮我们自己发展。学生拿奖后会开心，我们有成果也会开心，这样就会变成好事情。（受访教师 T-14）

受访教师 T-14 在访谈过程中表达了对师生互动成果的期待。有效的师生互动过程实现了"权"的共享，他们持续共同在场参与，聚焦共同项目，共同做出项目推进决策。除了在科研认知层面的交流，他们还关注在科研活动中的情感体验，共享校园生活体验、学业发展、科研学习和职业选择。教师帮助学生解决物质、升学和就业等

---

① 〔美〕兰德尔·柯林斯：《互动仪式链》，林聚任、王鹏、宋丽君译，商务印书馆，2019，第82页。

② 操太圣、卢乃桂：《教师赋权增能：内涵、意义与策略》，《课程·教材·教法》2006年第10期，第78页。

方面的现实诉求；学生参与教师的科研项目，和教师一起工作，参与社会调研或实验室项目，整理数据和分析资料，共同形成有创新性、科学性的科研成果。当"权"实现共享，教师与本科生在科研活动中的身份权能感提升，转变为"友好-合作"取向的师生关系。但由于学术界尚未对师生互动有效性的评价体系制定统一的规范和标准，师生互动更多时候表现为一种日常社交互动，但这种高度相互关注和共享情感体验的师生互动仪式，有助于创造出新的知识。

（三）获得互动效能感

本科生科研可以看作一种在课堂教学之外可见的教与学模式。这种模式将教师主导的教和学生主导的学相结合，指导本科生科研作为一种拓展的教学行为，在一定程度上促进了教师的科研发展，有效的师生互动使教师教学与科研的张力在一定程度上得到缓和。可见，除了身份权能感和角色认同感的提升，教师赋权增能最终还对教学活动产生了影响。[①] 受访学生 S-21 在多次科研活动经历中也实现了增能。

> 原本只是为了完成创新学分目标选择参与科研活动，在过去的三年里，我和老师持续保持科研互动，让我获得了在学科竞赛中的多项标志性成果，为我后来获得研究型大学研究生入学资格提供了极富价值的学业成就。就在最近，我和老师合作完成的学术论文入选了 X 学术会议论文集，我们一起参加了学术会议，老师在会上做了成果分享。

美国心理学家波斯纳提出了教师成长的公式：成长＝经验＋反思。对教师而言，持续获得的本科生科研成果为教师带来有益的教学业

---

① 操太圣、卢乃桂：《教师赋权增能：内涵、意义与策略》，《课程·教材·教法》2006 年第 10 期，第 78~80 页。

绩，也提升了其自信心和互动效能感。当师生形成了持续的互动关系，群体身份感逐渐提升，教师在教学过程中逐渐形成更加理性的师生互动观和人才培养观，实现了从追求教学业绩到科研育人的变化，科研参与意义感得到提升。例如，受访教师 T-05 在访谈中分享了他多年来坚持指导本科生科研的内在动机。

> 有其他来老师问我，现在拿 100 个全国、全省一等奖对你来讲有意义吗？我说必然没意义，但是我觉得培养学生有意义。这样说的意思是，虽然我们一直在说学校出台了很多有利于指导学生科研活动的激励政策，但在最后，大多数真心愿意持续做下去的老师还是靠情怀在做的，这对于教育工作者来说绝对是有价值的事情。

教师和本科生在共同聚焦的科研项目中，持续共享积极或消极的情感体验，师生互动效能感不断被激发，促使教师在科研活动中知识经验的投入不断增加，学生的学业挑战性不断增强，"以学生为主体、以教师为主导"理念下的师生互动更加有效，本科生科研质量得到提升。在长期生成积极情感体验的师生互动中，师生角色认同感、身份权能感、互动效能感不断提升，形成师生情感和文化符号的补充效应，维持师生稳定的实践共同体关系，针对共同聚焦的科研项目持续进行反思性实践，提升情感能量，促进有效师生互动。

第四章 地方高校本科生科研中的
有效师生互动建构

鼓励师生互动是良好本科教育实践的首要原则。有效的师生互动可以推动学校实现科教融合、学生学习收获增加、教师教学科研发展，实现创新型人才培养目标，提升本科教育质量。本章基于前文对不同师生互动模式有效性的探讨，重点阐述本科生科研中有效师生互动的基本特征，从学习层面和教学层面分别分析影响有效师生互动的因素，最后将拆分开的"零件"进行整合，从建立良好的师生关系入手，对有效的师生互动进行建构和阐释。

第一节 有效师生互动的基本特征

一 主体间性

主体间性也称交互主体性。哈贝马斯发展了主体间性哲学，认为人和人是互为主体的伙伴关系。相比个体的主体性作用，主体间性更看重主体间发挥"协调"作用。① 当主体以参与者的身份进行互动时，通过理解、沟通、协调和妥协可以克服主体间的冲突，实现有效

---

① 赵永峰：《法兰克福学派论争：从阿多诺主体性到哈贝马斯主体间性——以哈贝马斯普遍语用学为例》，《重庆社会科学》2020 年第 7 期，第 124 页。

交往。在有效师生互动中，师生不是以彼此的个体利益为中心进行交往①，而是在本科生科研活动中组成实践共同体，通过言语媒介，以对话的形式发生关联。对话除了能够承载和涵盖交往的所有意义，还具有很多独特的意蕴。② 师生交往过程经过互动得到表现，互动内容通过对话实现，因此，对话使师生主体间的互动更加深化和具体化，实现主体间性状态。那么主体间性是如何建构的呢？

本科生科研活动的主体间性状态，意味着师生在科研活动中是"主体-主体"因素关系，教师和学生都发挥了自我主体性。有学者认为，"在师生互动的具体教育场景中，学生常常会在实际教育活动中变为'非受教育者'，并有可能充当'教育者'，学生是具有超越性的'受教育者'"。③ 由此可见，教师和学生是独立的精神主体，在教学过程中应该形成相互理解、平等交流的主体间性状态。主体间性的建构需要关注师生言语和言语表达生成的言语互动，只有实现了对科研活动的持续高聚焦、强情感投入，师生互动才能发挥互相促进作用，获得角色认同感。针对如何形成有效的主体间性，有学者认为应该坚持质量原则、数量原则、关系原则和方式原则。④ 在案例院校具体的科研活动情境中，受访学生 S-16 描述了自己与指导教师针对科研项目主题的推进和讨论。

> 我的项目在确定选题阶段主要以团队内部沟通为前提，一般要和老师讨论筛选 2 轮后确定课题切入点，以线下沟通为主，交

---

① 梅景辉：《交往行为理论的现代性反思与建构——哈贝马斯交往行为理论的生存解释学之维》，《世界哲学》2018 年第 4 期，第 27~28 页。

② 安世遨：《交往、对话与社会和谐》，社会科学文献出版社，2020，第 45 页。

③ 吴康宁：《学生仅仅是"受教育者"吗？——兼谈师生关系观的转换》，《教育研究》2003 年第 4 期，第 44~45 页。

④ 赵永峰：《法兰克福学派论争：从阿多诺主体性到哈贝马斯主体间性——以哈贝马斯普遍语用学为例》，《重庆社会科学》2020 年第 7 期，第 126 页。

流讨论时间较长，每次 40 分钟左右，每周 3 次。在前期撰写调研方案阶段，以线下沟通为主，每周 2~3 次，每次 10~15 分钟，主要交流内容为项目抽样设计部分的专业性以及背景部分的提炼是否精准到位。在中后期报告撰写的阶段，以线上沟通为主，每周 1~2 次，每次 5~10 分钟，主要由老师针对完成的报告提出针对性意见，大多集中在数据处理和分析方法上。

教学中的师生关系是可以选择和改变的①，这就为建立友好的师生关系提供了现实可能。根据受访学生 S-16 的描述，研究者借鉴上述关于主体间性的实现方式展开分析，师生在启动互动仪式前初步建立了彼此的交往规则和话语秩序，即本科生结合先验知识经验确定感兴趣的选题领域，初步梳理对选题的疑惑，形成师生对话的核心内容，师生互动以"探讨""交流"的形式进行，互动频次由选题进度、研究设计和实施方案决定，对于项目不同阶段的推进在"友好-合作"取向的师生关系基础上的对话过程中实现，对话形式可能是线下面对面沟通，也可能是线上一对一交流。可以发现，达成主体间性状态的师生实现了对参与科研活动的科学理性认知。哈贝马斯区分了目的行动和交往行动两种人类行动，从主体间性角度建立了交往理性行为法则。从显性层面来看，本科生通过"选择有可能在特定情况下获得成功的手段，并以适当的方式应用这些手段，达到目的或导致期望状态的发生"②，实现参加科研活动的目标。参加科研活动可以为本科生带来许多显性价值。在师生互动的有效交往行为中，教师

① 和学新、陈晖：《论有效教学交往的实现机制》，《教育科学研究》2011 年第 5 期，第 29 页。

② 〔英〕克里斯蒂安·福克斯：《交往批判理论——互联网时代重读卢卡奇、阿多诺、马尔库塞、霍耐特和哈贝马斯》，王锦刚译，中国传媒大学出版社，2019，第 166~167 页。

和本科生同时拥有工具理性和合作理性，他们并非以某一瞬间的目标达成为目标，而是创设一种有利于促进彼此可持续发展的有利环境。因此，有效的师生互动不仅确保了科研项目在不同阶段的有序推进，也加深了彼此对科研活动的认知。

在本科生科研活动中，师生之间的理解、交流、协商以及分歧、冲突，都是师生主体间性关系的具体表现。构建主体间性的师生关系是实现有效师生互动的前提条件，而有效师生互动又成为主体间性的结果。因此，主体间性是本科生科研活动中有效师生互动的基本特征之一。本科生和教师作为独立个体，在科研活动的际遇中建立实践共同体，互相影响、互相促进，实现主体间性状态。有学者提出，"人的主体性既是人的本质体现，也是人的价值追求，是人在实践中建构和发展的"。① 在师生互动过程中，受到对项目的共同聚焦和情感共享影响，生成了不同的师生互动模式，教师所拥有的知识经验在师生组建的实践共同体中实现表征，尤其是包含教师知识观、教学观等在内的默会知识作为师生互动中的意义符号实现传播和实践。

二　能动性

师生互动的起源是苏格拉底的启发式教学，刺激学生在教师帮助下自己寻找正确答案。② 在本章中，"寻找正确答案"即增加科研学习收获，需要发挥师生的能动性，而能动性的发挥建立在主体间性状态的师生对彼此以及科研活动的影响上。能动性实现了师生互动仪式的推进，即本科生科研活动的有序进行，并呈现出教与学过程中的建构性特征。具体来说，科研活动中的能动性包含了本科生主动向教师

---

① 郝文武：《师生主体间性建构的哲学基础和实践策略》，《北京师范大学学报》（社会科学版）2005 年第 4 期，第 15 页。

② 佐斌：《师生互动论——课堂师生互动的心理学研究》，华中师范大学出版社，2002，第 3 页。

发出"求助"信号、教师真实指导并投入与之匹配的知识经验，以及师生互动过程中的反思性实践。

有效的师生互动需要双方能动地应对在科研活动中的际遇，成为互动的际遇者。本科生对科研活动的认知水平和情感能量的投入程度决定了其在本科生科研中能动性的发挥情况。受访学生 S-27 认为本科生科研活动高度依赖学生个体自主性、探究式的深度学习策略。

> 基本都是由我们主动向老师汇报项目进度，老师主动来找我们的情况比较少。我觉得这没什么，大学学习应该以学生主动为主，因为大学老师不像高中老师，高中老师只要给我们上好课就行，大学老师看起来需要参与的其他教学管理任务还挺多的。

多数受访学生认为，科研学习过程中的师生首先扮演着"教育者-受教育者"角色，教师作为知识经验的持有者，也是大学校园的稀缺资源，在科研活动中的能动性教学实现科研知识的传播，帮助学生习得科研技能。掌握了科研技能的本科生进入科研活动后，师生扮演着"活动促进者-活动参与者"角色，本科生在教师的指导下开展有益于创新型人才培养的自主性、探究式学习。

如何建立有利于发挥能动性的师生关系？柯林斯认为，并非每个人都会被其他的人吸引，因此有了互动市场。① 在互动市场中，物质并非师生互动的充分条件，互动的充分条件是情感和符号，所以对彼此的信任就成了建立师生互动关系的关键人力资本。此外，由于成员身份符号是互动市场的关键资源，这就决定了教师居于筛选互动对象

---

① 〔美〕兰德尔·柯林斯：《互动仪式链》，林聚任、王鹏、宋丽君译，商务印书馆，2019，第 141 页。

的主动位置，本科生的内在动机实现就需要其在互动市场中投入丰富的情感能量，与教师建立友好的互动关系。丰富的情感能量表现为本科生发挥能动性，呈现出"自我表现取向"，即本科生向教师主动展现自己的科研学习兴趣，教师对其科研学习态度和潜力进行评估。例如，受访教师 T-03 认同，与能动性强的学生更容易也能更快建立师生信任。

> 学生来了，我会跟他们进行像所谓面试（研究生复试）一样的聊天，但关注点主要是学生的能动性。我会跟他们讲，在大学里面适当要主动一点才有多一点机会。接下来就看他们的表现了，比方说如果仔细思考了我的话，有学生来找我和我说："老师，我真的对这个课题感兴趣。"那我肯定就会拿出一个选题给他，让他尝试做一下。

在科研活动中，能动性还体现在本科生如何处理课程学习和科研活动的关系中。相比有的本科生认为两者关系存在无法调和的矛盾，受访学生 S-16 表现出积极的情感体验，"虽然我现在才大一，但我觉得可以边做课题，边把专业知识融入进去，这样可能会事半功倍，所以我决定尝试做一个课题"。能动性强的学生总是能充分整合学校资源，得到更多不同教师的信任与指导。"我会去找一些其他老师，比如技术方面去找我们学院的 X 老师，S 学院的 Y 老师、O 老师等，我会根据项目需要寻求不同老师的支持。"（受访学生 S-25）发挥能动性间接帮助本科生提升了科研学习效能，也获得了更多学习收获，促使情感能量提升。教师在指导本科生科研中，提升了作为教育者和活动促进者的角色认同感，在教学过程中的效能感增强，指导科研活动的意愿提升，能动性被激发，实现了"以主体间关系为纽带共同作用于教学资源"①，师生互动过程展现出科研活动的目的性和建构性。

三　协商性

协商性，即教师和本科生在科研活动中平等对话、自由交流的权利，与分层的互动仪式中掌握更多科研知识经验的教师"发号施令"形成鲜明对照，体现出师生互动的交往理性。有效的师生互动体现了主体间性状态下师生交往理性的发展水平，师生在科研活动中的身份权能感得以呈现，对科研活动的能动性产生影响。也就是说，建立友好信任的师生关系，还不能证明师生互动的有效性。

作为课外教学的本科生科研活动，师生互动仪式的启动面临着有关教学任务、教学时间及地点等方面的冲突。然而，参与科研活动本身渗透了师生各种各样的意念、企图和目的，其实现程度决定了师生互动是否有效或者效果大小。② 在交往行动理论中，合作理性指向尊重主体差异，在对话和协商中理解、包容，师生之间通过必要的"协调"或"妥协"，在主体间找到彼此的内在共核，实现主体间性，启动、推进和完成每一次师生互动仪式。受访学生 S-01 在访谈中具体描述了这种教学活动情境，相比更多科研知识经验拥有者的教师，学生在科研活动中时常妥协。

> 和老师互动的时间真的很难确定。很有可能老师定的时间刚好我有其他安排，但是考虑到老师更忙，这又是我必须负责的项目，所以我必须暂时放弃其他事情去找老师讨论。

---

① 冯向东:《从"主体间性"看教学活动的要素关系》,《高等教育研究》2004年第 5 期, 第 28 页。
② 安世邀:《交往、对话与社会和谐》, 社会科学文献出版社, 2020, 第 45～46 页。

协商性体现出师生互动中互相尊重的积极情感体验。持续进行及时有效的协商，可提升师生的身份权能感和群体团结感，教师在科研活动中为本科生提供必要的指导和支持，从而提升本科生科研学习的效能，并转化为情感能量的提升。相反，教师如果无法及时对本科生的"求助"信号进行反馈，生成消极的情感体验，师生互动仪式可能就会终止。受访学生 S-15 在访谈中描述了与一位教师互动的经历，其将教师在科研活动中的表现和态度作为是否与教师持续进行互动的重要参考因素。

印象比较深的是有一次给老师发消息，过去了两三天才回。这种感觉比较崩溃，还有一次我们初稿在截止日期前两天发过去，结果提交日期到了他还没回复。当时的感觉是以后不会再找这个老师了。如果老师的反应比较快的话，我们内心会比较舒服一点，会让我们觉得这个老师比较靠谱。

协商性通过促进情感能量提升而影响互动仪式链的生成。在读书会、课题组会等师生互动的学习情境中，持续参与并总是能双向回应的师生在协商中更容易建立信任感，教师评价学生态度端正、有科研学习潜力，学生认为教师指导负责、投入文化资源，双方在互动中提升情感能量。伯姆提出，"对话作为一种教育原则，从简单意义讲，强调的是师生的平等交流与知识共建。从深层次意义讲，它挑战我们关于师生关系、知识本质，以及学习本质等方面的思维成见、定见与主观认定"。[①] 对话协商逐渐成为解决问题的有效方法，线下面对面对话、交流是最能发挥协商作用的互动方式，它实现了师生在双向交流中围绕科研活动持续"追问"，直至解决所有问题。佐藤学认为，

---

① 〔英〕戴维·伯姆：《论对话》，王松涛译，教育科学出版社，2004，第 10 页。

"学习是相遇和对话，是与客观世界对话（文化实践）、与他人对话（社会性实践）和与自我对话（反思性实践）"。[①] 师生面对面带有情感的话语通过"节奏连带"作用影响互动结果的有效性，增强师生在互动过程中对参与科研活动意义的感知。

然而，教师与本科生面对面互动的及时性时常不及网络媒介，电子邮件、QQ、微信等是最受案例院校师生欢迎的线上沟通工具。根据对受访师生的访谈，理工科专业本科生认为在网络媒介中针对实验室数据和教师及时对话与协商，提升了实验数据的信效度，加快了实验方案的推进进度。人文社科专业学生认为在网络媒介中互动是面对面互动的重要补充，互动内容围绕科研活动中遇到的问题进行协商，教师一般采用语音的方式进行回应，以确保发挥"节奏连带"作用，学生反复听教师语音以确保信息接收的完整度和正确性。在案例院校，以受访学生 S-15 为代表的本科生认为，网络媒介中的师生互动可以实现效率优先。

> 我们和老师经常在线上互动，老师反应很及时，反馈很快，我们的互动效率很高。我们发上去（微信小组群）让老师改，老师在第二天或第三天就会把内容发上来，反馈内容包含了老师对项目的看法和开展意见，还会提出修改和完善的具体方法。

协商性的实现，需要师生结合科研活动在不同阶段的进度和目标选择合适的互动形式。为了增加互动机会和提高互动效率，大多数师生不局限于一种互动方式。不同的互动方式也展现出不同的优势。受

---

① 曾国华、于莉莉：《专访佐藤学："学习是相遇与对话"》，《中小学管理》2013 年第 1 期，第 23~25 页。

访学生 S-06 介绍了自己通过多种途径与教师互动的经历，通过线下互动，教师可以面对面指导科研报告的整体结构；而线上互动则更加灵活，师生间可以讨论具体的写作内容和完成方法。线上和线下的互动方式，实现了师生此时此地、随时随地互动的可行性。但相比线上互动的距离感，师生更倾向于面对面互动，这一途径更能在把握言说者的对话、神情、姿态中进行协商。

四　情感性

呈现地位平等、情感友好的互动状态的师生关系为本科生科研中的理想师生关系。研究者在对受访者的访谈资料分析中证实，建立友好的师生关系是建构有效师生互动的重要基础，趋向形成一种主体间性、能动性和协商性的师生互动交往过程。可以说，情感既是师生互动的内容，也是维持友好师生关系的沟通媒介，任何形式的行为都能引起师生的情绪情感反应。情感性通过师生间的言语性行动和非言语性行动得以实现。有学者曾指出，教书的职责决定教师与学生皆为"工具性角色"，师生交往为"事本主义"；育人的职责决定教师和学生皆为"情感性角色"，师生之间有亲密的充满情感的关系，即"人本主义"。[①] 在科研活动中，教师的"工具性角色"表现为"教育者"和"活动促进者"，是师生表现情感性的机会来源，呈现非言语性行动。例如，受访学生 S-03 认为：

> 科研本身的类别对互动频次的影响很重要，像"挑战杯"这类含金量很高的学科竞赛、一些能打到省赛和国赛的项目以及师生合作撰写论文等情况，师生互动的频率势必是更高的，而创

---

① 佐斌：《师生互动论——课堂师生互动的心理学研究》，华中师范大学出版社，2002，第 10 页。

新项目通常在立项前和结题前互动频率会更高，其他阶段互动频率都较低。

科研活动的情境实现了师生共同在场参与，生成了以对话为主要沟通媒介的言语性行动。师生在面对面或网络媒介的对话中，情感性促进师生针对共同聚焦的科研项目互通有无、互相交流，逐步实现相互理解，趋向实现科研活动目标。有学者认为，有效交往的本质和核心是对话。① 对话的形式实现了师生参与科研活动的企图、目标，在理解中实现情感融合，形成合理理性、合作理性。在对交往行动的论述中，哈贝马斯提出了真实性、规范性和真诚性的言语有效性条件。此时，情感媒介通过生成师生关系的共同性，即在"我-你"而不是"我-他"的关系中，师生人格平等，共享对话内容，实现理性对话。在对话中，"共享"取代了个体的"分享"，融入了师生共同的情感体验，生成了新的情感能量。

为了验证情感性在科研活动中的价值，在科研活动中，研究者在访谈中关注一个问题，即"同学，想过放弃吗？"，受访学生无一例外给出肯定的回答。相比那些真正出离师生互动仪式的学生，受访者认为是情感"战胜"了其与教师、与团队成员关于科研选题和科研项目推进过程中的种种分歧和冲突。受访学生 S-31 是某个社会调研项目的成员，为项目推进投入了高度的情感能量，但在调研方案实施阶段，项目负责人选择退出项目。

当时我有点崩溃，我想你（中途退出项目的学生）决定退出之前总应该要和我商量。这个东西对我来说真的很重要，一个

---

① 安世遨：《交往、对话与社会和谐》，社会科学文献出版社，2020，第 45～46 页。

暑假、一个寒假的时间和精力投入，我付出了太多，这个时候如果放弃就太可惜了。所以，我还是选择咬牙做下去，没办法，该做的还是要做。

对本科生来说，影响其情感体验的除了团队成员还有课程学习压力。许多学生在对科研活动的认知中，认为情感能量的投入程度决定了参与科研项目的情况。受访学生 S-35 将课程与科研的张力和平衡过程看作在"情感层面的取舍"。

在大学中，我们会遇到做实验和本科课程安排冲突的情形，也会遇到和社团或者是其他组织活动有冲突的情形，你会因此变得非常忙。但是，我觉得这是一个在情感上要做出取舍的问题，当你面对很多事情的时候，对自己更看重的东西做出选择。就比如说，我认为科研最重要，那我会把首要时间或者说要做的事情是先完成科研项目，但是有些人可能更看重社团组织工作，每个人的倾向性不一样，所以选择也不一样。

在对受访学生 S-31 和 S-35 的访谈中，更多体现了其对项目本身的强情感体验。研究者在进一步分析访谈资料时发现，师生所掌握知识经验的差异，使互动仪式总是呈现出分层状态。教师对科研选题、研究方法和科研进度等方面的怀疑和否定态度，是本科生在科研活动中容易产生消极情感体验的主要原因。教师对项目的学术指导建议使很多本科生对自己的科研能力产生怀疑态度和消极情绪，教师投入的情感能量情况以及学生能否实现与教师在情感上的共享体验，成为本科生能否有效应对问题的过程机制。与参加其他教育实践活动不同，本科生科研对学生的认知目标和情感目标提出了更高要求。它远不止最初认识它的样子，因为它不仅是一项"活动"，更多时候体现为一个自主性、探究式深度学习的过程。师生互动是否充分和有效，首先体现在是否确定了有科学性、创新性和可行性的科研选题，这是师生共同的智力和情感体验的结果。在科研活动的推进过程中，学生经历长时间心理"煎熬"，接受和面对"推倒重来"，爱上"凌晨四点的月亮"①。科研活动结束后，案例院校的本科生习惯用一篇长长的"小作文"记录和呈现一次充满情感能量的科研经历，间接影响其他学生对科研活动的认知。

学生在科研项目中的情感体验，以及在遇到困难时表现出的毅力和努力，对提升教师"情感性角色"认同感发挥了积极作用。对于教师而言，他们在学生积极进行科研学习的过程中，回忆起自己的学业经历，产生共情共鸣，与本科生共享积极情感体验，也提升了自己的情感能量。受访教师 T-13 在访谈过程中分享了自己的情感体验，"学生这么拼，我们做老师的能做的更多是支持和鼓励他们"。教师的信任和支持作为非言语性行动转化为本科生克服困难的情感动力。受访学生 S-35 也表达了自己遇到困难时总能在教师的精神鼓励中受益。

> 在遇到困难之后，我虽然不会放弃，但也会有情绪非常低落的时候。我的导师在这个过程中发现我情绪低落，就会对我进行心理疏导，这也是能够让我一路坚持下来的一个非常重要的原因。

受访学生 S-35 所述原因也是大多数本科生坚持参与科研活动的直接原因。教师的不同角色给予了学生情感体验、知识经验等方面的支持，促使情感能量丰富的师生在对话中形成"节奏连带"，使师生在对项目的共同聚焦中形成共享的情感体验。以对话为主的言语性行

①　"看过凌晨四点的月亮"入选案例院校本科生在大学期间必做的 100 件小事。

动，促进以理解为主的生活世界中的非言语性理解，在共情、理解的情感体验中实现冲突的化解，提升学生参与科研活动的自信心和效能感，促成有效的师生互动。

五　意义性

意义性是师生对参与科研活动价值感知的结果，表征为师生在互动仪式中的主体间性、能动性、协商性和情感性的实现，生成师生科研参与的效能感和意义感。本科生科研作为一项有效的教学活动，本质是先验性和经验性相融合的过程，师生在这一过程中为学习创设问题情境，并组织社会性的互动活动，实现互相影响、互相作用。在前文的论述中，研究者对访谈资料的分析阐释了师生在科研活动的际遇中对科研活动的认知，以及在师生互动要素的建构中形成了不同的师生互动模式。其中，共同的科研项目聚焦程度、情感共享程度体现了师生对科研活动的意义感知，深度意义感知有助于生成共创发现型师生互动模式。当意义感知的结果是实现知识的创生时，经验和情绪则成为意义生成的关键因素。[①]

本科生科研活动在"意义"层面的表征建立在主体间性、能动性、协商性和情感性的实现基础上，主体间性和能动性呈现了师生在科研活动中的主体行动和经验，本科生通过"自我表现取向"与教师建立互相信任、友好的师生关系；协商性和情感性通过师生"情绪涉入"多寡来表征，即师生在合作取向互动中投入积极的情感体验，实现高度情感共享，师生主体间身份权能感和角色身份感获得提升，师生在深度意义感知中不断提升在科研活动中的互动效能感，形成有效的师生互动。

---

① 黄曦莉、洪才舒：《学习的意义感：建立、失落及再创生》，《教育教学研究》2017 年第 1 期，第 137 页。

意义创生时因个体的"自我"变得主动而被纳入世界之中，个体的控制感也越来越强，直到意义创立完成。意义完成时显示个体的整体意义符合情境意义，个体所需求的自尊、确定感、象征、亲密感等也都"达阵"。[1]

可见，追求意义感是重要的学习动机，创造意义感（meaning making）也是学习力（learning power）的主要指标之一。[2] 本科生科研中师生互动的意义就在于，学生与学生、学生与教师建立起学习和专业实践共同体。学生作为受教育者、活动参与者在自主性、探究式深度学习中培养科学思维和创新意识，习得科研技能，提升研究能力，发现和养成科研志趣，转化为科研学习者。受访学生 S-21 就是一名拥有 3 年科研参与经历的科研学习者。

> 我和老师的科研合作应该是长效性的，不管是硕士研究生教育阶段还是博士研究生教育阶段，我应该都在和老师共同建立的科研团队中。我相信我们一定能实现长期合作。

受访学生 S-21 在对科研活动的深度意义感知中，与教师建立了"友好-合作"取向的师生关系。此时此刻的教师也在作为教育者、活动促进者的"工具性角色"职责中，和养成了科研志趣的本科生发展为"科研合作者-科研学习者"角色，教师由"工具性角色"转变为"情感性角色"。以师生共同发展为目标的共创发现型师生互动模式在深度意义感知中逐渐生成，促使知识在螺旋式上升中创生。受访教师 T-09 认为：

---

① 黄曦莉、洪才舒：《学习的意义感：建立、失落及再创生》，《教育教学研究》2017 年第 1 期，第 155 页。

② 黄曦莉、洪才舒：《学习的意义感：建立、失落及再创生》，《教育教学研究》2017 年第 1 期，第 155 页。

　　我们在科研活动中慢慢形成一个有默契的科研团队，大家在默契中形成一种富有忠诚度和约束力的契约团队。也就是说，无论团队中任何一个成员未来毕业后去任何一所不同层次学校继续研究生教育，以及再次毕业后去哪里，他始终会参与我们团队的科研活动。因为，我们认为只有共同合作的科研成果才是富有成效的。当然，我们团队中的学生成员的职业目标是至少成为一名高校科研成员。而我们的团队不会把所有科研、教学任务留给任何一个成员独自面对。

在访谈过程中，研究者询问了受访学生如何处理课程学习和科研活动的关系，受访学生各抒己见，生成了对参与科研活动不同的意义感知。受访学生 S-34 坦然地分享了自己在参与科研活动前后的变化。

　　从学习上来讲，我确实退步很大。原因在于，一方面我觉得时间的确不够用，把很多心思花在了学科竞赛上，导致睡眠不足，上课不是很听得进去，影响了学习成效。另一方面体现在科研活动中，如果你更加重视科研活动，那么学习意识就会有所弱化，我上课不再像大一时态度那么认真。

在受访学生 S-34 的认知中，学习和科研是无法兼顾的两个不同的概念，将投入时间和精力不同作为产生不同结果的原因。而受访学生 S-35 则认为课程学习和科研活动可以实现融合和互相促进。还有一些受访学生认为，在科研活动中习得科研技能，可以在课程学习中促进对专业认知的强化，更重要的是有助于促进理论指导实践。因此，参加科研活动有助于增加本科生科研学习收获，成为越来越多本科生参与科研活动的内在动力。在本章中，受访学生 S-05 在访谈中结合自身经历证实本科生有机会实现课程学习与科研活动的平衡。

> 很多人既能够把科研做得很好，同时也能够把专业成绩做得很好，我觉得要看你的个体诉求。比如，你想拿奖学金，参加科研活动可以加很多综测分数，但如果你的专业成绩不够就没有机会申请综合奖学金。此时，你就会很难受，这种感觉会刺激你更努力学习，提高专业成绩。所以，我觉得学习和科研不是一分为二，而是相辅相成的。也就是说，参加科研活动的结果是帮助你增强了进取心，而不是浪费了很多时间。

麦克利兰（McClelland）认为，"人们之所以愿意参加高度的互动仪式就在于，人类最强烈的快乐来源于全身心地投入同步进行的社会互动中"。[①] 从学生发展维度和教师发展维度来看，科研活动中的意义性生成了在师生互动中的深度意义感知，有效的师生互动形成了对科研项目的高度共同聚焦，在强烈情感共享体验中获得情感能量的提升。师生作为团队成员产生群体团结感，在持续提高的互动效能感中获得更为强烈的意义感。

第二节　影响本科生科研中建构有效师生互动的因素

一　学习层面的因素

（一）设定科研学习目标

成功的教育改革经验显示，"本科教育的目的不仅仅是使学生找

---

① 〔美〕兰德尔·柯林斯：《互动仪式链》，林聚任、王鹏、宋丽君译，商务印书馆，2019，第103页。

到工作，更是使学生日后的生活有尊严和目标，不仅仅是向学生传授知识，更是使这些知识用于人道的目的"。① 可见，本科教育的目标具有发展性意义。如果本科生科研活动中的研究过程是一种自主性、探究式深度学习形式，那么学生在科研活动中获得一定的科研技能和研究能力就顺理成章。然而，无论是学术界还是作为科研活动参与主体的本科生，对科研活动的认知并没有达成共识。

科研学习目标的设定影响本科生角色认同感的获得。与循序渐进地完成学业目标不同的是，本科生科研学习目标的设定具有社会性和建构性，在本科生和教师、本科生和本科生、本科生和研究生的对话互动中通过内化实现。斯皮维、杜伊特和萨克斯等建构主义学者认为，"学习的时机只有在参与者想要获得他人观点的社会互动中才会出现"。② 也就是说，习得科研技能、提升研究能力和社会性能力需要通过科研活动中主体间的主动建构来实现。前文已经论述，受访者初次参与科研活动的驱动力来自"好奇心""效仿高年级本科生意志"，启动、推进和完成师生互动仪式的根本原因是"体验活动""完成任务"，而非形成对科研项目的共同聚焦。

本科生在科研活动中都有不同程度的受挫折经历，促使本科生区别对待"失败"和"失利"。"失败"可能意味着互动仪式的永久终止；但"失利"则表明本科生将进行反思性实践，分析"失利"原因、积累经验、提升科研技能，进而进入互动市场，创设新的际遇。具体来说，在完成任务型师生互动模式中，本科生以获得创新学分为直接目标参与科研活动，也随着学分获得出离师生互动仪式。这一情境中，互动仪式中对话过程的真实性有限，即教师没有在真正意义上

---

① 吕达、周满生：《学院——美国本科生教育的经验》，载《当代外国教育改革著名文献：美国卷（第一册）》，人民教育出版社，2004，第 196 页。

② 〔美〕莱斯利·P. 斯特弗、〔美〕杰里·盖尔：《教育中的建构主义》，高文、徐斌艳、程可拉等译，华东师范大学出版社，2002，第 256 页。

形成对科研收获的认知并投入指导，因为只要做到了"学生参与"，学生就获得了学分。在锦上添花型师生互动模式中，本科生以参加科研活动、积累科研经验、提升科研技能为直接目标参与科研活动。随着科研参与真正动机的浮现，目标表征为获得研究生教育升学资格或高薪资水平的就业机会，达成目标的时间决定了本科生参与科研活动的时间、数量以及科研技能掌握目标。

在共创发现型师生互动模式中，本科生频繁与教师进行互动，教师的言语行动、科研亲身示范带来情感体验，对本科生科研学习目标的设立产生重要影响。要成为像教师一样的科研工作人员，需要从无序、低能的互动仪式中抽离出来，培养科学思维和创新意识，提升科研志趣，争取与教师在持续对话中确定研究领域、研究方向和研究选题，产出科研成果。将申报创新项目、参与学科竞赛、参加学术会议、发表科研论文等作为显性目标，促进研究能力在自主性、探究式深度学习中不断提升。受访学生 S-32 在访谈中表示自己参与科研活动的内在动力来源于学业目标的实现。

　　小时候，为了小学升初中加分，父母让我去参加了奥数培训班，参加了奥数竞赛，拿了奖，也顺利升入中学。进入初中后我没有参与竞赛。高中时候我又参加了数学竞赛，尽管高考有自主招生政策（可以加分），但后来我并没有参加自主招生。进入大学后，我对自己的职业规划有了明确的目标——读研。参加竞赛、课题和产出论文成果所展现出的科研潜力，可以作为我科研能力的支撑。

本科生在设定科研学习目标时，受到了中学阶段学习效能感的延续性影响。许多受访者表示，成为案例院校的本科生，完全是由于

"高考失利"①。有一位受访者在访谈时感慨："高中坐在我前座的同学去了清华，我后桌的同学去了北大，我左边座位的同学去了斯坦福，而我却来了这里。"这一类学生在案例院校占有一定比例。高中阶段学业目标"失利"融合科研活动"失利"，在反思性实践中融合先验知识经验和现实受教育经验，生成了本科生个性化的学业目标和科研学习目标。因此，科研学习目标的设定在某种程度上决定了本科生和谁互动、互动内容是什么、互动持续时间以及互动频次。如此再来讨论不同师生互动模式的有效性发现，完成任务型师生互动模式在科研学习目标实现层面是无效互动，锦上添花型师生互动模式是中效互动，就事论事型师生互动模式和共创发现型师生互动模式是有效互动。从师生互动成效和本科生科研质量来看，共创发现型师生互动模式最为有效。

（二）产生积极或消极情感体验

情感体验原本是心理层面的概念，影响本科生在科研活动中互动效能感的获得，使其在和教师互动中表现出积极或消极情绪。如上文所述，学校通过营造科研氛围、建设科研文化、宣传科研成效，为本科生提供多元科研参与机会，创设在科研活动中的互动际遇，吸引教师和本科生参与科研活动。作为课堂教学的延伸和补充，本科生科研对初入大学的学生而言充满魅力和吸引力。不同科研目标的设定使本科生投入不同程度的情感能量，并带入生成不同的科研活动体验。积极或消极的情感体验直接影响本科生持续参与科研活动的时间。本科生在互动中和教师形成对科研项目的高聚焦、对科研活动的强情感，生成积极的情感体验，促进互动仪式持续推进。反之，本科生在与教师互动中情绪被消极情感体验掌控，久而久之会终止师生互动。受访

---

① "高考失利"在案例院校是一个本土化概念，用来表现本科生的高考分数与实际学习能力不符。本书中，受访学生生源大多来自省内重点高中，他们在高中教育阶段为自己建构了一个"名校梦"（国内知名"双一流"高校）的蓝图。

学生 S-35 认为，投入强情感能量是本科生非常重要且应当具备的科研参与特质。

> 老师和我们说，如果想做科研就要做好未来 3～4 年持续做下去的心理准备，于是就有很多同学放弃了。还有同学说只想申报一个创新创业训练计划项目，并不想做这么长时间的科研。最后，只有我是持续想做科研项目，老师就选择让我当项目负责人，开始学习这个本子（申报书）。

积极的情感体验是形成研究小组成员身份感、团结感和归属感的重要原因，有助于实现师生互动仪式的成功，提升情感能量，生成长远的互动仪式链。消极的情感体验是引起本科生出离师生互动仪式、退出科研活动的主要原因，成为师生维持互动关系、发挥筛选功能的限制性因素。消极的情感体验表现在与教师科研理念不合、得不到教师及时反馈、教师教学理念和方法奉行教授主义、科研活动与课程学习安排冲突、研究小组成员身份感不强、科研目标不切实际，以及沟通交流、抗压能力和时间管理等社会性能力不足等方面。许多本科生在科研活动中情绪崩溃，导致科研活动无法推进而不得不终止师生互动仪式。消极的情感体验可以通过本科生的反思性实践转变为积极的情感体验，积极的情感体验也会随着科研活动目标的变化而减弱或消失。例如，本科生为实现科研活动目标，表现出对科研项目的高聚焦、强情感。伴随科研活动结束、目标达成，本科生转向参与其他教育实践活动，科研活动中的积极情感体验转变为其他教育实践活动中的际遇。不同的情感体验在师生互动的不同阶段发挥不同作用，对于生成有效师生互动模式具有同等价值。因此，能否生成积极情感体验受到科研活动目标设定的影响。

此外，积极或消极情感体验的生成，还受到教师情感能量和知识经验投入程度的影响，研究者将在后续教学层面的论述中详细阐述。值得一提的是，教师情感能量和知识经验投入程度，受到了本科生科研项目聚焦程度和科研学习目标的影响。对科研活动具有科学理性认知的本科生会设定富有认知挑战性的科研学习目标，教师在指导本科生参与科研活动的过程中逐渐生成积极情感体验，投入足够的科研知识经验帮助本科生持续在科研活动中生成积极情感体验，稳步实现情感能量的提升。在案例院校，许多受访教师对本科生参与科研活动表示支持。

> 本科生参与科研活动有个好处，你从大一开始就接触他，在实验室熏陶他2~3年以后，他逐渐意识到什么是研究、要研究什么。他会发现，他的科研成果其实不比实验室里的研究生差。这个时候，作为指导老师，我再给他一个梦想，鼓励他可以报浙大、清华。当然，我们自己学校也很好，所以我也会鼓励他们先到研究型大学读硕士、博士，或者出国读完博士后再回来，我们学校会非常欢迎他。（受访教师T-08）

与受访教师T-08有相似看法的还有许多坚持指导本科生参与科研活动的资深教师和有博士学位的青年教师，他们将本科生在中学教育阶段的学业基础、本科四年制的时间优势、本科生发挥能动性的学习态度作为持续与本科生互动的核心影响因素，也成为许多有博士学位的青年教师应对案例院校研究生规模、科研团队成员数量不足问题的有效策略。因此，教师对本科生产出科研成果的肯定和激励，成为本科生生成积极情感体验的可持续来源。将本科生学业目标融入科研活动的结果中，并付诸实践也是师生维持友好关系的有效推动力。例如，受访教师T-01在访谈中说："有个学生，我最后把她推荐给了我的研究生导师，她变成我的师妹，我们延续了科研互动关系。"本科生在科研活动中，习得科研技能、提升研究能力，并在教师的知识经验和社会资源的支持下获得学习成功和积极情感体验，促进提升情感能量。教师投入情感能量和知识经验帮助本科生实现科研活动目标、学业目标，促进本科生保持积极情感体验，增强师生团结感。可以说，积极的情感体验有助于促进生成"友好-合作"取向的师生关系，成为形成师生互动仪式链的内在驱动力。

（三）科研学习收获

科研学习收获对本科生身份权能感的获得影响指的是本科生在与教师的互动中对科研活动的认知逐渐清晰，促使其在互动中的角色经历了受教育者、活动参与者和科研学习者之间的转变。本科生在师生互动中的自我角色感知影响本科生科研技能、研究能力和社会性能力的习得和水平提升。已有研究发现，研究能力是高阶认知能力，是科研学习收获最小的方面，本科生在科研活动中的最大收获是科研技能和社会性能力提升。[①] 本科生的科研学习收获，对师生互动的有效性具有较大解释力。

随着参与科研活动经验的积累，本科生在与教师互动中获得的科研学习收获从量的变化实现质的提升。也就是说，本科生在科研活动中初步掌握科研技能，并在持续积累的科研经验中树立科研学习的理念和目标，理性面对和处理科研活动中的"失利"，生成积极的情感体验，在持续互动中产出科研成果。具体表现在社会性能力的提升方面，科研学习对本科生培养科学精神和创新意识、提升创新思维和抗压能力、进行沟通交流和团结协作等方面都有显著促进作用。此外，在科研学习中，本科生有机会与科研能力强的教师、科研学习效能高的研究生以及高年级本科生建立联系，通过非言语性行动发挥"躬

---

① 郭卉、韩婷：《大学生科研学习投入对学习收获影响的实证研究》，《教育研究》2018 年第 6 期，第 67 页。

身力行"的示范教学功能。本科生通过"模仿学习"，像教师、研究生和其他本科生一样工作和学习，有助于提升本科生接受研究生阶段教育、成为一名科研工作人员的职业选择意愿，表征为获得各种学业奖学金、参加创新创业训练计划项目和学科竞赛、发表科研论文等具有一定认知挑战性的科研学习目标的实现，不断提升本科生的科研能力和社会性能力。

本章中的大多数受访师生认同，科研活动中的学习经历有助于提升和实现本科生进入研究生教育阶段的学业目标。然而，研究者结合对受访师生访谈资料的分析发现，并非所有科研活动的参与者都选择继续攻读硕士学位。正是因为在科研活动中对成为科研学习者所需的科研能力和个人特质产生了更加科学理性的认知，有的本科生在自己的学业目标中放弃继续研究生教育，而将提升社会性能力作为参与科研活动的主要目标。他们认为，科研活动经历让他们对自己的职业选择有了更加清晰的认知，减少了对继续研究生教育、成为科研工作人员的盲从，有助于帮助本科生在融合先验经验和现实经验后做出理性选择和行动。

二 教学层面的因素

（一）选择教学策略

在本科生科研中，本科生、教师以及实施本科生科研的环境背景构成了启动师生互动仪式的前提性要素。根据卡内基教学促进基金会 1984 年对本科生学习的调查报告，"大学本科教育是否成功与校园生活的质量有关系，与学生在校园内度过的光阴和他们所参加的活动的质量有关系"。阿斯汀提出，参与任何课外活动、参加优等生计划、参加本科生科研课题计划等活动，都可以成为影响学生坚持修完学业的显著因素。①

---

① 吕达、周满生：《学院——美国本科生教育的经验》，载《当代外国教育改革著名文献：美国卷（第一册）》，人民教育出版社，2004，第 185 页。

更多的研究也表明，同教师的经常接触，比其他形式的活动与学生对学校的满意度有更加密切的关系。① 为此，研究者分析在教学层面如何影响师生互动有效性。

教学策略的选择影响教师在师生互动中身份权能感的获得。作为课堂教学的主要方式，师生互动的内容围绕课堂教学设定的目标展开。然而，课堂教学受到时间、地点等因素限制，教学目标的实现高度依赖本科生自主性、探究式的深度学习过程。作为课堂教学的延伸和有效补充，本科生科研被大量研究认定为一种有效的教学策略。在对受访教师的访谈过程中，研究者关注教师指导本科生科研的内在动机与外在目标，发现教师围绕本科生科研学习目标而设计的教学内容越科学、越具体、越体系化，师生互动效果越好，具体表征为在言语行动中真实性、正确性和真诚性的有效性主张的实现②，呈现出教学内容的可领会性。进一步理解哈贝马斯有关"有效性主张"在本章的实现程度，教师和本科生在传递和习得科研技能过程中表现出真实的客观性态度，在推进科研活动过程中表现出正确的相互作用式态度，在协商交流解决科研疑惑过程中表现出真诚的表达性态度。其中，相互作用式态度表明师生互动发生在"我们的"世界中，坚持客观性态度掌握自然世界中的科研技能，并通过表达性态度实现师生互动仪式的真诚协商。因此，建立平等、协商的"友好-合作"取向的师生关系有助于实现师生的主体间性状态，在协商对话机制中生成有效的师生互动模式。

研究者结合生动、具体的教育实践实例进一步说明，有效的教学策略促进师生互动有效性的实现。在案例院校，以受访教师 T-05、T-06 和 T-09 为代表的专业教师探索科研项目课程化，即将本

① 吕达、周满生：《投身学习：发挥美国高等教育的潜力》，载《当代外国教育改革著名文献：美国卷（第一册）》，人民教育出版社，2004，第32页。
② 〔德〕哈贝马斯：《交往与社会进化》，张博树译，重庆出版社，1989，第70页。

科生科研技能习得和研究能力提升作为课堂教学目标，建立具有本专业特色的体系化教学方法，本科生以研究小组形式习得科研技能、提升研究能力，教师指导本科生以科技创新团队形式参加科研活动，实现专业知识的学以致用。本科生科研训练多发生在第一课堂教学时间之余的周末和寒暑期，案例院校提供开展科研教学的实体化教室、研讨室或实验室。案例院校教务部门和学院本科生科研管理机构有关科研和教学成果的激励措施、教师对本科生科研的科学理性认知和基于教学经验的反思性实践，以及其他科研团队中师生互动的情况，在不同程度上对科研活动中的教师教学策略产生影响。例如，案例院校鼓励学科性学院实施本科生导师制，将指导本科生科研的成果作为教师业绩指标纳入教学评价体系，受访教师T-13表示自己深受其益。

> 我自己在读书期间就是活动参与者，现在成为教师后的指导经验相比其他老师就会丰富一些。但是更多教师指导学生参与科研活动只能从零起步。我认为，学校只要有这种正向促进的导向和具体的指导性意见，他们都是愿意指导本科生科研的。甚至，有些教师是从国内外知名研究型大学毕业来校工作的，他们的科研能力很强，自身在校期间也有科研参与经历或指导本科生科研的意愿。如果学校的引导导向不够明确，他们的内在动力就不足。所以，若学校出台文件明确相关指标，教师就会有更强动力指导学生。

和受访教师T-13一样，受访教师T-14在本科阶段也拥有科研活动参与经历，通过亲身实践证实本科生科研对实现本科学业成就、完成硕士和博士研究生教育、确定成为高校教师研究人员的职业选择产生了积极的促进作用。作为一名教育者，他们快速转变为活动促进者，并且在科研活动中表现出高聚焦和强情感状态，具有与本科生互动的强效能感。然而，不同教师对本科生科研的认知存在差异。在完成任务型师生互动模式中，教师参与科研活动没有获得完成任务之外的更多科研参与意义感。在锦上添花型、就事论事型和共创发现型师生互动模式中，教师参与科研活动的内在动机在于对科研活动潜在价值的认知和追寻。然而，在锦上添花型师生互动模式中，教师没有表现出高聚焦，这使师生互动的有效性介于有效和无效之间，呈现中效。在就事论事型师生互动模式中，教师没有投入强情感，在短期内表现为趋向完成科研学习目标的有效师生互动过程，但无法实现持续有效性。

教师采取有助于增加学生科研学习收获的教学策略体现在，教师发挥"脚手架"功能，帮助本科生在"最近发展区"认清科研学习目标，指导学生在科研活动中习得科研技能、积累科研经验、提升社会性能力。例如，受访教师 T-10 和形成了科研志趣的本科生建立了专业学习共同体，建立了"友好-合作"取向的师生互动关系，生成了共创发现型师生互动模式，持续有效的互动过程使师生互动结果在促进学生发展方面实现了最有效。

> 我属于那种比较尊重学生的老师。也就是说，无论学生想要做什么，我这里都能提供他想要的（学习）内容，想做科研的学生就带他做科研项目，我还有许多横向项目可以带学生做；那些想要参加学科竞赛的学生，我也有一些创新创业项目可以带他做。学生想要哪个方面都可以自己挑，我都能给他提供具体指导。我认为，只有这种方式才可能保持互相尊重的师生合作关系，也会更长久。不然，就会有很多学生做到后来就不想做了（离开项目团队）。

研究发现，拥有博士学位、接受过专业科研训练、时间富足、精力充沛且情感能量丰富的青年教师更容易与本科生生成共创发现型师生互动模式。他们在科研活动中对教学方法的创新设计，更容易靠近学生"最近发展区"，支持学生实现学业目标，但目标的实现经历了持续的反思性实践。

（二）投入情感能量

投入的情感能量和知识经验影响教师在互动中角色认同感的获得。在学校实施本科生科研的运行机制中，成果管理和激励措施在一定程度上提升了科研活动中的教师参与度。研究者将所有参与指导本科生科研的教师分为两种。一种是新近入职的有博士学位的青年教师，他们缺乏教学经验，但能快速且积极地投入科研活动的指导过程中，被称为科研活动"指导新手"。另一种被称为"专业老手"，他们多为副高级及以上职称的教师，拥有丰富的本科生科研指导经验，并深谙科研活动中的参与程序及评价规则，时间和精力投入不如"指导新手"，但也能获得可以表征教师教学业绩的本科生科研成果。相比之下，"专业老手"更受初入大学的本科生欢迎。原因在于，"专业老手"拥有丰富的教学科研经验，掌握更多可供支配的科研知识经验和社会资源。事实上，研究者在参与式观察过程中发现，"专业老手"和"指导新手"的教学经验和职称职级在科研活动中的师生互动过程中并没有实现匹配功能，而"指导新手"由于投入更多的情感能量和知识经验，有效增加了本科生学习收获。

以案例院校有博士学位的青年教师为例，他们认可本科生科研潜力并看重与本科生建立实践共同体，比"专业老手"投入了更多情感能量和知识经验。学生在科研活动中的学习收获和科研成果，反映了"指导新手"的教学水平，进而提升了"指导新手"持续与本科生互动的情感能量。在与本科生启动互动仪式之前，"指导新手"有多元途径与本科生建立师生关系，受访教师 T-14 说：

　　　曾经有一个学生来学院寻求竞赛指导老师，他找到了我办公室一个同事。但是因为这位同事已经带了很多学生，同事就向学生推荐了刚入职没多久的我。我当时对指导本科生科研完全没概念，以为这位同事是让我上"贼船"。但在后续的学科竞赛中，我指导的学生获得了省级一等奖（最高等级）。再后来，逐渐变成以后的每年都带学生做项目，参加学科竞赛。

　　可以说，入职时间不长且有博士学位的青年教师在师生互动中表现出很强的能动性和责任感，他们往往可以快速理解和把握所参与科研活动的具体要求。指导学生的强效能感促使他们实现了有效的师生互动。

　　　新老师进来（学校）没人教他们肯定是不知道的，这就看自己的悟性。(受访教师 T-03)
　　　新入职时，我感觉没有接触这些信息，也没有人介绍，就靠自己慢慢摸索。(受访教师 T-12)

　　上述两位受访者的"悟性""摸索"通过教师在科研活动际遇中的能动性得到体现。相比课堂教学，指导本科生参与科研活动是一项庞大的教学工程。以指导创新创业训练计划项目为例，从本科生撰写申报书，到获批立项、中期检查、完成结题的周期为1~2年。"指导新手"在与本科生的互动中积累教学经验，不断调整和完善教学策略，将指导本科生科研作为自身专业成长和科研发展的重要组成部分。而对于"专业老手"而言，将本科生申请创新项目的过程看作由本科生自主完成的探究式深度学习策略，教师主要发挥"脚手架"功能，与本科生的互动时间、频次和内容明显都少于"指导新手"。案例院校的教育实践证明，教师在科研活动中的情感能量和知识经验投入情况对本科生学习收获产生了不同影响。

对本科生科研和教师科研关系的理解程度在一定程度上决定了教师在科研活动中的知识经验投入程度。当教师发现本科生"拿"科研选题的成效并不理想，他们逐渐意识到学生能动性的重要性。社会建构主义者主张，学生在学习中应该主动搭建与教师对话的桥梁，并发挥引导对话进展方向的作用。这就决定了教师要调整教学策略和内容，放弃"输入式"教学，进行启发式互动教学。当学生进入教师擅长的研究领域并产生科研兴趣时，教师会在师生互动中不断扩充自身相关知识以回应学生的"提问"，使教育的持续性反映在变化与永恒两个对立面的相互作用之中。①

（三）维持师生关系

维持友好的师生关系影响教师与本科生互动效能感的获得。受访教师 T-12 是一位拥有博士学位的青年教师，在过去 5 年指导的本科生科技创新团队多次获批"国家、省、高校"三级创新创业训练计划项目立项，获得"挑战杯"等竞赛省级最高奖。

> 在这个过程中，我最大的收获是：学生有收获，我自己也在成长。在这两个收获的过程中，和学生建立了感情，我觉得这种收获才是和学生在互动过程中最难得、最可贵的收获。也许，很多老师没有这种体会和收获，但是我真的很开心在科研活动中和学生建立教师与学生、朋友与朋友的亲密感情。

可以看出，受访教师 T-12 更看重对友好师生关系的建立和维持，以及作为教育者的身份认同感，这成为促进有效师生互动的重要

---

① 〔巴西〕保罗·弗莱雷：《被压迫者教育学》，顾建新、张屹译，华东师范大学出版社，2020，第 32 页。

因素。友好的师生关系有利于提升师生在互动中的情感能量，促进师生角色认同感、身份权能感、群体团结感的形成。然而，很多学生在科研活动中发现教师很"忙"，具体表现为无法及时反馈和解决学生在科研项目中遇到的问题和困难，有的教师在科研活动中发现无法与本科生实现表达式的对话和协商。在上述两种情境中，师生关系解除即意味着互动终止。在有效的科研学习情境中，教师的角色是多重的，可以是协调者、促进者或资源顾问。[①] 教师如果不考虑学生的观点，就不可能形成有效的教学。[②] 弗莱雷也认为，师生只有通过交流，人的生命才有意义。教师不能替学生思考，也不能把自己的思想强加给学生。他还提出，对话需要对人有高度的信任，只有建立在爱、谦恭和信任的基础之上，对话才会呈现一种平行的关系，对话者之间互相信任是逻辑结果。[③] 因此，建立友好的师生关系，为实现师生之间的对话协商、促进有效师生互动创设了有利条件。

教师能否与本科生维持友好的师生关系还受到学生的先验知识经验和家庭的影响。有研究证明，家庭的第一代大学生不仅在师生互动方面缺乏经验，也会在遇到认知困难和挫折时缺乏家庭支持。[④] 当本科生是家庭中的第二代、第三代大学生时，他们被家庭成员赋予学业期待，获得了家庭资本支持。研究者在访谈过程中发现，家庭资本丰富的本科生，如受访学生 S-02 在家庭生活中提升了自信心和沟通能力，会更加主动地与教师建立互动关系，维持友好的师生关系。

---

① 〔美〕莱斯利·P. 斯特弗、〔美〕杰里·盖尔：《教育中的建构主义》，高文、徐斌艳、程可拉等译，华东师范大学出版社，2002，第 25 页。
② 〔美〕莱斯利·P. 斯特弗、〔美〕杰里·盖尔：《教育中的建构主义》，高文、徐斌艳、程可拉等译，华东师范大学出版社，2002，第 25 页。
③ 〔巴西〕保罗·弗莱雷：《被压迫者教育学》，顾建新、张屹译，华东师范大学出版社，2020，第 32 页。
④ 龙永红、汪雅霜：《生师互动对学习收获的影响：第一代与非第一代大学生的差异分析》，《高教探索》2018 年第 12 期，第 37 页。

　　大一暑假，我们想去某市进行项目调研，但老师不是很想和我们去，因为他对这个选题不是很认可，他觉得这只是地方经济社会发展中的一点小经验，不值得持续研究。但在我们几次盛情邀请下他还是去了，去了之后调研的成效很好。我父亲帮我们联系了许多可以拜访和访谈的工作人员，如果只是科研团队前往陌生的地方拜访和调研很有可能听不到"真话"，得不到真实有意义的数据。通过实地走访调研，老师开始对项目有了更多了解和研究兴趣。

　　如果说受访学生 S-02 的家庭支持主要体现在对其学业期待以及家庭资源的整合支持方面，那么受访学生 S-01 的家庭支持主要体现在精神层面的鼓励。在访谈结束时，受访学生 S-01 说："感谢爸妈在我高考失利时给我极大的宽容，也在我决定冲刺清北时给予我无条件的支持。"因此，家庭成员给本科生带来的积极情感体验对持续促进本科生发挥能动性具有一定的解释力。通过受访学生 S-01 和 S-02 的科研参与经历可以发现，建立和维持友好的师生关系受到了家庭环境、家庭成员以及家庭资源的共同促进作用。家庭氛围融洽和社会资源丰富的本科生在师生互动中的表现更主动、更自信，有助于提升师生互动有效性。

第三节　有效师生互动建构

一　进入科研活动前建立有效的师生关系

（一）延伸课堂教学

本科生科研被看作延伸至课堂教学之外的教育实践活动，与课堂教学分别作为辅助课程和主要课程，存在互补关系，学校的主要课程和辅助课程关系影响本科教育整体质量。学生在大学应当发现人与人是相互依存的这个现实。① 作为一种自主性、探究式深度学习策略，本科生参与科研活动也为深度学习目标服务：学生为了"迁移"（即获得可迁移的知识）而学，教师为了"迁移"而教。尽管大学被看作研究高深学问的场所，但在课堂教学有限的时间中，教师的教学任务表现为传播陈述性知识和程序性知识，鼓励学有余力、学有志趣的本科生在课外教育实践中继续探究高深学问，探求"掌握目标取向"。

> 作为教师，出于教学任务需要和学生培养目标，我们在课堂上鼓励学生在课下找机会多做一些校外社会调研，加深对课堂知识的理解和应用。这种"课堂尾声"的建议对教室里的大多数学生来说听过就罢了，但是有些主动性比较强的学生就会记下来，课后来找我。我觉得这对学生发展来说是好事情。因为相比学生来说，老师肯定有更好的资源和平台，能帮助他们确定选题和开展调研。（受访教师 T-04）

受访教师 T-04 的教育实践经历显示，相比案例院校通过各种措施宣传科研活动，教师在课堂教学过程中对学生参与科研活动的引导有效地促进了大学生自主性、探究式深度学习行动。然而，无法排除有的学生在课堂的回应只是对教师教学过程的盲从。正如吉登斯的"行动流"概念所认为的，行动者动机的激发并不一定是有意图的，可能是"有意识的"，也可能是"无意识的"，主要是以"实践意识"存在。② 然而，社会建构主义者的观点是，知识本身分为显性知

---

① 吕达、周满生：《学院——美国本科生教育的经验》，载《当代外国教育改革著名文献：美国卷（第一册）》，人民教育出版社，2004，第 185 页。
② 谢立中：《主体性、实践意识、结构化：吉登斯"结构化"理论再审视》，《学海》2019 年第 4 期，第 40~48 页。

识和默会知识。除了来自课堂教学的显性知识传递与形成的启发式思考，知识社会中的默会知识也依赖于在社会行动参与中的建构，学生在课外教育实践中实现学习隐喻功能。也就是说，无论学生是否有意图参加课外教育实践活动，都有益于实现对课堂显性知识的深入理解和应用，还为实现默会知识的建构协商创设了际遇。以受访学生 S-01 为例，他出于对科研学习的兴趣，主动寻求教师建立互动关系，为本科生科研活动中的师生际遇创设了现实条件。

> 我在大二加入了科研导师的实验室。我们文科专业一般不叫实验室，叫课题组。在课题组里，我和导师的研究生们一起学习。我当时主动去找老师提了我的学业发展诉求，说我想在本科期间发表一篇学术论文。一方面是为了后续升学材料做准备，另一方面是关注到我的导师是一位学术"大牛"，学术能力非常强，我很想向他学习如何做研究。

弗莱雷认为，人的学习兼具个体性和社会性，知识是教师和学生交流的产物。[1] 当师生成为科研活动中的际遇者时，受访教师认为本科生发挥能动性，即对参与科研活动生成积极的情感体验成为建立师生关系的主要原因。本科生整合大学校园的可利用资源，通过辅导员、高年级本科生以及网络媒介等渠道，汇总不同教师的研究领域、研究成果和个人研究特质，聚焦感兴趣的教师，通过"自我表现取向"向教师表露科研兴趣和科研能力。对于教师而言，本科生的科研能力是科研目标和科研学习收获，而科研学习态度与在科研活动中的能动性是教师是否与本科生建立互动关系的重要依据。依托课堂教

---

[1] 〔巴西〕保罗·弗莱雷：《被压迫者教育学》，顾建新、张屹译，华东师范大学出版社，2020，第 10 页。

学过程的师生关系之所以可能有效，是因为师生在课堂教学过程中实现了对本科生个体特质的基本认知。

（二）毕业设计指导关系前移

案例院校实施教师指导本科生毕业设计的工作机制。在每学年的秋季学期，学院为教师分配不超过 8 名本科四年级学生，指导其完成毕业论文。作为一项结果导向的教学任务，大多数师生未能对在毕业设计中的身份认同感、身份权能感形成共识，互动效能感不强，表现为教师主导的主体间性状态。根据对受访者的访谈资料分析，大学教学组织松散，师生课堂教学互动有限，分配机制的实施有助于降低沟通成本、提高师生关系建立的效率。因此，师生互动过程中的情感体验成为影响毕业论文质量的关键因素。受访教师 T-09 是一位入职刚满 2 年有博士学位的青年教师，其工作后的第一项教学任务就是指导本科生完成毕业论文。

> 为什么定下来要招学生？学校有个毕业设计考核要求他（专业教师）带学生，这是我们起初带学生的主要原因。刚开始也会有很多其他老师是出于这个原因（带学生做毕业论文）。其实，也是因为我们博士毕业后刚开始工作，对教学管理过程基本都不知道，觉得学校既然有考核要求，那我就招几个学生吧。

受访教师 T-09 的教育实践经历实现了一次对教学质量提升有益的实验。作为入职后的第一项任务，他高度聚焦本科生的毕业论文质量，并认为掌握必要的科研技能是本科生进行毕业设计的前提。

> 我被安排带了 8 名四年级本科生做毕业设计。其中有 2 名学生的毕业论文获评了优秀论文。这 2 名学生毕业后还一直跟

我做研究并持续到现在。他们现在研究生已经快毕业（在国外读书）了，发表论文情况还不错，打算报考博士研究生。从这件事情上我感觉到我们学校本科生还是有巨大科研潜力的，后来我慢慢开始带其他类型学生做科研项目。尤其是当学生觉得我带本科毕业设计的成效还不错时，他们会推荐更多其他学生过来找我做科研项目。

受访教师 T-09 指导本科生毕业设计提升了与本科生互动的意义感，促使其与更多本科生建立和维持关系。可以说，在原本生成的完成任务型师生互动模式下，教师在与本科生互动过程中发现了教学与科研的张力"平衡点"。教师的情感能量得到提升，由被安排带本科生做毕业设计转变为主动创设与本科生互动的际遇，师生关系向着"友好-独立""友好-顺从""友好-合作"取向转变，师生角色由"教育者-受教育者"发展为"活动促进者-活动参与者""科研合作者-科研学习者"。此外，毕业设计中师生建立关系过程的前移，促使本科生较早与毕业设计指导教师建立关系，师生所拥有的科研知识经验持续实现社会化，本科生习得科研技能、提升研究能力，对提升毕业论文质量、提高本科教学质量也有促进作用。

（三）建立梯队式科研团队

案例院校的本科生科研运行机制为师生提供了多元科研参与机会，提高了师生科研活动参与度和科研参与意义感。对于在科研活动中表现优异的本科生，科研参与为提升素质评价结果、获得各类奖学金提供了富有竞争力的支撑内容，间接促进学生的学习成功。根据柯林斯在互动仪式理论中的阐述，情感能量与认知符号（知识经验）决定了互动参与者的思维，促使他们在互动中重新找到相应位置，产生成员身份感，短期情感体验流回长期情感体验结构中，成功的互动仪式带来了群体团结感，在持续互动中形成了互动仪式链。① 研究者发现，阻碍大多数师生生成成功的互动仪式、形成互动仪式链的现实原因在于，本科生参与科研活动促进学习成功的显性目标，使其在短期内无法获得科研参与意义感。也就是说，本科生对科研活动"工具性价值"的关注超过"意义性价值"，本科生出离互动仪式带给教师负面情感体验。正如受访教师 T-04 所说：

> 指导学生做科研项目存在一些缺陷，比如做任何科研或调查项目都需要持续推进，但这些学生在很多时候没办法做到。有的学生凭借努力中了一个国家级创新创业训练计划项目，但是等他毕业时项目做不下去了，他也没有意愿持续做下去，那这个项目就可能成为一个"烂尾"工程。

为了解决广泛存在于本科生科研中"工具性价值"和"意义性价值"之间的矛盾，一些受访教师在具体的教育实践中积极推动教学方法改革，结合教学经验探索构建本科生科研训练体系，建立专业实践共同体。例如，受访教师 T-06 在访谈过程中说：

> 我建立了一个贯穿本硕博学习阶段的创新型人才培养梯队，不同学习阶段的学生各取所需，发挥各自擅长研究领域的科研技能。比如，本科生意愿强烈、时间充沛，研究生在学术经验和学术训练的掌握程度上强于本科生，但没有太多时间和精力参加学术竞赛，本硕博学生可以在科研活动中取长补短，实现互相成就。

---

① 〔美〕兰德尔·柯林斯：《互动仪式链》，林聚任、王鹏、宋丽君译，商务印书馆，2019，第 66、82、187、208 页。

在主动创设的科研活动际遇中，成为师生际遇者需要满足一定的条件。为了更好地发挥自然筛选功能，受访教师 T-06 通过新生入学始业教育和课堂教学，面向本专业本科生进行科研活动宣传，招募科研团队成员，辅之以课堂教学、课后作业等方式了解本科生的科研认知能力与科研学习态度。许多受访教师认为，形成科研学习兴趣和目标的本科生应该尽可能将科研学习时间提早，为取得更多优异的科研成果打好基础，教师应主要面向低年级本科生招募科研学习团队成员。

> 大一主要是打基础，我鼓励本科生去选修相关通识课，指导他们把 Python 学好，学完就让他们参加数学建模比赛，通过数学建模锻炼思维（就是分析）。写论文也好，写专利也好，都很需要创新思维。只有在大一打好科研学习基础，等到大二时才能有精力、有能力学习如何申请专利。对于本科生来说，如果大二上学期能写好专利，大四结束前就可以拿到专利的授权，这种结果对他们自己来说会有特别大的学业帮助。（受访教师 T-06）

通过建立专业实践共同体，教师在课外教育教学过程中传递陈述性知识和程序性知识等显性知识，指导学生习得科研技能；分享默会知识，提升学生科研兴趣，树立科研学习观念，提升研究能力，为默会知识在师生互动中从社会化实现表征化创造了有利条件。

二 在科研活动中生成有效师生互动模式

（一）澄清对科研活动的认知

对本科生而言，科研活动富有一定的认知挑战性。然而，许多本科生对科研活动的认知经历了从获得创新学分向学习科研知识转变的过程。本科生在科研活动中的情感能量随着师生互动仪式的终止而发生变化。大多数本科生获得创新学分后便离开师生互动仪式市场，小部分本科生对互动仪式的终止采取了反思性实践行动，从受教育者角色转变为活动参与者角色。受访学生 S-21 是一名拥有转专业经历的本科生，在科研参与过程中经历了复杂的情感变化，也在科研活动中实现了对所学专业的认知。

起初，Z 老师课题小组招募成员。我问了我的班助，她说大学期间必须获得创新学分。我当时已经进了 3 个社团特别忙，就没有特别强烈的意愿报名。但想到这次机会是为了毕业准备，我为拿到创新学分就申请入组了。入组后，我参加了一个案例分析大赛，申请了一个国创项目，但都没有成功。我在大二转了专业，想到之前的失败心里憋着一口气，要再努力争取，于是我又找到了一位刚好在给我们上课的老师做我的科技导师，此时的我基本按照导师的要求一步步学习。

后来受访学生 S-21 在选择研究生教育阶段专业和学校时，选择了一个其真正有科研兴趣的专业。大多数受访教师认同，应该鼓励学生在大一阶段春季学期申报校级创新创业训练计划项目，秋季学期入学实现适应大学科研学习环境、进行文献阅读和综述以及效仿高年级本科生科研学习的目标。相比国家级和省级创新创业训练计划项目，校级创新创业训练计划项目名额多、难度低、结题易，有助于促进本科生培养科学思维和创新意识，提升科研学习效能感。同时，为保证学生科研技能的习得，教师不能为本科生指定科研选题，应该发挥"脚手架"功能，结合感兴趣的研究领域为本科生推荐经典文献，鼓励学生在经典阅读过程中拓展理论视野，发现和了解更多对研究兴趣有价值的文献。学生通过初步的自主性、探究式深度学习，设计研究选题，在与教师协商交流中期待互动仪式。例如，受访学生 S-02 说：

> 老师不会让我直接参与他的科研项目，我们也没有能力完成。在老师建议下，我去查询了近几年全省十大民生实事的实施情况，又看了最新发布的全国全省"十四五"规划建设方案中和我专业相关且感兴趣的内容。我和我的几位同学进行了几次讨论，筛选出几个选题后再和老师讨论确定题目。

此外，除了教师指导选题，学生自主选题或作为团队成员加入教师课题组也是启动互动仪式的常见方式。结合研究者在案例院校的参与式观察，学生自主选题受到本科生科研能力限制，选题科学性、创新性和可行性影响师生学习收获和互动效能感。本科生初次参与科研活动中的学习收获，帮助本科生实现对科研活动的科学理性认知，在教师的"脚手架"功能中生成与师生互动的效能感，积极的情感体验促使师生建立友好的关系，并对科研选题形成共同聚焦。成功的师生互动仪式促使师生实践共同体不断完善和优化，有利于继续申报国家级、省级创新创业训练计划项目。默会知识在实现社会化过程中通过本科生科研活动中的师生互动实现知识的表征，表征方式为教师启发本科生认识和建立科研兴趣，聚焦具有认知挑战性的科研项目。

（二）激发科研活动参与热情

作为教学过程的基本组成形式，师生交往的首要取向是获得生命的意义感。[1] 成功的师生互动仪式，使师生获得科研活动参与的意义感。面对多元科研参与机会，教师的支持降低了本科生参与科研活动

---

[1] 李家成：《论师生交往的个体生命价值》，《集美大学学报》（教育科学版）2002 年第 1 期，第 37 页。

的盲目性。此时，教师发挥能动性，用有利于科研发展的理性思维梳理和判断适合本科生参与的科研活动，提升科研活动质量。例如，受访教师 T-09 是案例院校自主培养的博士，对所在学院和专业本科生有足够了解，拥有对促进专业发展的强烈意义感。

> 我会让学生从创新项目中培育作品参加 A 类学科竞赛，之后再参加 B 类学科竞赛、C 类学科竞赛、D 类学科竞赛……我们打算用一个主题参与多个比赛，只要等成绩做出来了，就会有越来越多的师生愿意参与进来。

科学、理性认识创新创业训练计划项目、学科竞赛与科研论文之间的关系，有助于促进师生角色从"活动促进者-活动参与者"转变为"科研合作者-科研学习者"。在对受访者的访谈中，研究者发现"积累经验"是许多本科生参与科研活动的直接目标，并将此作为实现学业目标的重要支撑。

> 我参加科研活动最直接的目标就是冲刺保研。我总结了之前保研的人成功和不成功的原因是什么。保研有竞赛、课题和论文的要求。所以整个上半年只要我能参加的（竞赛/项目）都去参加了，有 20 多个。后来得知我的成绩达不到保研要求，我就有很长一段时间没有参加科研活动了。（受访学生 S-32）

受访学生 S-32 的科研活动参与经历演绎着科研活动的"工具性价值"。为了实现本科生科研的育人价值，教师在与本科生互动的过程中不断激发科研活动的"意义性价值"。在教学过程中，教师在向学生"传道、授业、解惑"的同时，把其思想、世界观、兴趣、能力、气质、性格等方面的修养和素质显露给学生并潜移默化地影响学生。[①] 因此，有效的师生互动有助于帮助学生形成健全的人格。由于许多学科竞赛与专业学习表现出高度相关性，实现竞赛课程化是将专业发展与科研活动融合在一起的有效措施，可以提升师生互动有效性，帮助本科生理解和内化科研活动的"意义性价值"。在访谈过程中，受访教师 T-05 语重心长地说：

> 他们毕业之后就会明白，尽管当初是奔着参加学术竞赛来的实验室，但其实他们收获的远远不只是竞赛，他们会在参与竞赛过程中逐渐成为一个快速了解社会、适应社会，且具有较强就业竞争能力的人。

参与学科竞赛的结果，通过荣誉等次和物质奖励实现了表征，相比参与创新项目的意义感更显著。学科竞赛中的师生互动，是实现科研知识先验性和经验性的交往行动，也是建立在师生已有知识经验基础上的一次社会化建构，生成了不同的师生互动模式，产生了不同的科研学习收获，表现为身份权能感、角色认同感、互动效能感以及科研活动参与意义感的获得。

（三）生成有效的师生互动模式

在本章中，受访教师对本科生的科研潜力持积极态度，认为培养地方经济社会发展所需要的创新型人才必须激发更多本科生的科研兴趣、培养必要的科研能力。根据观察受访者在科研活动中的表现，教师年龄、性别、学历学位、职务职称、研究方向、学术经历和学术成果等特征都不会制约师生建立友好关系、生成有效师生互动模式。获

---

① 佐斌：《师生互动论——课堂师生互动的心理学研究》，华中师范大学出版社，2002，第9页。

得身份权能感、角色认同感和互动效能感才是促进师生互动中短期情感体验向长期情感体验发展的重要因素。例如，受访教师 T-07 非常看重自身作为教师的角色，将人才培养作为职业生涯的重要组成部分。

> 我们带本科生参加科研活动，虽说有激励但肯定不是在仔细查阅理解学校的激励办法后而选择参加的。说到底在我们这个层次的地方高校中，如果老师不认真教学，使劲儿培养一批优秀学生的话，学生多半在"自由"的大学生活中自我荒废了。但我们做老师的知道这样肯定不行，我们的学生可都是有超强学习能力的。

教师指导学生申报创新创业训练计划项目、参加学科竞赛，生成了短期情感体验，在教师遵从利他主义和对教师教育者角色的道德感知中促进师生互动仪式的启动。知识实现表征化，师生互动仪式终止，情感能量的提升促使师生生成新的互动际遇，持续推进互动仪式。可以理解为，本科生角色由活动参与者发展为科研学习者，并在持续互动中习得更多科研技能，提升研究能力，产出更多科研成果。结合前文所述，有博士学位的青年教师受限于学校资源和平台，与确立了科研志趣的本科生建立"友好-合作"取向的师生关系，维持积极的情感体验，建立科研实践共同体和专业学习共同体。

在实践共同体中，本科生参与教师科研项目，和教师一起工作，缓和了许多有博士学位的青年教师科研力量不足的问题；教师与本科生合作推进科研项目，提升了研究效率，有机会产出更多科研成果。教师和本科生在稳定的情感体验中，从一个科研活动的际遇中流动到另一个际遇，持续生成有效的师生互动模式，稳步提升情感能量。受访教师 T-09 对与本科生进行科研合作充满信心，将本科生作为建立学术共同体的重要来源。

对于人文社科类专业老师来讲，跟理工科最大的区别在于我们的科研经费没有那么多，没有像样的实验室、研究所。但是，我们发展过程中也需要组建一个团队，对我来说更希望能有自己的科研团队。因此，我会经常带学生做科研项目，到全国各地参加学术会议、交流学术论文的时候也会带上他们，因为我始终觉得一个科研团队会比一个人的工作效率更高。

然而，受访教师 T-09 和本科生的学术共同体在短期内体现为实践共同体，要培养真正对科研有兴趣的本科生进行科研合作，充分发挥教师的"脚手架"功能，学生完成本科阶段学业后进入研究生教育阶段，在不断提升研究能力中持续与教师维持互动关系。也就是说，在师生互动仪式中，长期持续的互动仪式可带来比短期相互关注中的反馈更为有效的回报。[①] 持续提升的情感能量与知识经验投入程度决定了互动参与者在科研活动中的思维，促使他们在互动中产生成员身份认同感，短期情感体验流回长期情感体验结构中，成功的互动仪式带来了群体团结感，促进师生持续互动。

三 在科研活动中持续进行有效师生互动

（一）维持良好的师生互动关系

有受访教师认为，对学生的科研参与热情应该保持"来者不拒"的态度。他们认为，初入大学的本科生具有可塑性，也存在不稳定性，"来者不拒"意味着教师应该致力于培养本科生的科研兴趣，但并非所有本科生都有意愿确立科研志趣。本科生初次参与科研活动时，其"自我表现取向"表现为"初生牛犊不怕虎""天生我材必有

---

① 〔美〕兰德尔·柯林斯：《互动仪式链》，林聚任、王鹏、宋丽君译，商务印书馆，2019，第 210 页。

用""有志者事竟成"。对此，受访教师 T-06 认同案例院校所有本科生都具有科研学习的可塑性的观点，但科研兴趣应该交由学生个体在不断参与科研活动的实践中不断提高。

> 我对报名参加科研活动的学生坚持不筛选，我觉得学生只要愿意来就来。他们在参与过程中一定有自然淘汰，一方面是有的学生会发现对这个东西不感兴趣，那他就马上放弃了；另一方面是学生在学习过程中感觉跟不上的时候也会放弃。这样，我们就能在坚持科研学习的同学中发现真正对科研有兴趣的人。

这种在科研活动中对本科生科研兴趣的自然筛选功能能促进师生建立持续的友好互动关系，实现了教师和本科生在确立师生关系前对彼此已有知识经验的共享和承认。"主动""及时反馈""情感共享"是师生互动中的有效行动策略。"主动"体现了本科生的能动性，大多数受访者认为，本科生在科研活动中的能动性决定了教师的情感能量和知识经验投入情况。"及时反馈"意味着教师和学生都能本着尊重、平等的态度交流，根据科研活动进度、需要解决的问题的时效性，学生通过面对面和网络媒介等方式与教师互动。受访教师 T-08 是理工科专业的教授，她坚持指导本科生科研的原因在于总是能发现和培养更多优秀的本科生，与本科生的互动交流促使她在科研工作中保持清醒的学习状态。

> 他们随时通过 QQ、微信联系我，我曾经带过的最好的本科生比当时带的研究生和我的交流还多。我和他们说，一定要在实验数据做出来的第一时间通过截图发给我，如果我发现数据有问题会随时在线上和学生沟通修正。我想，优秀的学生都是能做到随时沟通的。

"情感共享"表明师生在积极的情感体验中形成了情感与知识经验互补。作为师生互动仪式中的主要形式，"真正的对话是一种民主与平等的关系，是一种相互尊重、相互理解的关系"。[①] 当师生追求长期持续互动，长期的情感体验就形成了"友好-合作"取向的师生互动关系，在协商对话中推进科研活动、产出科研成果，形成共创发现型师生互动模式，将知识实现联结变为可能。

师生进行面对面互动有三方面优势：一是减少沟通成本，提高沟通效率，提升情感能量；二是获得更多机会与教师、研究生以及高年级本科生交流，为在场师生实现知识联结拓宽了视野，发挥榜样示范功能；三是有益于团队建设，尤其是一些师生科研团队坚持举办读书会、交流汇报会，以提升团队群体身份感和归属感，促进学生在科研学习中培养科研意志力。例如，受访教师 T-09 为本科生建立科研训练体系，并坚持全程参与，发挥示范榜样作用。

> 要做好这件事情，我自己一定要确保全程参与。我实施读书会考勤制度，我自己就是考勤率最高的参与者。我发现，有些学生来了几次，但后来渐渐减少了来的次数，最后完全不参与了，那么我们剩下来持续坚持学习的就是有学术兴趣的学生。

建立和维持"友好-合作"取向的师生互动关系为师生共同发展带来了更多机会，也是实现师生角色转变为科研合作者-科研学习者的前提。成功的互动仪式为师生带来了情感能量和群体团结感。涂尔干意义中的社会成员身份实现，表征为师生之间持续共有的信任。在师生互动中，彼此信任实现了群体成员的筛选功能，建立了有效科研学习机制，参与科研活动有利于实现默会知识的社会化、表征化。受

---

① 安世遨：《交往、对话与社会和谐》，社会科学文献出版社，2020，第 47 页。

访教师 T-06 结合自身的科研指导经历发现，"只要肯做，我们学校的本科生水平完全可以达到甚至超越很多研究生水平。这是因为，他们只是不知道如何找文献、看文献，但这个问题通过一段时间的训练就可以完全解决"。

结合教育实践经验，本科生科研活动具有知识性、挑战性、合作性，"以学生为主体"的科研活动需要"以教师为主导"的知识经验给予支撑。师生互动中的身份权能感表征为学生通过能动性强的积极情感体验和行动策略实现"自我表现取向"，获得教师信任，和教师建立"友好-合作"取向的师生互动关系，获得角色认同感。教师和学生共同在场参与科研活动，通过对话协商，实现先验性和经验性的融合，获得科研参与意义感。本章认为，师生互动中既要重视学生的强情感能量投入，也要关注教师知识经验投入最大化，师生在互动中保持互相尊重，强化情感交流，切磋琢磨，为师生共同发展创设高质量环境。根据对受访者的访谈，本章发现教师身份权能感决定了"以教师为主导"的影响力有针对性地提升教师在师生互动中的影响力有利于提高教师对项目的聚焦程度和互动效能感，帮助本科生实现科研目标清晰化和实施条目化，教师投入的情感能量和知识经验有效降低了本科生科研的盲目性，确保科研方向的正确性以及科研目标的实现。

在与本科生互动的意义感缺失时，教师指导本科生参与科研活动的内在动力来自教学和科研任务。在完成任务型师生互动模式中，师生互动仪式是短暂的。而在共创发现型师生互动模式中，师生生成了长期情感体验，提升了互动效能感，获得了科研参与的意义感。学生参与科研活动的意义感来自科研成果对学习收获的促进作用，教师参与科研活动的意义感在于完成教学任务、提升教学业绩以及在一定程度上实现科教融合。因此，"友好-合作"取向的师生互动关系为学生培养科学思维和创新意识、掌握科研技能，促进教师实现教学和科研平衡创设了可预见的可能性。

（二）在反思性实践中建构科研知识结构

在科研活动中，教师和学生在持续的反思性实践中更新已有知识经验，创设对师生发展更有参与意义感的表征，并逐渐在分享、讨论和科研互动行动中实现本科生科研知识的积累和联结。在访谈过程中，受访学生 S-21 和多位教师进行了积极情感体验的科研互动。

> 准确地说，我的导师有三位。第一位导师应该是我的学术引路人，带我完成科研学习入门；第二位导师帮我建立了一个学术框架和创新思维，从阅读文献到报告成文都是这位老师教会我的；第三位导师教我的东西更加注重细节，他将项目分成各环节，要求我逐项完成，主要包括从研究课题到学科竞赛，再到形成科研论文、参加学术会议以及科研论文的公开发表。

这位受访学生和多位教师互动的科研活动经历了不同的情感体验，在不同阶段习得科研技能、提升研究能力，呈现出科研知识在积累中螺旋上升的过程。此外，教师组织开展研究课题组读书会的目的不只是要求本科生进行文献综述的交流展示，也是为了建立专业实践共同体。例如，受访教师 T-08 坚持让不同本科生选择不同的科研选题，确保科研项目的科学性、创新性和可行性。

> 所有学生都做同一个科研项目的结果是做不出更多有创新价值的科研成果。如果要把学生的科研兴趣带动起来、培养起来，就要和他们讨论出更多有价值的课题。本科生不能总是参与研究生课题，每个本科生都要有属于自己的项目，不然他会认为"我"总是在给研究生打工，慢慢就没有科研学习的动力了，他们应该在分享、交流和科研学习过程中产出科研成果。更重要的是，如果一个实验室的本科生在科研方面获得发展和进步，研究

生也会更努力提升自己的科研能力，我觉得这就会形成一个实现学习共同体的圈子。

（三）获得科研参与意义感的互动结果

作为一项有认知挑战性的教育实践活动，教师指导下的本科生科研在促进学习方面具有持续影响力。在本章中，省内生源的本科生均来自所在地重点高中，在初入大学时就确立了继续完成研究生教育的学业目标。案例院校的教师认为，本科生参与科研活动应结合学业目标设计行之有效的科研学习方案。受访教师 T-08 的科研指导经历让她认定科研活动应该发挥对学业目标的促进作用。

> 我们面试研究生时很有感触，学生如果想去清华、北大、浙大读研究生，我们看简历时就不会过多关注考试成绩，而是重点看简历上的科研成果。如果学生考研笔试成绩是第一名，但是大学四年任何科技创新活动都没参与过，我们会认为这位同学大学四年就是奔着考研来的。因为我们理工科专业的学习是必须做实验的，这样没有科研经历的学生在研究生阶段一般不会特别受欢迎。

本科生在科研活动中习得的科研知识在联结后真正实现内化，师生互动实现"教是为了不教""学是为了不学"。也就是说，只有内化的科研知识才能让知识的社会化和师生的个体化实现统一。

> 我希望通过学生不断参加学术竞赛的培养过程，挖掘到真正喜欢学术研究的本科生，或者是真正能够走向未来研究生、博士生教育阶段的本科生。挖掘出来后，我会对他进行必要的思想教育，慢慢告诉他科研这条路还是富有价值的。（受访教师 T-09）

在受访教师 T-09 看来，除了习得科研知识，让学生在实践共同体中从学术"小白"变成合法的"边缘者"，确立科研志趣，提升研究能力，有利于帮助少数本科生实现"知识生产者"的职业选择目标。对于以受访教师 T-09 为代表的一些有博士学位的青年教师来说，他们更希望和本科生建立专业实践共同体，实现持续科研发展。因此，教师向本科生传播科研知识、协商科研活动中疑难问题的过程，也是督促自身扩充专业知识储备的过程。受访教师 T-08 说："没办法，你总不能比学生还差吧。学生努力也在逼迫我们进步。"和本科生持续有效的互动促进了教师角色认同感的建立。受访教师 T-12 则更看重通过维持友好的师生关系提升教师角色认同感。

> 带学生做研究还是挺开心的。说句实在话，在参与科研活动结束后，尤其是学生毕业以后，节假日还能想起给我发祝福短信，这种感觉让我很有获得感与成就感。一旦脱离了利益关系，学生还能联系就说明他是真的感激曾经教过他的老师。我感觉自己没有太大的能力，但带好这些学生，把他们培养好的感觉真的很不错。

（四）形成师生互动仪式链

学生从接受科研知识的受教育者转变为活动参与者、科研学习者，教师提升组织开展课外教育教学实践活动的身份权能感，获得教学业绩和角色认同感。在科研活动中，持续进行的师生互动形成了具有师生个体认知经验差异的知识动态创生的过程。在前文的论述中，本科生科研中有效师生互动的基本特征表现为主体间性、能动性、协商性、情感性和意义性，即本科生和教师在科研活动的际遇中形成了对科研项目的高度共同聚焦，获得角色认同感；在强情感体验中获得身份权能感，生成积极情感体验，提升情感能量；在生成的有效师生互动模式中建立友好师生关系，获得群体团结感，提高师生互动效能感；在持续进行的互动仪式中形成师生互动仪式链，获得科研参与的意义感。

科研参与意义感的获得过程，可以理解为本科生与教师在互动过程中通过关系建立、策略确定、策略适应、不断练习实现师生共同发展的过程。本科生科研中的师生互动是师生交往行为的核心过程，包含了对话、分享和理解。达到对科研活动理解的目标是导向某种认同，认同归于相互理解、共享知识、彼此信任、两相符合的主观际相互依存。① 师生互动受到了参与科研活动结果和目标导向的显著影响。然而，由于现实生活世界是人与人交往得以达成的基础，师生的交往行为若要有效，教师和本科生达成相互理解，就必须服从真实、正确和真诚的有效性主张。在交往行为中，相互认可的有效性主张的基础是预先设定的。② 本科生科研活动的学习情境是师生交往的先验性，建构有效师生互动是师生交往的经验性，先验性和经验性构成本科生科研中的有效师生交往行动，并通过有效师生互动模式呈现出来。

本章认为，本科生科研中有效师生互动模式的生成依赖"友好-合作"取向师生互动关系的建立，是不断提升师生互动效能感、获得科研参与意义感的互动过程，有助于实现师生的共同发展。本科生科研中师生互动模式的提出，可以作为在本科生科研中建构有效师生互动的预先设定的基本前提，有助于生成有效的师生互动模式，形成维持长期积极情感体验的师生互动仪式链。

---

① 〔德〕哈贝马斯：《交往与社会进化》，张博树译，重庆出版社，1989，第2~3页。
② 王彦龙、杜世洪：《论言语行为中有效性主张的经验向度》，《内蒙古社会科学》2021年第2期，第57页。

第五章　结论与反思

本章重点对本书的研究过程进行概括，提炼并阐述研究结论，结合研究结论为地方高校实施本科生科研工作提出具有可行性的政策建议，同时对本书的贡献和不足进行总结，提出未来研究展望。

第一节　研究结论

本书以情境学习理论、交往行动理论和互动仪式链理论为理论视角，聚焦我国东部某省会城市的一所地方高校，选取了拥有本科生科研活动经历的 14 位教师和 39 名本科生作为研究对象，采用案例研究方法对本科生科研中的师生互动情境、互动过程和互动结果进行分析，生成了四种不同的师生互动模式，并在分析不同师生互动模式对师生发展有效性的基础上，阐述和分析了有效师生互动的基本特征、影响因素，并对本科生科研中的有效师生互动进行了建构。

本书主要得出如下几点结论。

第一，地方高校本科生科研的实施措施有效提升了师生参与度，为师生互动创设了有利的科研学习环境。进入本科生科研活动，师生共同在场参与确定科研活动目标，采取差异化的互动方式，从而实现对本科生科研中师生互动情境的创设。

地方高校本科生科研中的师生互动情境影响师生参与科研活动的内在动力激发。地方高校通过完善本科生科研管理模式、提供多元本科生科研参与机会、重视本科生科研成果管理和激励措施、注重软硬件支撑等方面，提高本科生科研师生参与度。进入本科生科研活动，地方高校本科生参与科研的目标表现为提高继续研究生教育的能力和面向地方经济社会发展的就业竞争力，对获得教师支持产生现实诉求；受限于科研经费、科研团队人员和研究生规模等因素，教师产生对本科生科研支持的现实需要，使地方高校本科生有更多机会与教师一起进行科研工作，科研项目应用性较强，有利于本科生深度参与。师生之间的互相支持在互动过程中得以体现，促进教师投入更多时间和精力与本科生互动，与本科生维持良好的师生关系，提升了本科生参与科研活动的意愿和自信心。师生共同在场参与构成了本科生科研中师生互动的前提，为了实现科研活动目标，师生采取不同行动策略，通过教师主导互动、学生主导互动和师生相互促进互动的方式，进入师生互动情境。

第二，在互动情境中，师生受到共同的项目聚焦程度和情感共享程度影响，师生互动模式包含低聚焦-弱情感的完成任务型、低聚焦-强情感的锦上添花型、高聚焦-弱情感的就事论事型和高聚焦-强情感的共创发现型。共同的项目聚焦程度和情感共享程度越高，情感能量越强，师生互动的有效性越好，本科生科研质量越高。

在师生共同在场参与的科研活动情境中，前提性要素、过程性要素和目标性要素共同触发了师生互动的启动和推进。共同的项目聚焦程度和情感共享程度对生成不同的师生互动模式产生影响。在互动过程中表现出低聚焦、弱情感的师生呈现完成任务型，他们认为本科生科研的价值在于获得课程学分和完成教学任务，对待科研活动只关心参与而不在意过程和结果。在互动过程中表现为低聚焦、强情感的师生呈现锦上添花型，他们认同本科生科研对学生发展有促进作用，但不认同会对教师科研产生影响，教师对本科生参与科研活动表现出积极的情感体验，认为科研参与过程比结果更重要。在互动过程中表现为高聚焦、弱情感的师生呈现就事论事型，他们形成了对项目的高度聚集，不介意互动对象是谁，围绕实现科研活动目标追求互动效率和科研质量，不进行项目之外的交流。在互动过程中表现为高聚焦、强情感的师生呈现共创发现型，他们认同、理解和接受彼此已有知识经验是进行科研活动的重要前提，在科研活动中追求知识的共创发现。当生成的师生互动模式有利于实现科研目标时，共同的项目聚焦程度和情感共享程度表现出稳定性，即师生在稳定的互动模式中持续互动。在师生互动的情境中形成高度的项目聚焦和强情感体验，实现了本科生科研中建立良好师生关系的内在筛选功能，有利于提升师生互动有效性。

第三，本科生科研中有效师生互动体现出主体间性、能动性、协商性、情感性和意义性的基本特征。影响师生互动有效性的因素主要体现在学习层面和教学层面，影响师生角色认同感、身份权能感和互动效能感的获得。从建立良好的师生关系出发，当师生获得的互动效能感表征为科研参与意义感，即实现了有效师生互动的建构。

在有效师生互动中，师生通过理解、沟通、协调和妥协，建立"主体-主体"的主体间关系，实现平等对话；通过本科生求助、教师投入和师生反思性实践体现出能动性，推进项目进度；在协商中进行有关科研活动的有效对话，促进问题解决；在积极的情感体验中提升情感能量，实现持续的师生互动；在对师生互动过程和科研活动结果的感知中，获得科研参与意义感。影响师生互动有效性的因素主要体现在学习层面和教学层面，这些因素通过影响师生互动中角色认同感、身份权能感和互动效能感的获得，影响师生互动过程及模式生成。师生互动效能感的获得通过科研参与意义感体现。本科生和教师在科研中形成共同的科研项目聚焦，获得角色认同感；在强情感共享体验中获得更多情感能量，获得身份权能感；在有效师生互动中获得互动效能感；在持续投入的科研活动中获得科研参与意义感。

第四，与资深教师相比，地方高校有博士学位的青年教师与本科生互动更容易获得角色认同感、身份权能感和互动效能感，师生科研参与意义感更强、互动效果更好。地方高校实施本科生科研在一定程度上缓和了研究生规模不足的问题，有利于教师在教育实践中践行教学学术理念，促进科研育人。

在本书的案例院校中，教授职称的资深教师拥有本学科较多数量的研究生招生指标，相比副教授和讲师职称的有博士学位的青年教师，其投入指导本科生科研的精力和时间较为有限。有博士学位的青年教师在博士生教育期间接受了专业科研训练，入校工作后在科研发展方面具有较强效能感。受到地方高校研究生招生资格、研究生规模、生源及质量影响，有博士学位的青年教师通过担任本科生班主任、面向本科生开设课程、担任科技导师等方式，与培养了科研兴趣的本科生建立实践共同体，构建符合本科生认知水平的科研训练体系，帮助本科生习得科研技能、提升研究能力，与本科生在协商对话机制中聚焦共同的科研项目选题，合作共创有创新价值的科研成果。本科生在科研活动中的优异表现在一定程度上缓和了地方本科高校教师科研团队力量不足的问题，成为有博士学位的青年教师探索践行教学学术理念的有效途径，提振了地方高校教师科研发展的信心。此外，随着教师在职称职务、研究生教育、社会工作以及家庭方面角色和任务的变化，教师与本科生对科研项目的聚焦程度和情感共享程度呈现出下降趋势。

第二节　研究建议

本书的目的是在地方高校本科生科研活动的学习情境中，阐释师生互动如何生成不同的互动模式及其有效性，探讨有效师生互动的一般特征、影响因素以及建构方式。研究发现，高度的项目聚焦程度和情感共享程度是促进不同师生互动模式生成的关键因素，建立和维持良好的师生关系对提升师生互动有效性具有重要价值。本书认为，关注影响有效师生互动的因素，从建立良好的师生关系着手提出相应对策，可以促进教师实施教学学术理念，形成有效师生互动仪式链，进而提升本科教学质量，培养创新型人才。

第一，整合学校课程资源，为教师和学生互动关系的建立创设更多平台。有效师生互动的情境性条件是师生共同在场参与并形成共同的项目聚焦。在建立师生关系的已有渠道中，班主任和任课教师的支持是学生寻求指导教师比较常见的方式，辅导员的支持是教师寻求合作学生比较常见的方式。但由于班主任和任课教师时间和精力有限，可以高质量指导本科生的数量有限，高校应该创设更多机会，为本科生和教师提供多元关系建立的渠道。首先，教务部门可以开设有关科研训练基础的通识课程，鼓励更多教师开课，为广大低年级本科生提供选课机会，创设不同学科专业师生的互动机会，将本科生科研训练课程化，教师开课计算成工作量和业绩，将学生选课纳入必修创新学分范畴，提升教师开课和本科生选课的意愿。其次，学科性学院可以联合不同学院组织开展跨学科本科生科研交流活动，邀请相关教师参与并分享知识经验，提高不同教师在本科生层面的认知度和影响力。最后，可以面向学生组织开放一定数量的青年教师的教学竞赛、研讨会等活动的观摩名额，并邀请本科生参与到本科课程教学设计的反馈中，加强教师和学生对彼此的认知和互动。

第二，拓展学校第二课堂资源，为师生互动提供丰富且成体系的实践载体。本科生科研活动中的师生互动需要大量的课外资源支持。首先，开放场地资源，很多教师和学生反馈没有固定且足够的场地来交流，学校可以通过教务部门、图书馆、团委、学科性学院等建设和开放一批科技创新探讨空间，并提供给更多教师和学生开展课后的交流与互动，甚至可以考虑将一些小型交流空间纳入激励制度，作为师生互动成效的奖励，长期提供给师生互动成效好、科研成果质量高的教师和学生使用，为家校距离较远的教师提供在校期间的归属感，增强其来校工作意愿，增加其在校时长。其次，建设一批高质量的学生科研社团，聘请对指导本科生科研有热情的有博士学位的青年教师担任指导教师，在场地、经费和激励政策方面纳入与师生共同发展的相关内容，为师生互动提供更多的自主权，促进师生获得身份权能感。最后，在现有"国家、省、高校"三级创新创业训练计划项目实施体系基础上，发起面向不同年级、不同选题、不同参与主体以及针对不同时间段的专门科研项目计划，设立专门的本科生科研管理机构，吸纳校友等资源增加经费投入，做好立项、结题以及成果发布、交流等工作，构建具有地方高校特色的全方位、立体化的本科生科研训练实施体系。

第三，重视过程评价，提升师生互动科研参与意义感。当前，结果导向的本科生科研激励措施对提升师生参与度产生了促进作用，但从教育实践观察中发现，很多师生认为获奖才有科研参与意义感。在为本科生提供的多元科研参与机会中，有的学生倾向于参加难度低、获奖机会大的科研活动。此外，地方高校重视对学科竞赛成果的激励和宣传，而在师生参与、项目培育、项目交流、项目成果管理和转化等方面仍然存在不足。更多教师认同，对本科生科研成果的物质激励在一定程度上提升了师生互动的意愿，但对于生成有效的师生互动模式不具备解释力。本科生科研的有效推行，需要高校更加重视对科研活动中师生互动的过程评价。在已有科研成果认定激励的政策基础上，配套出台促进师生参与科研活动的管理办法和实施措施。

首先，在学生层面，地方高校可以组织科研、教务、学工、团委等部门创办供本科生发表科研成果的交流杂志，聘任有科研指导经历的教师（科技导师）担任编委成员，定期出版和刊发一定数量的本科生投稿成果，并给予本科生一定的物质或荣誉奖励。每年由学校本科生科研管理机构联合本科生科研杂志编委会举办本科生科研成果交流论坛，由编委会成员遴选优秀科研成果进行现场交流和展示，编委会成员现场点评，并评出科研成果等次，由学校本科生科研管理机构给予优秀科研成果一定的物质激励和荣誉奖励。其次，在学校层面，由于学科竞赛的获奖名额具有稀缺性，经过本科生科研成果论坛的交流和分享，本科生在教师指导下不断完善科研成果，使科研成果的质量得到了提升，成为学科竞赛的种子项目参赛，竞争力得到了提升。再次，在教师层面，在与来自不同学科的本科学生科研成果交流的过程中，教师对本科生科研的认知不断提升，在提升了本科生科研参与意愿度的同时看到自己指导的本科生科研成果得到交流展示和质量提升，成为学校科研活动的重点扶持项目，进而获得与本科生的互动效能感，提升科研活动参与意义感。最后，对于学生个体而言，在面向全校交流展示科研成果的过程中，可以不断提升沟通交流能力，也可以获得更多来自不同学科教师的启发性指导，有助于提升研究成果的创新性和科学性，也有利于建立科学思维、培养科学兴趣。

第三节　研究贡献、局限与展望

一　本书的贡献

第一，丰富了对本科生科研的研究。已有研究对本科生科研和师生互动分别进行了大量且深入的研究，但鲜有将两者结合讨论的研究。少量关于师生互动质量和本科教育质量的文献显示，有效的师生互动有利于提升本科生科研质量。本书在已有文献背景的基础上，聚焦一所地方高校的本科生科研教育实践，探讨如何提升师生互动的有效性，实现了选题的理论意义。

第二，对师生互动过程进行了详细解释。本书以本科生科研活动的学习情境为研究场域，从教育学、社会学的相关理论视角，采用案例研究方法，对本科生科研中的师生互动过程进行了理解和阐释，师生在科研活动中形成共同的项目聚焦程度和情感共享程度，生成四种不同的师生互动模式。讨论不同师生互动模式的有效性，发现有效师生互动促进了身份权能感、角色认同感和互动效能感的获得，表现为具有科研参与意义感。对理解师生互动有效性对本科生科研质量的影响具有指导价值。

第三，对地方高校推行本科生科研具有现实指导价值。已有研究更加关注本科生科研中的学生学习收获，本书是一项从教育实践经验中发现问题，又经过理论视角分析问题和解决问题的研究。本书的研究问题源于教育实践，又回归本科生科研教育实践。对地方高校本科生科研管理机构来说，从建立良好的师生关系着手完善政策，相较结果导向的激励制度更有利于本科生科研在地方高校的可持续推行。本书具有较强的现实指导意义。

二　本书的信效度和局限性

（一）本书的效度

与量化研究不同，质性研究没有可以直接使用的信效度检测工具，且不同的研究取径对质性研究的质量有不同的评价标准。在社会科学领域，"科学化"的呈现途径在很长一段时间内被数据化呈现的方式所占据。尽管通过一系列质性研究的软件也可以实现编码的数字化，但并不能说不同的数字就可以代表和表现数字背后编码所应该呈现的深层次文化。由于质性研究的概念始终强调"作为研究工具参与其中"，作为"局内人"的研究者必须通过田野调查才可能收集到足够的资料，否则只是通过编码处理的质性研究可能会失去它的灵魂。本书倾向于关注主体间是否在互动中达成了某种"共识"。①

在研究的效度方面，研究者需要在资料收集过程中关注教师和学生的所言是否为真，是否真正展现出研究问题所关心的内容，以及是否出现了"口是心非"的行为。本书在处理访谈可能遇到的这些问题时，主要采取的规避措施有三种。第一，受访教师和学生都直接和间接对研究者的身份有所了解，并且坚信研究者的访谈对提升本科生科研活动成效有价值。第二，在访谈前，建立与受访者绝对的信任关系，营造出宽松的访谈氛围，并毫无保留地与受访者在访谈前或访谈后分享或讨论更多有价值的已有相关研究结论。第三，研究者加入了对师生互动的参与式观察，尤其是在阅读访谈文本之后申请或受邀进入某学科竞赛情境，将访谈文本与事实状态进行对比和验证。

（二）本书的信度

在质性研究的资料分析过程中，研究者还需要关注是否提供了一个真实有效的故事，即研究的信度。由于不同读者对文本可能有不同解释，研究者需要提供一个读者阅读后能有同样结论的资料分析过程。为此，本书在资料分析时尽可能做到"适可而止"，不对访谈资料进行过度分析。和所有研究范式一样，"没有任何一种方法能够凌驾于其他方法之上，各种方法都有利弊"。尽管信效度的概念来自量化研究，但质性研究阶段如何看待"局内人"和"局外人"，也会在一定程度上影响研究结果。在本书中，研究者和受访者基本没有文化差异，且对于研究场域本身的文化价值、教育经验等有相似认知，可以迅速实现共情，可以认定为"局内人"，但这种研究关系的问题在于可能会失去研究的距离感，失去对受访者某些独特见解的敏感度。

---

① 陈向明：《质的研究方法与社会科学研究》，教育科学出版社，2000，第381页。

（三）研究局限性

本书的局限主要表现在三方面。一是碍于研究者的工作关系，受访者可能存在"讨好""逃避""畏惧"等心理，使研究者无法从所有受访者的访谈中获得最真实有效的信息，因而影响研究结果。二是在资料收集和分析过程中，研究者可能会基于自身的判断进行了资料的分析归纳，可能存在"无法做到价值中立"问题。三是本书只开展了对一所地方高校的案例研究，可能不足以代表更多地方高校的教育实践现实。为此，研究者向受访者充分说明了研究目的，获得其同意，删除了所收集资料中一切可以辨识的内容，尽可能在访谈中排除研究关系之外的角色；研究者置身于研究场域，在具体的情境中理解和解释研究对象，尽可能呈现正确的陈述和正当的分析，以遵守研究的伦理道德。

三　未来研究展望

第一，本书的研究问题仍需要未来更多研究者的持续研究和探讨。在质性研究领域，研究者有一个共识：研究者高度参与了整个研究过程，即研究过程总是依赖研究者自身。人类学家马林诺夫斯基也曾指出，一个研究者并不可能完全客观地记录事实。可以说，质性研究更加关注和重视主体性。因此，在未来的研究中，对本科生科研中师生互动的研究仍然具有生命力，不同的研究者可能会有更多不同的研究发现。与此同时，在质性研究资料分析过程中，研究者对研究资料的敏感度、研究者自身的理论水平、研究者的学术价值观等在一定程度上影响着研究结果。也就是说，对于本科生科研中师生互动过程和意义的阐释，仍有待更多的研究者加入讨论，在不间断的对话和验证中得出更加具有普遍性的研究结论。

第二，未来可以进行更多对教师专业发展领域的相关研究。随着学习科学和学生发展理论在教育研究领域的广泛应用，学术界关注宏观环境层面的思辨研究和学生发展视角下的学习收获实证研究。然而，教师教育和教师发展并不是脱离学生发展而存在的概念，教师的教学和科研在无法避免的张力中也有可能实现平衡。本书认为，在本科生科研中进行有效的师生互动，对地方高校的教师专业发展来说是较为有益的一次探索。因此，未来研究可以从学生参与教师科研项目等角度，关注教师和本科生进行科研合作的内在动力和成效。

第三，未来可以更加深入讨论影响大学阶段师生互动的因素。在本书中，研究者对影响师生互动的因素进行了现象学的阐释，但受到研究视角和研究方法的限制，本书未能对影响师生互动的因素进行更深入的研究。在未来的研究中，研究者可以通过量化研究方法、混合研究方法进行更为全面、科学的探讨。此外，已有研究多为从教学层面对课堂教学中师生互动的探讨，且常见于学前教育和中小学教育研究领域，大学课外教学的师生互动仍有待开展更加翔实的研究和理论补充。

参考文献

一　中文文献

〔德〕埃德蒙德·胡塞尔：《现象学的方法》，倪梁康译，上海译文出版社，1994。

〔美〕艾尔·巴比：《社会研究方法（第十一版）》，邱泽奇译，华夏出版社，2018。

〔英〕安东尼·吉登斯：《社会的构成——结构化理论纲要》，李康、李猛译，中国人民大学出版社，2016。

〔加〕安东尼·威廉·贝茨：《自动化还是赋权：在线学习路在何方?》，肖俊洪译，《中国远程教育》2016年第4期。

安黎黎：《混合方法研究的理论与应用》，华东师范大学，硕士学位论文，2010。

安世遄：《交往、对话与社会和谐》，社会科学文献出版社，2020。

白莽、齐勇、吴建国：《向创新型大学转型：地方高校发展的必然选择——以北京建筑大学为例》，《中国高校科技》2018年第10期。

〔巴西〕保罗·弗莱雷：《被压迫者教育学》，顾建新、张屹译，华东师范大学出版社，2020。

鲍威：《未完成的转型：高等教育影响力与学生发展》，教育科学出版社，2014。

蔡红红、姚利民：《人文社科本科生科研效能的现状及影响因素研究》，《大学教育科学》2020 年第 3 期。

蔡楠荣：《互动——生成教学》，上海三联书店，2004。

蔡映辉：《本科生导师制互动》，汕头大学，2017。

操太圣、卢乃桂：《教师赋权增能：内涵、意义与策略》，《课程·教材·教法》2006 年第 10 期。

曹永国：《师生关系：从相处到相依——后现代性批判》，《教育理论与实践》2004 年第 17 期。

〔美〕查米·帕特尔：《解析琼·莱夫/艾蒂纳·温格：〈情境学习：合法的边缘性参与〉》，荆素蓉译，上海外语教育出版社，2019。

陈凡：《牛津大学的导师制——传统和挑战》，中国教育学会教育史分会第十六届年会，2015。

陈高扬：《本科生导师制是培养创新人才的有效模式》，《中国高等教育》2001 年第 21 期。

陈蓉辉、马云鹏：《赋权增能：教师课程参与的保障——美国教师"赋权增能"策略及启示》，《外国教育研究》2008 年第 2 期。

陈向明：《范式探索：实践–反思的教育质性研究》，《北京大学教育评论》2010 年第 4 期。

陈向明、曲霞、张玉荣：《教育质性研究概念框架的本土探索——以一项实习生与指导教师互动的研究为例》，《教育学术月刊》2014 年第 4 期。

陈向明：《质的研究方法与社会科学研究》，教育科学出版社，2000。

陈向明：《质性研究的新发展及其对社会科学研究的意义》，《教育研究与实验》2008 年第 2 期。

陈向明：《质性研究：反思与评论》，重庆大学出版社，2008。

陈兴良：《论文写作：一个写作者的讲述》，《中外法学》2015 年第 1 期。

成晓光：《语言哲学视域中主体性和主体间性的建构》，《外语学刊》2009 年第 1 期。

崔允漷、王中男：《学习如何发生：情境学习理论的诠释》，《教育科学研究》2012 年第 7 期。

〔美〕戴维·H. 乔纳森、〔美〕苏珊·M. 兰德：《学习环境的理论基础》，郑太年、任友群译，华东师范大学出版社，2002。

〔英〕戴维·伯姆：《论对话》，王松涛译，教育科学出版社，2004。

〔美〕丹尼·L. 乔金森：《参与观察法》，龙筱红、张小山译，重庆大学出版社，2009。

党建强：《师生互动理论的多学科视野》，《当代教育科学》2005 年第 11 期。

〔美〕德雷克·博克：《回归大学之道：对美国大学本科教育的反思与展望》，侯定凯、梁爽、陈琼琼译，华东师范大学出版社，2012。

邓昕：《被遮蔽的情感之维：兰德尔·柯林斯互动仪式链理论诠释》，《新闻界》2020 年第 8 期。

丁三青：《改革教学方法：创新型人才培养的战略举措》，《中国高等教育》2006 年第 Z3 期。

都光珍：《特色战略是地方高校发展的理性选择》，《中国高等教育》2011 年第 7 期。

杜建军：《论新型师生关系的构建——基于哈贝马斯交往行为理论的研究》，《河南大学学报》（社会科学版）2018 年第 4 期。

冯爱秋、杨鹏、林琳：《地方高校教师教学投入状况调查分析》，《中国大学教学》2015 年第 12 期。

冯向东：《从"主体间性"看教学活动的要素关系》，《高等教育研究》2004 年第 5 期。

傅维利、张恬恬：《关于师生互动类型划分的研究》，《教育理论与实践》2007 年第 5 期。

高飞：《美国研究型大学本科教育发展研究》，人民出版社，2012。

高众、刘继安、陈健坤：《卓越本科生科研训练体系构成要素及运行机制——基于美国高校实践的分析》，《比较教育研究》2018 年第 4 期。

高众、刘继安：《从行政管控到协同治理：本科生科研训练管理模式转型》，《中国高校科技》2019 年第 6 期。

葛孝亿：《"范式"与"主体"：教育质性研究方法论的基本路向》，《教育学术月刊》2012 年第 3 期。

谷贤林：《大学生发展理论》，《比较教育研究》2015 年第 8 期。

顾明远：《再论教师的主导作用和学生的主体作用的辩证关系》，《华东师范大学学报》（教育科学版）1991 年第 2 期。

郭卉：《本科生科研与创新人才培养》，中国社会科学出版社，2018。

郭卉、韩婷：《大学生科研学习投入对学习收获影响的实证研究》，《教育研究》2018 年第 6 期。

郭卉、韩婷、黄刚：《大学生科技创新团队：最有效的本土化大学生科研学习形式——基于三所研究型大学的调查》，《高教探索》2018 年第 1 期。

郭卉、韩婷、黄刚：《科研实践共同体与拔尖创新人才培养——大学生在科技创新团队中的学习经历探究》，《高等工程教育研究》2016 年第 6 期。

〔德〕哈贝马斯：《哈贝马斯精粹》，曹卫东选译，南京大学出版社，2004。

〔德〕哈贝马斯：《交往行动理论（第二卷）》，洪佩郁、蔺青译，重庆出版社，1994。

〔德〕哈贝马斯：《交往行动理论（第一卷）》，洪佩郁、蔺菁译，重庆出版社，1994。

〔德〕哈贝马斯：《交往与社会进化》，张博树译，重庆出版社，1989。

郝文武：《师生主体间性建构的哲学基础和实践策略》，《北京师范大学学报》（社会科学版）2005年第4期。

何琳：《互动仪式理论下小学数学课堂师生互动研究》，闽南师范大学，硕士学位论文，2020。

何晓雷：《博耶的教学学术思想：内容、影响与局限》，《高教探索》2018年第9期。

和学新、陈晖：《论有效教学交往的实现机制》，《教育科学研究》2011年第5期。

贺国庆：《美国研究型大学本科教育的百年变迁与省思》，《教育研究》2016年第9期。

胡洁雯、李文梅：《赋权增能：教师专业发展的新视角》，《中国矿业大学学报》（社会科学版）2011年第2期。

〔英〕怀特海：《教育的目的》，徐汝舟译，生活·读书·新知三联书店，2002。

黄囇莉、洪才舒：《学习的意义感：建立、失落及再创生》，《教育教学研究》2017年第1期。

黄囇莉：《华人人际和谐与冲突——本土化的理论与研究》，重庆大学出版社，2007。

〔英〕杰勒德·德兰迪：《知识社会中的大学》，黄建如译，北京大学出版社，2019。

〔美〕凯瑟琳·马歇尔、〔美〕格雷琴·B.罗斯曼：《设计质性研究：有效研究计划的全程指导（第五版）》，何江穗译，重庆大学出版社，2015。

〔英〕克里斯蒂安·福克斯：《交往批判理论——互联网时代重读卢卡奇、阿多诺、马尔库塞、霍耐特和哈贝马斯》，王锦刚译，中国传媒大学出版社，2019。

孔明安、谭勇：《交往的主体与生成的主体——哈贝马斯与齐泽克的主体间性思想比较研究》，《安徽师范大学学报》（人文社会科学版）2020 年第 3 期。

〔美〕莱斯利·P. 斯特弗、〔美〕杰里·盖尔：《教育中的建构主义》，高文、徐斌艳、程可拉等译，华东师范大学出版社，2002。

〔美〕兰德尔·柯林斯：《互动仪式链》，林聚任、王鹏、宋丽君译，商务印书馆，2019。

雷秀雅：《大学本科生中推行导师制的研究与实践——以北京林业大学心理系本科生导师制度为例》，《中国高教研究》2010 年第 4 期。

黎琼锋：《导向深度学习：高校课堂教学改革的路径》，《现代教育管理》2020 年第 3 期。

李家成：《论师生交往的个体生命价值》，《集美大学学报》（教育科学版）2002 年第 1 期。

李青：《本科生导师制：模式、问题及对策》，《现代教育管理》2019 年第 12 期。

李腾子、蒋凯：《通过加强师生互动提升高校教学效果》，《中国高等教育》2020 年第 10 期。

李湘萍：《大学生科研参与与学生发展——来自中国案例高校的实证研究》，《北京大学教育评论》2005 年第 1 期。

李阳杰：《改革开放 40 年我国师生交往研究的回顾与展望》，《教师教育研究》2019 年第 1 期。

李正、林凤、卢开聪：《美国本科生科研及对我国的启示》，《高等工程教育研究》2009 年第 3 期。

李正、林凤：《论本科生科研的若干理论问题》，《清华大学教育研究》2009 年第 4 期。

〔美〕理查德·韦斯特、〔美〕林恩·H. 特纳：《传播理论导引：分析与应用（第二版）》，刘海龙译，中国人民大学出版社，2007。

林小英：《分析归纳法和连续比较法：质性研究的路径探析》，《北京大学教育评论》2015年第1期。

刘宝存：《美国大学的创新人才培养与本科生科研》，《外国教育研究》2005年第12期。

刘宝存：《美国研究型大学本科生科研的基本类型与模式》，《教育发展研究》2004年第11期。

刘炳：《美国研究型大学本科生科研能力培养体系——北卡莱罗纳州立大学个案分析》，《外国教育研究》2007年第2期。

刘春华：《德国大学对美国"大学化"运动影响探析》，《高等教育管理》2013年第2期。

刘皓：《强化嵌入单门课的探究式学习——兼论本科生科研分类》，《高等工程教育研究》2018年第4期。

刘健：《地方高校人才培养途径的选择——以珠三角为例》，《高等工程教育研究》2009年第4期。

刘军仪：《美国研究型大学本科生科研的价值诉求——基于情境认知与学习理论的视角》，《复旦教育论坛》2010年第2期。

刘军仪、杨春梅：《美国研究型大学本科生科研的模式》，《清华大学教育评论》2007年第2期。

刘伟：《先验性与经验性的融合：哈贝马斯交往行为理论的实质》，《理论探索》2016年第5期。

刘志丹：《有效性要求：哈贝马斯对语言哲学的重大贡献》，《外语学刊》2012年第3期。

柳亮：《帕森斯论美国高等教育》，《清华大学教育研究》2018年第1期。

龙永红、汪霞：《高校生师互动的本质、价值及有效策略》，《江苏高教》2017 年第 11 期。

龙永红、汪雅霜：《生师互动对学习收获的影响：第一代与非第一代大学生的差异分析》，《高教探索》2018 年第 12 期。

卢晖临、李雪：《如何走出个案——从个案研究到扩展个案研究》，《中国社会科学》2007 年第 1 期。

卢晓东：《本科教育的重要组成部分——伯克利加州大学本科生科研》，《高等理科教育》2000 年第 5 期。

吕达、周满生：《当代外国教育改革著名文献：美国卷（第一册）》，人民教育出版社，2004。

吕林海：《大学生学习参与的理论缘起、概念延展及测量方法争议》，《教育发展研究》2016 年第 12 期。

吕林海、龚放：《大学学习方法研究：缘起、观点及发展趋势》，《高等教育研究》2012 年第 2 期。

〔美〕罗伯特·K. 殷：《案例研究：设计与方法》（第 5 版），周海涛、史少杰译，重庆大学出版社，2017。

〔美〕罗伯特·亚当斯：《赋权、参与和社会工作》，汪冬冬译，华东理工大学出版社，2013。

罗萍：《互动仪式链理论视角下研究生与导师沟通动力机制研究》，《学位与研究生教育》2021 年第 3 期。

马建中：《地方高校一流本科人才培养的特色探索与实践》，《中国高等教育》2020 年第 1 期。

马丽：《交往视角下大学课堂生活的质性研究——以西北地区两所大学为例》，科学出版社，2021。

马维娜：《大学师生互动结构类型的社会学分析》，《江苏高教》1999 年第 3 期。

〔美〕玛里琳·里奇曼：《方法的逻辑：教育科学中的质性研究》，张园译，北京师范大学出版社，2017。

〔德〕迈诺尔夫·迪尔克斯、〔德〕阿里安娜·贝图安·安托尔、〔英〕约翰·蔡尔德、〔日〕野中郁次郎、〔中〕张新华：《组织学习与知识创新》，上海人民出版社，2001。

梅景辉：《交往行为理论的现代性反思与建构——哈贝马斯交往行为理论的生存解释学之维》，《世界哲学》2018年第4期。

梅贻琦：《大学一解》，《清华学报》（自然科学版）1941年第6期。

莫甲凤：《研究性学习在拔尖创新人才培养中的实现路径——以华南理工大学为例》，《高等工程教育研究》2018年第3期。

〔英〕尼古拉斯·布宁、余纪元：《西方哲学英汉对照辞典》，人民出版社，2001。

倪聪、朱旭、江光荣、林秀彬、于丽霞、梁焕萍：《咨询会谈中的人际互补及其与工作同盟、咨询效果的关系》，《心理学报》2020年第2期。

〔美〕诺曼·K. 邓津、〔美〕伊冯娜·S. 林肯：《质性研究手册：研究策略与艺术》，朱志勇、韩倩、邓猛等译，重庆大学出版社，2018。

潘金林、龚放：《走向多元学术：博耶的学术生态观及其实践意义》，《教育理论与实践》2010年第16期。

潘金林：《聚焦生师互动：提高本科教育质量的"支撑点"》，《中国高教研究》2016年第12期。

潘懋元、车如山：《做强地方本科院校——地方本科院校的定位与特征研究》，《中国高教研究》2009年第12期。

濮岚澜、赵伟：《高校师生关系：一般理论及应用分析》，《清华大学教育研究》2001年第4期。

乔连全、黄月华：《中美研究型大学本科生科研的比较与反思》，《高教探索》2009年第4期。

乔连全：《我国研究型大学"大学生创新性实验计划"的现状与反

思》，《高等教育研究》2011 年第 3 期。

〔美〕乔纳森·特纳、〔美〕简·斯戴兹：《情感社会学》，孙俊才、文军译，上海人民出版社，2007。

秦圣阳、段鑫星：《个人本位抑或社会本位——地方高校人才培养价值的话语衔接》，《江苏高教》2019 年第 9 期。

〔美〕琼·莱夫、〔美〕艾蒂纳·温格：《情境学习：合法的边缘性参与》，王文静译，华东师范大学出版社，2004。

邱学青、李正：《加强本科生科研 培养拔尖创新人才》，《中国高等教育》2010 年第 6 期。

渠敬东：《迈向社会全体的个案研究》，《社会》2019 年第 1 期。

〔美〕R. 基思·索耶：《剑桥学习科学手册》，徐晓东等译，教育科学出版社，2006。

任良玉、张吉维：《本科创新人才培养的制度环境和文化环境——以"国家大学生创新性实验计划"实施为例》，《清华大学教育研究》2009 年第 3 期。

〔美〕莎兰·B. 麦瑞尔姆：《质化方法在教育研究中的应用：个案研究的扩展》，于泽元译，重庆大学出版社，2008。

沈永辉：《质性研究方法在国外教育政策研究中的应用与价值》，《比较教育研究》2018 年第 8 期。

宋崔：《质性研究方法的应范式属性辩》，《全球教育展》2018 年第 6 期。

宋旭红：《学术型-应用型：我国普通本科高校分类之论》，《山东师范大学学报》（人文社会科学版）2019 年第 5 期。

眭依凡：《一流本科教育改革的重点与方向选择——基于人才培养的视角》，《现代教育管理》2019 年第 6 期。

孙菁：《科教融合：创新人才培养的新路径》，《中国高等教育》2012 年第 17 期。

孙俊三、晏福宝：《师生同游互动：学问与人生的双重境界——研究生培养过程的基本特征》，《大学教育科学》2015 年第 6 期。

孙妍妍、祝智庭：《以深度学习培养 21 世纪技能——美国〈为了生活和工作的学习：在 21 世纪发展可迁移的知识与技能〉的启示》，《现代远程教育研究》2018 年第 3 期。

〔美〕塔尔科特·帕森斯、〔美〕尼尔·斯梅尔瑟：《经济与社会》，刘进等译，华夏出版社，1989。

唐旭亭：《生师互动质量对大学生认知能力增值的影响路径研究——基于"2016 全国本科生能力测评"调查》，华中科技大学，硕士学位论文，2019。

唐勇：《论教学交往的有效性》，《中国教育学刊》2003 年第 6 期。

陶伟：《国外教育研究中的"质性研究整合"评介：理据和实操》，《外国教育研究》2015 年第 11 期。

涂端午、陈学飞：《西方教育政策研究探析》，《清华大学教育研究》2006 年第 5 期。

〔英〕托马斯·库恩：《科学革命的结构》，金吾伦、胡新和译，北京大学出版社，2003。

王德广、罗筱端：《地方高校大学生核心竞争力内涵、特征、功能及其内容构建》，《高教探索》2012 年第 4 期。

王富伟：《理解质性研究——基于历史和比较的视角》，《民族教育研究》2016 年第 4 期。

王富伟：《质性研究的推论策略：概括与推广》，《北京大学教育评论》2015 年第 1 期。

王根顺、王辉：《我国研究型大学本科生科研能力培养的途径与实践》，《清华大学教育研究》2008 年第 3 期。

王国红：《美国本科生科研的实施措施和对师生的影响》，《高等工程教育研究》2010 年第 3 期。

王婧：《师生互动与深度学习的相关性研究——以 H 大学学情调查报告为基础》，中国海洋大学，硕士学位论文，2015。

王晓娜、沈文钦：《师生互动模式与博士生的知识生产——以 M 大学化学学科某实验室为例》，《研究生教育研究》2020 年第 2 期。

王彦龙、杜世洪：《论言语行为中有效性主张的经验向度》，《内蒙古社会科学》2021 年第 2 期。

王益珑、谭希培：《从主体理性向交往理性的跨越——现代西方哲学的一个进化取向及意义》，《理论探索》2016 年第 3 期。

王永生、屈波、刘拓、范玲：《构建本科生科研训练与创新实践的长效机制》，《中国高等教育》2010 年第 6 期。

〔德〕威廉·冯·洪堡：《论柏林高等学术机构的内部和外部组织》，陈洪捷译，《高等教育论坛》1987 年第 1 期。

魏宏聚：《"悬置"与"离我远去"：教育学质性研究价值中立立场分析与批判》，《教育科学》2009 年第 2 期。

文剑辉：《地方高校教师专业发展的策略研究——基于教学学术的视角》，《高教探索》2017 年第 3 期。

吴东姣、马永红、杨雨萌：《学术互动氛围对博士生创新能力的影响研究——师生互动关系和生生学术共同体的角色重思》，《学位与研究生教育》2019 年第 10 期。

吴康宁：《教育社会学》，人民教育出版社，1998。

吴康宁：《学生仅仅是"受教育者"吗？——兼谈师生关系观的转换》，《教育研究》2003 年第 4 期。

吴立保：《论本科教育从"教学范式"向"学习范式"的整体性变革——以知识范式转换为视角》，《中国高教研究》2019 年第 6 期。

夏国萍：《美国威廉姆斯学院师生互动的基本特点与保障机制》，《比较教育研究》2019 年第 2 期。

谢方毅：《美国研究型大学本科生科研的组织与实施》，《清华大学教育研究》2006 年第 2 期。

谢立中：《西方社会学名著提要》，江西人民出版社，2007。

谢立中：《主体性、实践意识、结构化：吉登斯"结构化"理论再审视》，《学海》2019 年第 4 期。

辛枝、吴凝：《教师赋权增能理论对促进教师发展的理论意义》，《外语界》2007 年第 4 期。

徐建平：《教育科学研究的第三种范式——混合方法研究及其案例分析》，载蒋凯主编《北大讲座（教育卷第一辑）》，北京大学出版社，2010。

徐今雅：《交往：教师专业发展的重要路径——哈贝马斯批判理论对教师专业发展的启示》，《教师教育研究》2008 年第 1 期。

许祥云、张茜：《美国本科生科研核心能力图景、培育路径及其启示——基于美国研究型大学的教育实践》，《比较教育研究》2020 年第 4 期。

许燕：《人际互补理论评介》，《心理学探新》1992 年第 3 期。

闫坤如：《科学解释模型与解释者信念研究》，中国社会科学出版社，2016。

闫屹、谷冠鹏：《论本科生初步科研能力的内涵、结构要素、技能要求及其培养》，《国家教育行政学院学报》2011 年第 4 期。

严志兰：《质性研究方法与宏大历史视野》，《中共福建省委党校学报》2009 年第 11 期。

阎光才：《关于教育中的实证与经验研究》，《中国高教研究》2016 年第 1 期。

杨帆、陈向明：《论我国教育质性研究的本土发展及理论自觉》，《南京社会科学》2019 年第 5 期。

杨帆、陈向明：《中国教育质性研究合法性初建的回顾与反思》，《教育研究》2019 年第 4 期。

杨光钦：《地方高校一流本科教育改革的重心》，《重庆高教研究》
　　2019 年第 4 期。

杨慧、俞安平、恢光平、曹洪：《国内外本科生科研训练比较研究》，
　　《高等工程教育研究》2003 年第 5 期。

杨林、赵春鱼、陆国栋、何钦铭：《地方本科高校教师教学发展特征
　　的数据分析》，《高等教育研究》2020 年第 12 期。

杨鑫利：《美国研究型大学本科生科研发展概述》，《高等教育研究》
　　2004 年第 4 期。

叶民、魏志渊、楼程富、毛一平：《SRTP：浙江大学本科教学改革的
　　成功探索》，《高等工程教育研究》2005 年第 4 期。

叶子、庞丽娟：《师生互动的本质与特征》，《教育研究》2001 年第
　　4 期。

叶子、庞丽娟：《试论师生互动模式形成的基本过程》，《教育研究》
　　2009 年第 2 期。

应星：《质性研究的方法论再反思》，《广西民族大学学报》（哲学社
　　会科学版）2016 年第 4 期。

余东升：《质性研究：教育研究的人文学范式》，《高等教育研究》
　　2010 年第 7 期。

元英、彭修继：《基于互动仪式链的城乡结合部小学师生互动》，《教
　　育研究与实验》2021 年第 2 期。

〔美〕约翰·D. 布兰斯福特：《人是如何学习的大脑、心理、经验及
　　学校》，程可拉、孙亚玲、王旭卿译，华东师范大学出版
　　社，2013。

〔美〕约翰·杜威：《我们怎样思维·经验与教育》，姜文闵译，人民
　　教育出版社，2005。

〔美〕约翰·洛夫兰德等：《分析社会情境：质性观察与分析方法》，

林小英译，重庆大学出版社，2009。

〔美〕约瑟夫·A. 马克斯威尔：《质的研究设计：一种互动的取向》，朱光明译，重庆大学出版社，2007。

〔新西兰〕约翰·哈蒂：《可见的学习——对 800 多项关于学业成就的元分析的综合报告》，彭正梅、邓莉、高原、方补课译，教育科学出版社，2015。

岳晓东：《大学生创新能力培养之我见》，《高等教育研究》2004 年第 1 期。

曾国华、于莉莉：《专访佐藤学："学习是相遇与对话"》，《中小学管理》2013 年第 1 期。

曾文婕、黄甫全：《美国教师"赋权增能"的动因、涵义、策略及启示》，《课程·教材·教法》2006 年第 12 期。

〔美〕詹姆斯·A. 贝兰卡：《深度学习：超越 21 世纪技能》，赵健译，华东师范大学出版社，2020。

〔美〕詹姆斯·保罗·吉：《话语分析导论：理论与方法》，杨炳钧译，重庆大学出版社，2011。

〔美〕詹姆斯·保罗·吉：《话语分析：实用工具及练习指导》，何清顺译，重庆大学出版社，2020。

张佳：《建构主义学习理论视野下的本科生科研能力的培养》，《华中师范大学学报》（人文社会科学版）2013 年第 S1 期。

张琦、杨素君：《论情景学习视域中的认知学徒制》，《现代远程教育研究》2005 年第 4 期。

张应强：《"交往的教育过程观"批判》，《教育研究》2001 年第 8 期。

张紫屏：《课堂有效教学的师生互动行为研究》，上海师范大学，博士学位论文，2015。

赵永峰：《法兰克福学派论争：从阿多诺主体性到哈贝马斯主体间

性——以哈贝马斯普遍语用学为例》，《重庆社会科学》2020 年第 7 期。

郑家茂、张胤：《对大学生科研训练计划的若干思考》，《高等工程教育研究》2008 年第 6 期。

郑金洲：《互动教学》，福建教育出版社，2007。

钟启泉：《从 SECI 理论看教师专业发展的特质》，《全球教育展望》2008 年第 2 期。

周长城：《柯尔曼及其社会行动理论》，《国外社会科学》1997 年第 1 期。

朱红：《建构一流本科生科研参与的大学环境——基于挑战与支持视角的质性研究》，《国家教育行政学院学报》2019 年第 4 期。

朱旻昊、周仲荣、刘启跃、张文桂、闫开印、蒋葛夫：《建立本科生科研和工程实践体系的成功探索》，《高等工程教育研究》2005 年第 2 期。

佐斌：《师生互动论——课堂师生互动的心理学研究》，华中师范大学出版社，2002。

〔日〕佐藤学：《课程与教师》，钟启泉译，教育科学出版社，2003。

二 英文文献

Astin, A. W. Student involvement: A development theory for higher education. *Journal of College Student Development*, 1999（40-5）：518-529.

Astin, A. W. What matters in college?. *Liberal Education*, 1993, 79（4）：4-15.

Bauer, K. W. , Bennett, J. S. Alumni perceptions used to assess undergraduate research experiences. *The Journal of Higher Education*, 2003, 74（2）：210-230.

Bowman, N. A. , Holmes, J. M. Getting off to a good start? First-year undergraduate research experiences and student outcomes. *Higher Education*, 2018, 76（1）: 17-33.

Braxton, J. M. Leaving college: Rethinking the causes and cures of student attrition by Vincent Tinto. *Journal of College Student Development*, 2019, 60（1）: 129.

Brown, J. S. M. , Collins, A. , Duguid, P. Situated cognition and the culture of learning. *Educational Researcher*, 1989（18）: 32-42.

Burawoy, M. *The extended case method, ethnography unbound*. Berkeley: University of California Press, 1991.

Daniels, H. , Grineski, S. E. , Collins, T. W. , et al. Factors influencing student gains from undergraduate research experiences at a hispanic-serving institution. *CBE-Life Sciences Education*, 2016, 15（3）: 30-41.

Denzin, N. K. , Lincoln, Y. S. *The landscape of qualitative research, 3rd ed*. Los Angeles: Sage Publications, 2008.

Eagan, M. K. , Hurtado, S. , Chang, M. J. , Garcia, G. A. , Herrera, F. A. , Garibay, J. C. Making a difference in science education: The impact of undergraduate research programs. *American Educational Research Journal*, 2013, 50（4）: 683-713.

Eagan, M. K. , Sharkness, J. , Hurtado, S. , Mosqueda, C. M. , Chang, M. J. Engaging undergraduates in science research: Not just about faculty willingness. *Research in Higher Education*, 2011, 52（2）: 151-177.

Feldman, A. , Divoll, K. A. , Rogan-Klyve, A. Becoming researchers: The participation of undergraduate and graduate students in scientific research groups. *Science Education*, 2013, 97（2）: 218-243.

Glaser, B. G. , Anselm, S. *The discovery of grounded theory: Strategies for qualitative research*. Chicago: Aldine Publishing, 1967.

Harvey, L. , Thompson, K. Approaches to undergraduate research and their practical impact on faculty productivity in the natural sciences. *Journal of College Science Teaching*, 2009, 38: 12-13.

Houser, C. , Lemmons, K. , Cahill, A. Role of the faculty mentor in an undergraduate research experience. *Journal of Geoscience Education*, 2013, 61 (3): 297-305.

Hunter, A. B. , Laursen, S. L. , Seymour, E. Becoming a scientist: The role of undergraduate research in students' cognitive, personal, and professional development. *Science Education*, 2007, 91 (1): 36-74.

Johnson, W. B. *On being a mentor: A guide for higher education faculty*. Mahwah, NJ: Lawrence Erlbaum Associates, Inc, 2007.

Kardash, C. Evaluation of an undergraduate research experience: Perceptions of undergraduate interns and their faculty mentors. *Journal of Educational Psychology*, 2000, 92 (1): 191-201.

Kuh, G. D. The other curriculum: Out-of-Class experiences associated with student learning and personal development. *Journal of Higher Education*, 1995 (2): 123-155.

Laursen, T. H. , Sandra, L. The role of student-advisor interactions in apprenticing undergraduate researchers into a scientific community of practice. *Journal of Science Education and Technology*, 2011 (20): 771-784.

Lee, J. , Durksen, T. L. Dimensions of academic interest among undergraduate students: Passion, confidence, aspiration and self-expression. *Educational Psychology*, 2018, 38 (2): 120-138.

Linn, M. C., Palmer, E., Baranger, A., Gerard, E., Stone, E. Undergraduate research experiences: Impacts and opportunities. *Science*, 2015, 347 (6222): 627-633.

Lonka, K., Olkinuora, E., Makinen, J. Aspects and prospects of measuring studying and learning in higher education. *Educational Psychology Review*, 2004, 16 (4): 301-320.

Lopatto, D. Survey of undergraduate research experiences (SURE): First findings. *Cell Biology Education*, 2004, 3 (4): 270-277.

Manduca, C. Broadly defined goals for undergraduate research projects: A basis for program evaluation. *Council on Undergraduate Research Quarterly*, 1997 (18): 64-69.

Merrill, M. D., Drake, L., Lacy, M. J., Pratt, J. A., The ID2 Research Group at Utah State university. Reclaiming instructional design. *Educational Technology*, 1996, 36: 5-7.

Parsons, T. On the concept of influence. *The Public Opinion Quarterly*, 1963, 27 (1): 44-45.

Pawson, R. D. Mentoring relationships: An explanatory review. ESRC UK Centre for Evidence Based Policy and Practice: Working Paper 21, 2004.

Reinventing Undergraduate Education: A Blueprint for America's Research Universities. Boyer Commission on Educating Undergraduates in the Research University, 1998.

Ryder, J., Leach, J. University science students' experiences of investigative project work and their images of science. *International Journal of Science Education*, 1999, 15 (9): 945-956.

Seymour, E., Hunter, A. B., Laursen, S. L., et al. Establishing the benefits of research experiences for undergraduates in the sciences:

First findings from a three-year study. *Science Education*，2004（4）：493-534.

Shuell，T. J. Teaching and learning in a classroom context. In D. C. Berliner，R. C. Calfee（eds.），*The handbook of educational psychology*. London：Prentice Hall，1997：726-764.

Strauss，A.，Corbin，J. *Basics of qualitative research*：*Grounded theory procedures and techniques*. Newbury Park：Sage，1990.

Taraban，R. M.，Prensky，E.，Bowen，C. W. Critical factors in the undergraduate research experience. In R. Taraban，R. L. Blanton（eds.），*Creating effective undergraduate research programs in science*：*The transformation from student to scientist*. New York，NY：Teachers College Press，2008：172-188.

Wubbels，T.，Levy，J.，Brekelmans，M. Paying attention to relation-ships. *Educational Leadership*，1997，54（4）：82-86.

三　电子文献

《关于政协十三届全国委员会第二次会议第 0364 号（教育类 032 号）提案答复的函》，2019 年 9 月 25 日，http：//www. moe. gov. cn/jyb_ xxgk/xxgk_ jyta/jyta_ ghs/201912/t20191206_ 411142. html。

《教育部　财政部关于"十二五"期间实施"高等学校本科教学质量与教学改革工程"的意见》，2011 年 7 月 1 日，http：//www. moe. gov. cn/srcsite/A08/s7056/201107/t20110701_ 125202. html。

《教育部关于印发〈国家级大学生创新创业训练计划管理办法〉的通知》，2019 年 7 月 31 日，http：//www. gov. cn/xinwen/2019-07/31/content_ 5417 440. htm。

《教育部关于加快建设高水平本科教育　全面提高人才培养能力的意见》，2018 年 10 月 8 日，http：//www. moe. gov. cn/srcsite/A08/

s7056/201810/t20181017_ 351887. html。

《教育部关于深化本科教育教学改革全面提高人才培养质量的意见》，
2019 年 10 月 8 日，http：//www. moe. gov. cn/srcsite/A08/s7056/
201910/t20191011_ 402759. html。

《浙江省人民政府关于实施省重点高校建设计划的意见》，2014 年 11
月 13 日，http：//jyt. zj. gov. cn/art/2014/11/13/art_ 1532994_
27483879. html。

《浙江省教育厅关于印发〈浙江省普通本科高校分类评价管理改革办法
（试行）〉的通知》（浙教高教〔2016〕107 号），2016 年 8 月 9 日，
http：//jyt. zj. gov. cn/art/2016/8/9/art_ 1229106823_ 615062. html。

《中共浙江省委 浙江省人民政府关于全面实施高等教育强省战略的意见》，
2019 年 1 月 23 日，https：//zjnews. zjol. com. cn/zjnews/zjxw/201901/
t20190122_ 9311097. shtml。

《中共中央关于制定国民经济和社会发展第十四个五年规划和二〇三
五年远景目标的建议》，2020 年 11 月 3 日，http：//www. gov.
cn/zhengce/2020-11/03/content_ 5556991. htm。

《全国高等学校名单》，2021 年 10 月 25 日，http：//www. moe. gov.
cn/jyb_xxgk/s5743/s5744/A03/202110/t20211025_ 574874. html。

Osborn, M. J. The power of under graduate research, http：//www.
okhighered. org/ grant-opps/ppt/power-undergraduate-research. ppt.

What Is CUR's Definition of Undergraduate Research, https：//www. cur.
org/who/organization/mission/.

附　录

附录一　本科生科研参与经历访谈提纲（本科生版）

亲爱的同学：

您好！

非常感谢您能接受本次访谈。本书关注本科生科研学习的效能。本科生科研指的是以本科生为主体参加创新创业训练项目、参与教师课题、参加学科竞赛、发表科研论文等。希望通过这次访谈，了解到本科生的科研参与经历，以及与教师在科研活动中的互动过程。访谈时间为 40~60 分钟。在征得您的理解和访谈同意后，我将会进行录音。录音和访谈资料在誊录后仅供本书使用，绝对不会透露给任何其他人员。为了保护您的个人隐私，在研究中将会进行化名处理。

以下是本次访谈中可能涉及的主要问题，感谢您的支持！

1. 您是在什么时间和什么途径了解到本科生参与科研的机会？您为什么选择了参加科研活动？您觉得科研活动和其他课外活动有差别吗？

2. 您能否详细介绍您的第一次科研参与经历（无论成功还是失败）？能否详细描述您觉得自己最成功的一次科研活动经历？

3. 您的每一次科研活动经历是否都有指导教师？您是如何与指导教师建立互动关系的？指导教师在科研活动中主要带给您哪方面的

帮助？在科研活动之外，指导教师是否给予了其他帮助？

4. 您和指导教师互动的方式是面对面互动，还是通过网络媒介等形式互动？您的指导教师和您的互动频率怎么样？每次互动是谁联系谁？什么时间互动？每次互动多长时间？您觉得不同的互动形式对结果是否存在差异？

5. 您一共参加过几次科研活动？涉及几个科研项目？未来（延续到毕业后）是否会持续参与科研活动？您在科研参与过程中最大的收获是什么？

6. 您在科研参与过程中想过中途放弃吗？是什么原因让您最终坚持下来？您在参与的科研活动中有哪些学习收获？有哪些学习之外的收获？

7. 您觉得哪种类型的指导教师比较受本科生欢迎？您参与科研活动的最初目标在经历多次科研活动后有发生变化吗？您会鼓励其他本科生参加科研活动吗？如果会，您是怎么做的？

8. 您有打算继续读研究生吗？如果有，参加科研活动对您读研究生是否有影响？

附录二　本科生科研参与经历访谈提纲（教师版）

尊敬的老师：

您好！

非常感谢您能接受本次访谈。本书关注本科生科研学习的效能。本科生科研指的是以本科生为主体参加创新创业训练项目、参与教师课题、参加学科竞赛、发表科研论文等。希望通过这次访谈，了解到教师指导本科生参与科研活动的经历，以及与本科生在科研活动中的互动过程。访谈时间为 40~60 分钟。在征得您的理解和访谈同意后，我将会进行录音。录音和访谈资料在誊录后仅供本书使用，绝对不会透露给任何其他人员。为了保护您的个人隐私，在研究中将会进行化名处理。

以下是本次访谈中可能涉及的主要问题，感谢您的支持！

1. 您在入校工作后第一次指导本科生参与科研活动是什么时间？您是否还记得当时是什么原因让您成为科研活动的指导教师？

2. 通常情况下您指导的本科生科研活动包含哪种类型？如创新项目、学科竞赛、科研论文、专利申请。能具体谈谈您这样做的原因吗？

3. 您能否详细介绍您如何与不同本科生建立科研活动指导关系？在建立师生互动关系过程中，是否存在筛选机制？您更看重本科生的哪些品质？

4. 您和本科生建立师生互动关系后，是如何开始、推进和完成指导本科生的过程的？每一次科研活动结束后，是否取得了成效？最好的成果是什么？

5. 您在指导本科生参与科研活动的过程中，不同本科生的表现如何？您觉得本科生在科研活动中最糟糕和最理想的学习状态分别是什么？不同科研学习状态的本科生是否会对您的指导工作产生积极或消极影响？

6. 您是否遇到过中途放弃参与科研活动的本科生？如果有，您觉得是什么原因让本科生选择了放弃？他们的放弃对您的指导是否产生影响？

7. 您觉得教师指导本科生参与科研活动对于教师的意义是什么？尤其是教学和科研持久的矛盾中，和本科生合作进行科研活动是否有现实价值？

8. 您觉得本科生科研活动对学生发展来说意义是什么？学校里的本科生和研究生参与科研项目有差别吗？您更倾向于和本科生还是研究生进行科研合作？未来，您是否还会持续指导本科生参与科研活动？

10. 您对于学校出台的本科生科研激励措施是否满意？您认为这些措施是否可以提高教师指导本科生科研活动的积极性？您对此是否有其他建议？

附录三　案例院校本科生科研中的 A 类学科竞赛

序号	竞赛名称	承办单位	主办单位
1	大学生财会信息化大赛	会计学院	省教育厅等
2	大学生法律职业能力竞赛	法学院	省教育厅等
3	大学生结构设计竞赛	管工学院	省教育厅等
4	大学生经济管理案例竞赛	管理学院	省教育厅等
5	大学生力学竞赛	管工学院	省教育厅等
6	大学生中华经典诵读竞赛	人文学院	省教育厅等
7	大学生化工设计竞赛	食品学院	省教育厅等
8	大学生化学竞赛	食品学院	省教育厅等
9	大学生生命科学竞赛	食品学院	省教育厅等
10	大学生数学建模竞赛	统计学院	省教育厅等
11	大学生统计调查方案设计竞赛	统计学院	省教育厅等
12	大学生英语竞赛（演讲类）	外语学院	省教育厅等
13	大学生英语竞赛（写作类）	外语学院	省教育厅等
14	大学生电子设计竞赛	信电学院	省教育厅等
15	大学生程序设计竞赛	信息学院	省教育厅等
16	大学生电子商务竞赛	管工学院	省教育厅等
17	大学生服务外包创新应用大赛	信息学院	省教育厅等
18	大学生多媒体设计竞赛	艺术学院	省教育厅等
19	大学生工业设计竞赛	艺术学院	省教育厅等
20	大学生摄影大赛	艺术学院	省教育厅等
21	"互联网+"大学生创新创业大赛	创业学院	省教育厅等
22	大学生企业经营沙盘模拟竞赛	会计学院	省教育厅等
23	大学生证券投资竞赛	金融学院	省教育厅等
24	大学生物理科技创新竞赛	信电学院	省教育厅等
25	大学生机器人竞赛	信电学院	省教育厅等
26	大学生网络与信息安全竞赛	信息学院	省教育厅等

续表

序号	竞赛名称	承办单位	主办单位
27	大学生广告创意设计竞赛	人文学院艺术学院	省教育厅等
28	"卡尔·马克思杯"大学生理论知识竞赛	马克思学院	省教育厅等
29	ACM世界大学生程序设计竞赛	信息学院	省教育厅等
30	大学生机械设计竞赛	食品学院	省教育厅等
31	大学生物流设计大赛	管工学院	省教育厅等
32	大学生职业生涯规划大赛	招就处	省教育厅等
33	大学生金融创新大赛	金融学院	省教育厅等
34	大学生乡村振兴创意大赛	旅游学院	省教育厅等
35	大学生节能减排社会实践与科技竞赛	环境学院	省教育厅等
36	"尖峰时刻"全国商业模拟大赛	管理学院	省教育厅等
37	全国大学生智能车竞赛浙江赛区	信电学院	省教育厅等
38	"尖峰时刻"全国酒店模拟大赛	旅游学院	省教育厅等
39	大学生环境生态科技创新大赛	环境学院	省教育厅等
40	"挑战杯"大学生课外学术科技作品竞赛	团委	省教育厅等
41	"挑战杯"大学生创业计划竞赛	团委	团省委等

注：A类学科竞赛是经过省级教育部门认定发布的学科竞赛，列入案例院校教学业绩考核体系，纳入案例院校的"一院一赛"学科竞赛机制，学校教务部门和相关部门、学院共同提供竞赛管理与组织经费。

资料来源：根据案例院校教务部门发布信息整理。

附录四　案例院校本科生科研中的 B 类学科竞赛

序号	竞赛名称	承办单位	主办单位
1	全国大学生先进成图 技术与产品信息建模创新大赛	食品学院	教育部高等学校工程图学教学指导委员会 中国图学学会制图技术专业委员会 中国图学学会产品信息建模专业委员会
2	中国传统食品大学生创新大赛	食品学院	杭州甘其食餐饮管理有限公司
3	美国大学生数学建模竞赛	统计学院	美国数学及其应用联合会
4	全国大学生市场调查分析大赛	统计学院	教育部高等学校统计学类专业教学 指导委员会、中国商业统计学会

续表

序号	竞赛名称	承办单位	主办单位
5	全国高校移动互联网应用开发创新大赛	信电学院	教育部科技发展中心
6	中国高校计算机大赛-团体程序设计天梯赛	信息学院	教育部高校计算机类专业教学指导委员会
7	中国包装创意设计大赛	艺术学院	中国包装联合会
8	数据挖掘挑战赛	统计学院	全国大学生数学建模竞赛组织委员会
9	中国人居环境设计学年奖	艺术学院	清华大学与教育部高等学校设计学类专业教学指导委员会
10	浙江省大学生公共管理案例分析大赛	公管学院	浙江省大学生公共管理案例分析大赛竞赛委员会
11	学生创新大赛	食品学院	中国食品科学技术学会李锦记（中国）销售有限公司
12	全国密码技术竞赛	信息学院	中国密码学会
13	全国高等院校学生"斯维尔杯"建筑信息模型	管工学院	中国建设教育协会
14	浙江省高校社会工作模拟大赛	公管学院	浙江省社会工作师协会（协）浙江省民政厅社会工作处（协）
15	大学生计算机设计大赛	信息学院	中国大学生计算机设计大赛组委会
16	全国大学生不动产估价技能大赛	公管学院	教育部公共管理类教学指导委员会土地资源管理分委员会全国高校土地资源管理院长联席会
17	全国高等院校工程造价技能及创新竞赛	管工学院	中国建设工程造价管理协会
18	全国大学生信息安全竞赛	信息学院	教育部高等学校信息安全专业教学指导委员会
19	全国大学生沙盘模拟经营大赛	会计学院	新道科技股份有限公司
20	浙江省日剧 PLAY 大赛	东语学院	浙江省人才开发协会浙江省人民对外友好协会
21	两岸高校电子书编创大赛	人文学院	台湾艺术大学、杭州电子科技大学、台湾景文科技大学、北京印刷学院等
22	全球外国人汉语大会	国际教育学院	中国孔子学院总部、国家汉办中国中央电视台

序号	竞赛名称	承办单位	主办单位
23	全国英语阅读大赛	外语学院	外语教学与研究出版社 教育部高等学校大学外语教学指导委员会 浙江大学
24	大学生日语演讲比赛 （浙皖赣华东地区）	东语学院	浙江省人民对外友好协会
25	大学生旅游产品设计 与营销策划大赛	旅游学院	浙江省旅行社协会
26	大学生创业综合模拟大赛	经济学院	国家级实验教学示范中心联席会
27	"青年之声"VR 制作大赛	人文学院	共青团中央网络影视中心
28	乐研杯全国财经高校 大学生信息素养大赛	图书馆	中国高教学会高等财经教育分会
29	浙江省规划案例分析大赛	旅游学院	案例院校
30	"亿学杯"全国商务英语 实践技能大赛	外语学院	中国国际贸易学会国际商务英语研究委员会 广东外语外贸大学 厦门亿学软件有限公司
31	浙江省高校大学生 阿拉伯语口语比赛	东语学院	浙江省人民政府侨务办公室
32	全国大学生英语辩论赛	外语学院	团中央学校部 全国学联 北京外国语大学

注：B 类学科竞赛是经过案例院校学科竞赛委员会认定发布的学科竞赛，纳入案例院校的"一院一赛"学科竞赛机制，学校教务部门、学院以及主办方共同提供竞赛管理与组织经费。

资料来源：根据案例院校教务部门发布信息整理。

后　记

"燕园的风，吹着我一路向前"，这是入学北京大学那年在校园音乐里听到的一句歌词。而这一听，就是三年多。谨以此书，致燕园里的青春。

从高校教育工作者再做回学生时，刚好三十而立。这几年，很多事接连遗忘，却清晰记得入学考试时一位教授问及如何理解"三十而立"。无法得知当时的回应是否得到认可，但在穿上院服成为"北大教育人"，走上探寻教育真知、追逐教育理想的路上，更加珍惜"三十而立"。回望在燕园学习生活的过往，点点滴滴历历在目。如今，也还时常能想起和同学在校园一起骑单车，在未名湖冰场上滑冰，还有在园子里外走过、看过的角角落落。而后，突如其来的疫情曾一度打乱节奏，也让我差点失去学业奋斗方向。所幸，不负青春，不负韶华。在师长、领导、同事、家人和朋友的支持与鼓励下，我找回前进方向并勇往直前，也让此书的出版显得更有意义。

学高为师，身正为范。写作之路虽漫漫，却幸运地得到诸多心中有爱的北大师生帮助，他们的教学作风、治学态度和为人品格令人钦佩，也成为我学习教育、从事教育工作路上的坚强力量。感谢我的博士研究生导师蒋凯教授。导师对我的耐心、细心和关心总是帮助我做到精准且有效的选择，并鼓励和鞭策我提前完成了博士学业，让我倍感幸运和幸福。蒋凯教授严谨治学的精神在指导我完成论文写作的过程中持续得到验证，帮助我把准在教育事业中前行的航向，成为我决定出版此书最坚定的力量，令我终身受益。

此书的写作前期得到了太多老师启发。阎凤桥教授解读了教育博士的存在价值和深远意义，让我明白教育博士理应担负起中国高等教育事业重任和使命。文东茅教授鼓励我们要在北大找到"北"，走向"大"，成为"北"，引领"大"。陈洪捷教授带领我们理解修养、科学、自由和寂寞，让我在后来的漫长写作过程中更加享受寂寞带来的精神自由。岳昌君教授带领我们领略全国优秀教育博士的学术风采，激励我在学习写作的过程中要矢志不渝，努力前行。林小英教授带领我们发现和理解中国近代教育政策，让我对教育发展的理解视角更加宏观，聚焦教育实践的写作过程并更加追求理性。朱红教授让我发现聚焦院校也可以做很有趣的研究，促使我在工作实践中找到研究选题的突破口。丁小浩教授教会我如何设计一个科学的教育研究项目，让我的写作更加注重科学严谨。郭建如教授指导教育实践经验丰富的我们掌握写作的理论基础和适切的研究方法，这也成为我写作过程中主要采取的研究策略。张冉教授让我学会在学中做、做中学，使得质性研究方法最终成为本书的研究方法。

北京大学教育学院为此书从选题、开题到完成写作，进行了环境创设和资源链接。感谢班主任吴峰教授和 2018 级教育博士班的所有同学，让我在燕园有了"家"，相亲相爱的学习生活氛围、互相鼓励的精神陪伴让我的学习和写作过程更加愉悦和幸福。蒋凯教授、陈洪捷教授、马万华教授、施晓光教授、展立新教授、沈文钦教授和蔡磊砢研究员在不同阶段帮我指出研究选题和写作过程中存在的关键问题，鼓励和帮助我完成十余稿的修改。林杰教授对研究选题和研究过程的一些肯定提振了我出版此书的信心。蒋凯教授和杨钋教授的推荐和鼓励，让此书出版的理想照进现实。特别是杨钋教授还为我提供了一次研究设计的交流机会，让我对如此微小的研究选题更加有信心。

研究"师生互动"，让我更加关注朋辈中的"师徒"关系。感谢此书成文过程中所有同门师兄弟和姐妹的鼓励，大家"散落"在全国各地，却在"云"上互相帮助、相互鼓励，足以在默契中构建专业学习共同体，同心协力、共同进步。接触到李腾子师姐、张慧睿师姐、韩玺英师姐和王祯师妹的踏实与严谨，李柯师兄的乐观和向上，赵灵双同学和王涛利师妹的努力和坚毅，杨体荣老师和王尧师妹的阳光与奋进，沈敬轩师弟的创意和才华，他们都给予了我巨大的前行动力。我一直记得，吃水不忘挖井人，感谢同门所有的遇见。

此书出版之际，还要感谢我的硕士研究生导师叶黎明教授，是她鼓励和支持我申请攻读博士研究生；感谢推荐我勇敢尝试、挑战学业的四位来自不同高校的资深教授，让我有机会再次走上学术研究之路。感谢吕林海教授、许丹东教授、秦西玲博士和汪茹博士，在我陷入不知如何找到研究切入点的痛苦时，和我一起分析研究问题、讨论研究内容。感谢郭卉教授的友爱赠书，让我对本科生科研有更为全面深入的理解。感谢工作单位的诸位领导和同事，鼓励我走出舒适圈、突破本领恐慌，他们无一不在工作和学习上给予我莫大帮助，支持我在燕园全身心投入此书的写作与修改。

扎根高等教育事业、做好高校教学和教育管理的理想，赋予我出版此书的能量，更是我未来不断努力的生涯选择。在此书的写作过程中，必然走过一些弯路，也吃过很多苦，所有的遇见和帮助成就了我的研究成果，向支持、关心和爱我的所有人，尤其是在此无法一一道出姓名的更多的你们，表达由衷谢意！

张 华

2023 年 5 月

图书在版编目（CIP）数据

研之有道：本科生科研中的师生互动 / 张华著 . --

北京：社会科学文献出版社，2023.7

（创新教育文库）

ISBN 978-7-5228-2055-2

Ⅰ.①研… Ⅱ.①张… Ⅲ.①本科生-科学研究工作

-师生关系-研究-中国 Ⅳ.①G644 ②G645.6

中国国家版本馆 CIP 数据核字（2023）第 119966 号

创新教育文库

研之有道：本科生科研中的师生互动

著　　者 / 张　华

出 版 人 / 王利民
组稿编辑 / 任文武
责任编辑 / 郭　峰
文稿编辑 / 陈丽丽
责任印制 / 王京美

出　　版 / 社会科学文献出版社 · 城市和绿色发展分社（010）59367143
　　　　　　地址：北京市北三环中路甲 29 号院华龙大厦　邮编：100029
　　　　　　网址：www.ssap.com.cn
发　　行 / 社会科学文献出版社（010）59367028
印　　装 / 三河市龙林印务有限公司

规　　格 / 开　本：787mm×1092mm　1/16
　　　　　　印　张：18.25　字　数：242 千字
版　　次 / 2023 年 7 月第 1 版　2023 年 7 月第 1 次印刷
书　　号 / ISBN 978-7-5228-2055-2
定　　价 / 88.00 元

读者服务电话：4008918866